共和国か宗教か、それとも

十九世紀フランスの光と闇

宇野重規・伊達聖伸・髙山裕二 編著

白水社

共和国か宗教か、それとも——十九世紀フランスの光と闇

共和国か宗教か、それとも＊目次

II　共和国の聖人たち

装幀＝小林剛　組版＝鈴木さゆみ

序章　「宗教的なもの」再考――シャルリ事件を超えて

宇野重規

前著からのコンセプト

本書は、二〇一一年に刊行した前著『社会統合と宗教的なもの――十九世紀フランスの経験』の続編である。前著では論じられなかった思想家や文学者をとりあげ、新たなメッセージを発することを目的としているが、基本的なコンセプトにおいて変更があるわけではない。

前著の序章で、私たちは次のように述べている。「フランス革命に続く一世紀は、宗教をはげしく批判することで逆説的に宗教がはたしてきた役割を問い直し、その機能を新たに作り直そうとした時代である。と同時に、一度は断ち切った人々のつながりを、新たに作り直すことを自覚的な課題とした時代でもあった。このようなフランスの経験は、人々をこれまで結びつけてきた紐帯が解体するなか、新たな社会統合の原理を見出せないでいる日本社会にとっても示唆するところが大きいだろう」(前著、一六頁)。

フランス革命はカトリック教会を大きな標的とする革命であった。結果として、革命によって生まれたフランス共和国は、教育や社会的相互扶助など、かつてであればカトリック教会がはたしてきた役割を、自ら担うようになる。さらには世俗性や脱宗教性を意味する「ライシテ」の原則を国是としたように、世俗的共和国であることを自らのアイデンティティとした。その限りにおいて、宗教を公的空間から徹底的に排除することが十九世紀フランスの歴史的課題であったといえる。

ところが、その思想や学問をつぶさに見ると、印象は一転する。もっとも鮮やかであるのは、社会学者・哲学者のオーギュスト・コントであろう。神学や形而上学の時代から、実証主義的な科学の時代へ。人類の歴史における不可逆の変化を大胆にも強調したコントは、やがて自ら「人類教」なる宗教を唱えることになる。このコントの例に見られるように、宗教を排除したフランス社会は、実はそれに代わる精神的な基礎を一世紀にわたり模索し続けたのである。それはあたかも、「もし神が存在しないなら、それを発明する必要がある」と語ったヴォルテールの言葉を忠実になぞるかのようであった。

「宗教を批判すればするほど、逆に宗教の必要性を認識し、宗教を排除すればするほど、その「不在」を認めざるを得なくなる。かくして、フランス革命後の一世紀を通じて、宗教批判を通じて宗教が、あるいは少なくとも「宗教的なもの」が再編されることになったのが、フランス社会の歴史的経験であった」(同、一一頁)。このような前著の視座は、本書においても堅持されていることを、まずは確認しておきたい。

「シャルリ・エブド」事件

しかしながら、前著と本書の視座においてまったく変化がないというわけではない。むしろ、両著の刊行を隔てる四年の間に、私たちの思考を根底的に問い直す事件が起きたことをここで正直に告白せざるをえない。

その事件とは、言うまでもなく、「シャルリ・エブド」事件である。『シャルリ・エブド』とは、一九七〇年に創刊された風刺週刊紙であり、「バカで意地悪」というスローガンに示されるように、政治や宗教をめぐる過激なユーモアで知られている。その前身がHARA-KIRI（フランス語で「アラキリ」、すなわち「腹切り」）であるように、その「ユーモア」の質は、いささか日本人を戸惑わせるものがある。日本の原発事故を扱った風刺画のように、悪趣味といえるものも少なくない。

しかしながら、自ら「バカで意地悪」というように、「良識」や「ポリティカル・コレクトネス」などどこへやら、ありとあらゆる権威を笑い飛ばし、批判し続けることにこそ、同紙の真骨頂があった。極右政党やカトリック教会からはたびたび名誉毀損で訴えられ、デンマークの新聞『ユランズ・ポステン』に掲載されたムハンマドの風刺画を転載したことも一因になって、二〇一一年には放火され、社屋を全焼させられている。

ある意味で、身をもって自らの批評的精神を示し続けてきたのが、『シャルリ・エブド』である。ヴォルテールがその過激なカトリック教会批判ゆえに国外退去を余儀なくされたことを考えれば、この風刺週刊紙がまさにその精神的継承者であるといっても、あながち不当ではないだろう。

しかしながら、結果として、『シャルリ・エブド』に集まったシャルブやカビュ、ヴォランスキら風刺画家たちは、文字通り、「雑誌に命をかける」ことになった。二〇一五年一月七日、二人の覆面武装犯が、パリの十一区にある『シャルリ・エブド』紙本社を襲い、風刺画家たちを含む十二人を殺し、十一名を負傷させた。最終的に襲撃犯らは特殊部隊によって殺害されたが、事件はフランス社会に大きな衝撃を与えた。事件が起きてから最初の日曜日である一月十一日、フランス全土で、実に三百七十万もの人がデモ行進を行ったことが、その衝撃の大きさを示している。

しかしながら、ここで問題にしたいのは事件そのものというより、事件の受け止め方をめぐる日仏の違いである。事件当初こそ、言論に対するテロ行為を非難し、「表現の自由」の尊さを強調するフランス市民への共感を示した日本の世論であるが、時間がたつにつれ、そこには微妙な戸惑いや懐疑の色が浮かぶようになる。

たしかにテロは許されるべきではない。とはいえ、「表現の自由」を擁護するということで一枚岩になっているフランス世論にも過剰なものがあるのではないか。そもそも、「表現の自由」は無限に認められるべきものなのだろうか。フランスにおいて少数派であるイスラム教徒の神を冒瀆することは、はたして許されるべきなのか。このような批判的な声が目立つようになったのである。あくまで事件を宗教戦争にせず、「表現の自由」という原則の下での一致団結をはかろうとするフランスの議論に対し、日本の論調は微妙だが、はっきりとした違いを示すようになったのである。

もちろん、フランス社会においても、世に溢れる「私はシャルリ（Je suis Charlie）」の声に対し、あえて「私はシャルリではない」と発言し、違和感を表明する動きがなかったわけではない。人類学者のエマニュエル・トッドのように、反テロ行進に参加したのが中間層中心であって、移民やその子孫である若者や、極右政党である国民戦線を支持するような労働者が入っていないことに着目した論者もいる。(1)

逆に日本においても、「表現の自由にも限度がある」ということをあっさり容認する日本（の知識人の態度を批判する声も存在した。例えばイスラム政治思想を研究する池内恵は、「ある者が「気分を害した」と主張すればその表現は規制されて当然だとするならば、自由は成り立たない。……しかし日本では、「他者の気分を害するな」という支配的な通念に照らして問題が理解され、「他者の気分を害した」シャルリ紙への制裁を実質上黙認する言説が、問題視されることなく広まった[2]」と指摘している。

このように、双方において少数の異論はあったものの、全体として日仏の多くの議論は乖離したままであり、その溝は容易に埋められることがなかったといえる。

理解の違いを埋めるには

本書は、この日仏のいずれかの理解を一方的に正しいとするものではない（この点において、執筆者間においても違いがあろう）。しかしながら、この事件をめぐって露呈した日仏の「表現の自由」理解、さらには「宗教」理解をめぐるズレは、本書にとっても深刻な意味をもちうる。

というのも、前著において、私たちは次のように述べているからである。「宗教批判を通じて宗教、もしくは「宗教的なもの」を再編したという、フランスのきわめてユニークな歴史的経験は、日本社会にとっても示唆するものがあるだろう」（同、一九頁）。

私たちがこのように述べたのは、アメリカ社会との比較を念頭に置いたものであった。すなわち、総人口の八割がキリスト教徒で、九二％が神または普遍的な霊魂の存在を信じるアメリカのような社会と比べたとき、日仏とも、宗教に対する独特なタブー意識をもつ社会として理解することができる。もちろん、日本とフランスとで、宗教についての論じにくさの理由は異なる。とはいえ、宗教の意義や政治的・社会的役割について肯定的な意見の目立つアメリカと比べるならば、日仏ともに宗教に対する独特な抵抗感があることは否めない。

そうだとすれば「宗教を論じることへの抵抗感をもちつつ、あらためて人々が何を信じているかについて、正面切って論じなければならない」という課題は、日仏で共有されているのではないか。このような前提こそが、前著の出発点となった。

しかしながら、「シャルリ・エブド」事件は結果として、日本人とフランス人が「何を信じているのか」の違いを可視化させることになった。言い換えれば、フランスの経験が直ちに「日本社会にとっても示唆する」ところが大きい、とは安易にいえなくなってしまったのである。私たちは、このような難題に直面するなかで本書を企画することになった。

私たちがまず考えたのは、「宗教を論じることへの抵抗感」について、さらに検討を深めるしか道はないはずだ、ということであった。日本における宗教の論じにくさはひとまず措くとして、フランス研究者から成る本書の執筆者にとって、問うべきはフランスの歴史的経験である。

たしかにフランス十九世紀は「新しい宗教」を模索した。しかしながら、それはけっして単線的な道のりではなかった。この道のりを、より複線的に、より豊かに読み解くことはできないだろうか。そのことが私たちにとっての再出発の起点となったのである。

例えば、本書で扱うジョゼフ・ド・メーストルやフランソワ＝ルネ・シャトーブリアンらは、間違いなく「カトリック」の復活を目指した思想家である。その意味で、キリスト教に代わる新たな精神的方向性を模索した思想家たちとは、区別されてしかるべきである。とはいえ、彼らの思考を詳細に追っていくならば、そこで議論されている「カトリック」は、けっしてフランス革命前の「カトリック」と同じではなかったことがわかる。ある意味で、彼らが「カトリック」を取り戻そうとすればするほど、そこに時代の刻印があらわになっていったともいえる。そのダイナミズムのなかから新たな「宗教的なもの」の模索が始まったのであり、その意味で、十九世紀フランスは単純にキリスト教を放棄して、それに代わるものへと一方的に向かったと断定するわけにはいかない。

興味深いのは、『レ・ミゼラブル』などの著者であり、生涯にわたって民衆の精神的な導き手を自認したヴィクトル・ユゴーである。最終的にはフランス共和制を精神的に象徴する人物となったユゴーであるが、その出発点はむしろキリスト教的王党派に近いものであった。しかしながら、復古王政期におけるユルトラの反動や、七月王政期におけるブルジョワ政治への幻滅を経験するなかで、自由を求めるロマン主義的文学者の精神はむしろ共和主義へと傾斜していった。このユゴーに代表される精神のダイナミズムを理解することなしに、フランス共和主義を理解することは難しいであろう。

したがって、本書は一見すると世俗的で反宗教的にみえるフランス共和制の背後に隠れた、多様な思いの行方に着目することになる。本書を読み進めるなかで読者は、宗教に対して世俗的な自由を主張する人々を支えたのが、必ずしも純粋に世俗的とも、合理主義的とも言い切れない複雑な思考や情念であったことを知るであろう。このような思考や情念を理解することなしに、フランス十九世紀の経験を理解できるとは思われない。

逆にいえば、このようなフランスの歴史的経験の複雑さを深く把握することは、「シャルリ・エブド」事件によってあらわになった日仏間の理解の違いを埋める、その第一歩になりうるのではないか。本書がねらいとするのは、そのような可能性である。このような検討は、事件を通じてフランスの「表現の自由」の強調に微妙な違和を覚えてしまった日本社会の反応の基層にあるものを、自覚的に問い直すことにもつながるであろう。

政治学・宗教学・文学

ここまで述べてきたこととも関連するが、本書と前著の違いに関して、もう一つ触れておきたいことがある。それは執筆者の専門分野の問題である。

前著の最大の特徴は、「宗教的なもの」と「社会統合」をキーワードに、政治学・社会学・宗教学の研究者が結集したことであった。背景にあったのは、同じくフランス十九世紀といっても、政治学で扱われるアレクシ・ド・トクヴィルやバンジャマン・コンスタン、社会学で論じられるオーギュスト・コントやエミール・デュルケム、そして宗教学で検討されるエドガー・キネというように、研究分野ごとに着目される思想家は異なっているという現状である。しかしながら、彼らは同じ時代を生きたのであり、しかも「宗教的なもの」と「社会統合」という問題意識を共有していた。そうだとすれば、彼らが無関係に論じられている現状はおかしなものではなかろうか。そのような問題意識から出発した前著は、専門分野の垣根を越えた試みとして、一定の意義をもつものであったと自認している。

これに対し本書では、さらに複数の文学研究者の参加を得ている点に特徴がある。その理由は、これまでの議論からも明らかであろう。例えばユゴーを抜きに十九世紀フランスの共和政を語ることは難しいが、この文豪に着目し、研究を蓄積したのはこれまでもっぱら文学研究者であった。政治学者や社会学者にとっても、その重要性は明らかでありながら、正面から取り上げるのが難しかったのが、この「共和国の父」である。

シャトーブリアンについても同じである。『アタラ』や『ルネ』などの作品で知られるこのロマン主義文学者は、同時に復古王政期に外相をつとめるなど、王党派の政治家としても重要な役割をはたした。トクヴィルの親戚にあたり、若き日のユゴーが憧れたというこの人物の思想的影響力の大きさは巨大であるが、狭い意味での政治思想研究の枠では、どうにも捉えにくかったのは事実である。

本書ではこのような欠落を埋めるべく、文学研究者のメンバーに加わってもらいながら、研究会を続けた。本書で取り上げた文学者は、シャトーブリアンとユゴーのみであるが、本書のあらゆる章に、学問間の交流の反映をみてとることができるだろう。

ちなみに本書において、ポール・ベニシュー『作家の聖別――一七五〇‐一八三〇　近代フランスにおける世俗の精神的権力到来をめぐる試論』がしばしば言及されているのが象徴的である。十八世紀後半から十九世紀前半において、宗教的権力に代わり、世俗的な聖職者となろうとした詩人や文学者たちを扱ったこの古典的研究は、文学研究者と人文社会研究者の結集した本書にとって、まさに一つの紐帯を提供してくれるものであった。

もちろん、文学と人文社会諸学とが結びつくことが、直ちによいとは言い切れないかもしれない。

それぞれに固有の方法と問題関心があり、その違いは尊重されてしかるべきである。とはいえ、本書で扱うような問題群を検討するにあたって、学問間の壁をとりはらうことは必須である。このような取り組みが、どの程度成功をおさめているかについては、読者の判断を待ちたい。いずれにせよ、このような共同研究のスタイルを今後も続けて行きたいと思っている。

各論文の紹介——第Ⅰ部

最後に内容紹介を兼ねて、本書の各論文の内容を簡単に振り返っておきたい。本書でとりあげるのは、ジョゼフ・ド・メーストルからジャン・ジョレスまでの七人である。

第一章（川上洋平）は、フランス革命を激しく批判し、君主政への復帰を説いた反革命思想家として知られるメーストルを論じる。メーストルは外交官としてサンクトペテルブルクに滞在中に、『サンクトペテルブルク夜話』と『犠牲論』という二つの作品を執筆しているが、川上は両者における宗教論を検討することで、メーストルにおける「怒れる神」と「愛の神」を抽出する。フランス革命後の恐怖政治を、キリスト教を否定したフランス国民に対する神の「罰」として捉えたメーストルであるが、その神とは単に罰を与えるだけではなく、同時に治療を行う「愛の神」でもあった。しかしながら、それではなぜ、現実において、罪なき者たちまでが苦しまねばならないのか。このことを論じるなかで、メーストルは異教における「怒れる神」を見出していく。

とはいえメーストルが最終的に期待を寄せたのは、「怒れる神」ではなく、あくまで罪深い人間のために自らを犠牲にしたキリスト教の「愛の神」であった。これに対し、メーストルの影響を受けたボードレールは、むしろメーストルの暴力的な「怒れる神」に着目し、これをさらに「悪魔」へと変化させていく。このようなボードレールに、「神なき宗教」へと向かう十九世紀における「宗教的なもの」を読み込む川上の考察は、「罪なき者の苦しみ」という現代的テーマと同時に、十九世紀フランスにおける「真の」宗教の摸索の行き着いた先を示しているといえるだろう。

第二章（片岡大右）は、ロマン主義文学者として名高いと同時に、政治家としても活躍したフランソワ＝ルネ・シャトーブリアンをとりあげる。ブルターニュの貴族の家に生まれたシャトーブリアンは、フランス革命期にアメリカに渡り、そこでの経験を元に小説を執筆する。とくに、ヨーロッパからの入植者とアメリカ先住民女性の間に生まれ、キリスト教徒として育った主人公が、先住民の青年と相愛になった末に最後は自ら毒を仰いで死ぬ悲劇を描いた『アタラ』が有名である。

やがてカトリックの信仰に「回心」し、大著『キリスト教精髄』を発表するシャトーブリアンであるが、片岡は彼の初期の作である『諸革命論』との比較を通じて、そこに一貫してプラグマティックな宗教観が見られることに着目する。すなわち、シャトーブリアンもまた、社会の堕落を食い止めるためには宗教が欠かせないとする、ヴォルテール的な宗教観のなかにあった。片岡はさらに、「護教家」となったシャトーブリアンがパスカルに自らの先駆者を見出したものの、肝心のパスカル理解において決定的な理解のズレがあることにも着目する。すなわち、パスカルにとって、「心」とは神の真理の直接的な受容を可能にするものであったのに対し、シャトーブリアンは同じ「心」に、むしろ信仰の堅固な基盤たりえない脆弱さを見出したのである。この両者のズレにこそ、宗教の世紀としての十七世紀と、啓蒙の世紀を経て、憂鬱の世紀としての十九世紀へと向かう時代の変化を読み取る片岡の論考は、十九世紀の新たな信仰の脆弱さと不安定さをよく描き出しているといえるだろう。

第三章（高山裕二）は、サン＝シモン派から出発し、後にエコノミスト、さらには政治家として活躍したミシェル・シュヴァリエを対象とする。理工科学校《エコール・ポリテクニーク》と鉱山学校《エコール・デ・ミーヌ》を卒業したエリート技師であったシュヴァリエは、やがてサン＝シモンの教団に入る。社会主義者であり、後に独自の教団を組織したサン＝シモンの弟子であるアンファンタンに傾倒した結果であった。しかしながら、シュヴァリエは後に教団を離れ、むしろエコノミストとして活躍する。政府の各種委員会に加わり、コレージュ・ド・フランスの政治経済学の教授となったシュヴァリエは、第二帝政期にはナポレオン三世のブレインにもなっている。

とはいえ、シュヴァリエがサン＝シモン主義に由来する発想を完全に捨てたわけではなかった。高山は「モノの増大（成長）」に価値を見出す点に、シュヴァリエとサン＝シモン主義の結びつきを見出す。鉄道と銀行によるヒトとモノ、カネの流通こそが産業の発展をもたらすとしたシュヴァリエは、経済性の原則に基づいてモノを支配する行政機能に期待を寄せた。結果として、自由貿易とそれを支える強力な執行権力の結びつきを擁護したシュヴァリエは、やがてナポレオン三世に接近していったのである。いわば「モノの増大」それ自体を信仰の対象とし、それを実現する権力集中を擁護したシュヴァリエのなかに、サン＝シモン主義の社会的協同の夢の末裔をみる高山の考察は、日本を含む現代社会の物質主義に対する独特な視点を与えてくれるだろう。

第四章（杉本隆司）は、『フランス革命史』や『フランス史』などの著作で名高い歴史家であるジュール・ミシュレについて検討する。ただし、杉本はむしろ、ミシュレが学者としての実質的キャリアを開始した作品である『世界史序説』に着目する。まだ学問として「歴史学」が未確立であったこの時期におけるミシュレの「世界史」構想を検討することで、歴史をめぐる知の状況に光を当てるのである。

出発点にあったのは、伝統的な「普遍史」である。すなわち、人類史を聖書の枠組みで描くことで、地上のあらゆる民族の歴史を一つの「全体史」へとまとめていくこの枠組みこそ、ミシュレの発想の原点にあるものであった。今日では反教権主義者として知られるミシュレであるが、彼を突き動かしたのもやはり、革命フランスの精神的な紐帯としての「十九世紀の新しい宗教」であった。興味深いのは、杉本が当時発展しつつあったオリエントの宗教をめぐる知見の増大に着目している点である。当時、ロマン主義の影響もあってオリエントの古代宗教への関心が高まっていたが、その背景にあったのは、カトリシズム以前のカトリシズムがそこに見出されるのではないかという期待であった。

一八三〇年の七月革命の衝撃から出発したミシュレは、この革命の来歴を人類史の起源に求め、自由の勝利を世界史レベルにおいて跡づけようとした。その際、東から西へというオリエント学の論理を継承したミシュレは、それをさらにフランス中心主義と結びつける。七月革命にみられる「自由のなかの平等と秩序」は、まさにその終着点であった。このようなミシュレの構想が、彼の出発点以来の「普遍史」への関心に由来すると説く杉本は、さらに最晩年の著作『人類の聖書』を検討することで、そのような関心がミシュレの生涯を貫いたことを示す。ミシュレの歴史学が、十九世紀の世俗の共和国をめぐる新たな普遍史の構想であったと論じる杉本の視点は、本書の「宗教的なもの」をめぐる検討が歴史学にも及ぶことを明らかにしてくれる。

第五章（数森寛子）は、すでに言及したヴィクトル・ユゴーを論じる。キリスト教的王党主義者であったユゴーが、自由主義に転回し、さらに共和国の「聖人」になるまでの経緯と論理が明らかにされる。過激王党派の詩人として出発したユゴーが、最後はパンテオンに葬られる「共和国の神」となったというのは、一見すると極端な転回にみえる。しかしながら、そこに一貫してみられるのは、詩人こそが王や民衆に呼びかけ、彼らの導き手となるべきとする、詩人としての使命感であったと数森は論じる。実際、ユゴーの生涯を詳細に検討するならば、彼自身のカトリック教会に対する関係はあまり変化していないことがわかる。シャトーブリアンらの影響の下、キリスト教的主題に向かったユゴーであるが、その「カトリック」は文学的なものであり、信仰者としてのものではなかった。実際、自由主義思想を展開するようになったユゴーは、制度的、政治的宗教としてのカトリックに距離をとるようになっていった。

数森は、そのようなユゴーにとって重要な転機となった一八五〇年の議会演説に着目する。この時期、二月革命によって成立した政府は、六月暴動を機に保守化し、「教育の自由」を掲げるファルー法を提案する。この場合の「教育の自由」とは、カトリックの修道会が自由に宗教教育を行う自由を意味していたが、これに対しユゴーは敢然と反論を試み、純粋に世俗的な国家を主張したのである。結果としてユゴーは完全にカトリック教会と対立することになる。しかしながら数森は、重要なのはユゴーが、真の宗教教育の必要性を説いていることであるとする。すなわち、ユゴーは宗教教育を社会秩序の維持のために利用することは否定しても、人々の目を神へと向けさせ、「無限の希望」を与える真の宗教教育は否定していなかったのである。

ナポレオン三世と対決し、亡命生活を余儀なくされたユゴーであるが、一八七〇年の普仏戦争の敗北によるナポレオン三世の失脚後、国民に熱狂的に迎えられフランスに帰国した。ナポレオン三世の「専制」に裁きを下したのは、ドイツ軍でも第三共和政でもなく、ユゴーであったという数森の結論は意味深長である。やがて「共和国の父」としてのユゴーは、パンテオンへの埋葬によって「ライックな神」となる。しかしながら、ある意味でユゴー自身はこの間に本質的になんら変わっていないのであり、むしろ変わったのは十九世紀のフランス社会自体であったことが明らかになるであろう。

第六章（赤羽悠）は、「贈与論」で知られる社会学・文化人類学者のマルセル・モースを論じる。叔父であったデュルケムから多くを引き継いだモースは、当然、宗教についての関心も継承したが、赤羽はそれを直接的に検討するのではなく、むしろモースの未完に終わった著作「国民」に注目する。まとまった書物を出版することのなかったモースにとって、例外的な大著となるはずであったこのテキストは、第一次大戦を経験した彼の世界秩序の構想を示すものであった。そこに見られるモースの国民国家観や社会主義観を探り、デュルケム的な秩序構想とは異なる、モース固有の平和的贈与＝交換に基づく秩序構想を明らかにすることが赤羽のねらいである。

モースは「国民」というテキストにおいて、「国民とは何か」という問いに直接答えを出そうとするわけではない。彼はむしろ一般に「国民」と呼ばれているものの背景にある、はっきりとは意識されない「現実」を見ようとする。すなわち、国民を分断する複数の部分集団による境界がなくなり、

「民主的な中央権力」の下で高度に統一され、「国民的性格」をもつに至った社会がそれである。しかしながら、このような社会に固有な実質があるわけではない。むしろモースは、固有の人種や固有の言語などの強調を「フェティシズム」による幻想として否定する。モースにとっての国民は、統合の根拠なき社会であった。

そのようなモースはむしろ、「国有化」と区別される「国民化」に着目する。彼が「国民化」と呼ぶのは、労働組合、協同組合、相互扶助制度の発達を通じて、生産や消費の自主管理によって生み出される、物質的・経済的であると同時に精神的・道徳的な実践の場をつくり出すことであった。それは国家に還元されない社会的実践の場である。このような社会的実践の場の延長線上にインターナショナリズムも実現するのであり、自由で平和的な贈与＝交換がなされる場の拡大によって秩序が発展するとモースは考えた。このようなモースの構想は、個人に規律を課す権威としての国家を強調したデュルケムの構想とはまったく異質なものであった。赤羽はこのようなモースの構想に、「国民国家をこえる国民」という逆説的可能性を見出す。

第七章（伊達聖伸）は、社会主義政治家として活躍したジャン・ジョレスにおける「宗教的なもの」を再検討する。一般に社会主義者というと、個人主義を批判し、宗教を否定するというイメージがあるかもしれない。しかしながら、ジョレスの社会主義はむしろ個人主義に立脚し、「宗教的なもの」を肯定するものであったと伊達はいう。実際、ジョレスの生前には発表されなかった宗教論のテキストがあり、伊達はこのテキストを分析することで、彼の宗教観を探る。このテキストでジョレスは「私は宗教がない社会、すなわち、共通の信念がない社会というものを思い描くことができない」という。

ジョレスにとって、社会主義革命は精神的＝道徳的革命であり、宗教革命であった。

ジョレスはフランス革命に基づく共和主義から出発しており、その意味で、彼の社会主義は共和主義の深化であった。そのようなジョレスにとって、反教権主義や政教分離は当然であるとしても、かといって宗教が否定されたり、国家の管理下に置かれたりすることはけっして望ましいことではなかった。ジョレスはあくまで宗教の自由を尊重することで、時間をかけて教会と革命の原理が接近していくことに期待したのである。そのようなジョレスの掲げたライシテは、排除ではなく包摂の論理に貫かれたものであり、宗教の共存の枠組みを作るライシテであった。このようなライシテは単に価値中立性を意味するのではなく、深い精神性を備えたものであり、すべての人間が真に自由になることを目指すものであった。ライシテの原理のなかにむしろ精神性を見出したジョレスを取り上げることで、伊達はフランス共和主義と「宗教的なもの」の深い結びつきを確認するのである。

このような本書の多様な考察は、世俗の共和国としてのフランスを支える精神的な基礎が何であるかを示すであろう。それを「宗教」、あるいは「宗教的なもの」と呼ぶかはともかくとして、そのような精神的な基礎なしに国家や社会が存続することが難しいということこそが、本書のメッセージである。翻って日本社会を支える精神的基礎とは何であるか。そのような考察の活性化に寄与することができれば、本書はその目的を達したことになる。

註

(1)『日本経済新聞』二〇一五年二月六日朝刊付インタビュー。トッドはその後、*Qui est Charlie ?: Sociologie d'une crise religieuse*, Seuil, 2015を発表している。

(2) 池内恵「自由をめぐる二つの公準」鹿島茂・関口涼子・堀茂樹編『ふらんす特別編集　シャルリ・エブド事件を考える』白水社、二〇一五年、一三二頁。

Ⅰ　反動の後で

関連年表 1

1755	リスボン大地震、ヴォルテール『リスボンの災禍についての詩』
1789	全国三部会召集、「球戯場の誓い」、人権宣言、ヴェルサイユ行進
1790	聖職者市民法、全国連盟祭
1791	ル・シャプリエ法、ヴァレンヌ事件
1792	八月暴動、ヴァルミの戦い、王政廃止
1793	ルイ十六世処刑、第一次対仏大同盟、恐怖政治、理性の祭典
1794	最高存在の祭典、テルミドール九日のクーデタ
1796	ナポレオンのイタリア遠征
1798	ナポレオンのエジプト遠征、第二次対仏大同盟
1799	ブリュメール十八日のクーデタ、ナポレオンが第一統領に
1801	ナポレオンとピウス七世がコンコルダート締結
1802	ナポレオンが終身統領に、シャトーブリアン『キリスト教精髄』
1804	アンギャン公処刑、ナポレオン一世即位
1805	アウステルリッツの戦い
1808	半島戦争でスペイン侵入
1812	ロシアに宣戦、モスクワ撤退
1813	ライプチヒの戦い
1814	王政復古、ルイ十八世即位、憲章公布
1820	ベリー公暗殺事件
1821	ナポレオン死去、ユルトラ内閣
1822	シャトーブリアンが外相に（1824年に罷免）
1824	シャルル十世即位（戴冠式は1825年）
1830	七月革命、ルイ＝フィリップ即位
1831	リヨンの絹織物工蜂起
1832	サン＝シモン教団に解散命令
1836	凱旋門竣工、ルイ・ナポレオンがストラスブールで決起
1839	ブランキの叛乱（続）

第一章　二つの宗教の狭間に――ジョゼフ・ド・メーストル

川上洋平

一　十九世紀におけるメーストル

フランス革命期から十九世紀初頭にかけて活躍したサヴォア出身の思想家・外交官であるジョゼフ・ド・メーストル[1]（一七五三〜一八二一）は、『フランスについての考察』（一七九七年。以下『考察』と略記）における激しい革命批判によって、反革命派ないし保守派としての名を後世にまで轟かせている。彼の政治的・社会学的洞察の意義については、とりわけ二十世紀を先取りするようなその先見性について、近年多くの研究の注目を集めている。[2]また、彼が、革命期の亡命の渦中に外交官として赴任したロシアのサンクトペテルブルクにおいて宗教的とも文学的ともいえる作品を著し、その過激かつ陰鬱な叙述が十九世紀から二十世紀にかけての幾多の文学者や思想家に影響を与えた点にも、思想史上きわめて重要な意味を認められている。[3]だが、こうしたメーストルの後世への影響を、彼自身の思想的課題とのいかなる関連において捉えるべきか、これまでのところ十分な考察が示されているとはいえない。

本章は、サンクトペテルブルクにおいて書かれた二つの作品、『サンクトペテルブルク夜話』（一八〇九年〜一八二一年、生前未公刊。以下『夜話』と略記）および『犠牲論』（一八一〇年、生前未公刊）に焦点を当てて、それらに示された宗教論を、二つの宗教の様相をある種の仮説として提示した試みとして解釈することで、この問題にひとつの視座を提供することを目指す。

メーストルの思想としては、『夜話』において展開される人間の暴力的死についての酸鼻なヴィジョンが、その最も苛烈なものとして知られる。しかしながら、そこでの議論は、彼が従前から唱えてきた「愛の神」の支配という世界像との対比において、それによっては説明できない世界の不条理さについてのひとつの可能な叙述として、「怒れる神」の支配という視点を仮説的に導きだすものであった。そしてそれは、『考察』においてすでに提示されていた、キリスト教か「啓蒙主義（philosophisme）」かという問いかけ——メーストルは前者を擁護する——を、宗教的なものの二つの様相の間の選択としてより丹念に描きだす試みであったと見ることができる。[4] したがって、この暴力的ヴィジョンをメーストル自身の思想そのものとして理解することは適切ではない。

だが、この二つの宗教のうち、十九世紀において継承されたのは、おそらくはメーストルの意志に反して、「怒れる神」[5]への信仰であった。そのことをよく示すのが、十九世紀半ばの、世紀を代表する詩人ボードレール（一八二一〜六七）におけるメーストル受容である。ボードレールは、キリスト教的な神への信仰が失われつつあるという時代認識のもと、それとは別の仕方において聖性をもたらしうる神なき宗教を希求する。そしてこのような宗教性の探求の過程において彼が発見したのが、メーストルの描く「異教」であった。二月革命後の政治的幻滅の時代にメーストルの著作に触れたボードレールは、キリスト教の「愛の神」ではなく異教的な「怒れる神」についてのその叙述から多くの霊感を受け、この「神」を〈悪魔〉という形象へと転生させたうえで、それを新たな聖性の源泉へと据えるのである。

本章は、このような帰趨を念頭に置くことで、メーストルの思想を、ボードレールにおいてひとつの形をなす十九世紀の宗教的なものの、いわばその自覚せざる胚胎の「場」として捉える。メーストルは、この異教的なものについて、その信仰をみずから肯定しないままに、しかし否定しようにもし切れないものとして、意図せずしてそれに真に迫る思想的表現を与えた。以下では、そのような彼の叙述の生成をつぶさに追うことで、十九世紀の宗教的なものが、どのような問いにおいて、何との拮抗のなかからその生を享けたのかを明らかにし、それによってこの新たなる宗教性の行方を考察するための一助とすることを試みたい。

以上の展望のもと、まずはメーストルの宗教論の基本的な立場を確認することから始めよう。

二　神義論の破綻

反革命論としての神義論

メーストルの宗教論は、そもそも善良かつ全能である神の創造したこの世界になぜ悪が存在するのかという、神義論（弁神論）の問題を中心に展開される。彼の神義論は、ペテルブルクにおいて書かれた宗教的な対話編において主題的に取り上げられる。しかし、革命の激動の渦中に書かれ、彼の名を一躍高らしめた政治的著作である『考察』においてすでに、彼は、神義論的視点に立ってその反革命論を展開していたのであった。本節では、メーストルの神義論の中心的な関心がどこにあるのかを、『考察』から『夜話』へと継承される「愛の神」という視点に注目することで明らかにすると同時に、『夜話』においてはとりわけこの視点のはらむ困難が提示されていることを確認する。

『考察』は、亡命中のメーストルが、「反革命」に対して暴力的イメージを与えその危険性を訴える共和派、とりわけバンジャマン・コンスタンのパンフレットに対して（Constant, [1796] 1988）、「反革命」がむしろ非暴力的な「摂理」として訪れることを神学的レトリックにおいて説得する、きわめて政治的な著作である。ここで注目したいのは、そのような目的において要請される神がどのような性質のものでなければならないかである。

メーストルの戦略は明確である。彼はまず『考察』の冒頭において、人間はみずからを自由と考え、実際に自由であるにもかかわらず、神の配剤によって結果として神の秩序を――いわば神の従順な道具として――意図せずして構築しているという世界観を提示する。そこで企図されているのは、フランス革命における暴力的局面、とりわけ恐怖政治という出来事が、一見して革命の首謀者たちの意志の産物であるようにみえながら、実のところ、彼らのいずれの制御をも離れた自律的な運動として、ある種の超越的な意図を帯びて彼らに襲い掛かったという印象を生みだすことにある。「人間が革命を導いたのではない。革命が人間を操ったのだ」（202）。

というのもメーストルの考えでは、この印象操作によって、革命における最も罪深い事象が革命家の意図から離れ、むしろ革命家自身および彼らを支えたフランス国民全体に対する神的な「罰」としての意味合いを帯びることになるからである。メーストルは恐怖政治後の総裁政府期において、革命に対する暴力的な復讐の機運が亡命貴族の間に高まっていることを危惧していた。それを防ぎ、非暴力的な仕方での革命の終息を実現するために、まさにこの神学的レトリックにおいて、革命に対する罰はすでに下されたという視点を提示しようとするのである。

しかしメーストルが試みるのは、たんに暴力的な反革命を防ぐことに尽きるのではない。もうひとつの企てとして、彼は、現状の総裁政府から、非暴力的な仕方での王政への回帰が可能であることを訴えようとする。そこで要請されるのが、恐怖政治という「罰」が、同時に病からの「再生」の手段としての意味をも有しているという視点である（202）。罪を犯した人間に対する罰がたんなる報いではなく、それによってこの罪人を更生させることを目的とするように、神の罰も、人々を罰すると同時にその病を治療しようとする。その類比において、メーストルは、フランスが共和政という病から快復するための痛みを伴う手術として恐怖政治という罰が与えられたと述べる（259）。そこには、亡命貴族による暴力的な反革命を牽制しつつ、フランス人がみずから自然な筋道として君主政へと回帰することを、いわば自己成就的な予言として提示しようとする行為遂行的な戦略が存在している。反革命を、革命をもういちど行う「反対の革命」ではなく、革命がその自然な終息へと向かう「革命の反対」であるという『考察』の末尾の言葉は、それを端的に表現するものである（276）。

さて、以上のようにメーストルは『考察』において、反革命という政治的企てを生み出す不可欠の要素として、人間によって営まれる政治的現象を背後から導く神を要請する。そしてその神はただ罪に対して罰を与える神ではなく、むしろ罰と同時に治療を行う愛の神（「永遠の愛」）でなければならないと考える（218）。この、いわば政治的に要請されたともいいうる愛の神という視点がより詳細な検討に付されるのが『夜話』においてである。

現世における神の秩序

『夜話』は、サルディニア王の代理として単身サンクトペテルブルクに派遣されていたメーストルが、ナポレオンの絶頂を画したアウステルリッツの戦い（一八〇五年）に衝撃を受けて着想を得、以来場所を移しながらもその死に至るまで書き続けたライフワークである。同書は、一八〇九年の七月、サンクトペテルブルクのネヴァ河の畔に三人の人物が集まり毎夜対話を重ねるという舞台設定で展開される。登場人物は、メーストルを思わせる異邦から訪れた伯爵、天啓派とされるロシアの上院議員[6]、そしてフランスから亡命した若い騎士である。対話は、この騎士を仲介として、主として二人の紳士の間で――「論争」ではなく「議論」という形で（750）――交わされる。対話の主軸を設定するのは、騎士による次の問題提起である。

ならばあなたは、悪人は幸福ではないと信じておられるのですか！……しかし悪人は皆、成功しているということを、私は毎日のように聞きます。本当にそのとおりだとしたら、摂理が悪人への罰と義人への報いを来世にまで完全に保留しているということに、私は少しばかり怒りを覚えますね（457）。

騎士の問いは、この世界を神が支配しているのであるとすれば、なぜ善人が苦しみ、悪人が栄えるのかという、神義論における伝統的な問いかけである。ここで騎士は、現世において苦しんだ善人が来世において報われ、同様に悪人が来世において罰せられることを否定しはしない。しかし、それでは来世を信じない者にとっては結局、この世界は無秩序であるということになるであろう。したがって、騎士は、来世における賞罰という説明とは別の仕方で、あくまでも現世における神の秩序の実在の有無を問うのである。これが同書の中心問題であることは、『夜話』が「現世における摂理の統治」という副題を与えられることに明らかである。

騎士の問いに対して、その解決の容易さを自負するのが伯爵である。伯爵はまず、騎士の問題設定の誤りを指摘する。なるほど、騎士がいうとおりに、現世において善人のみが苦しみ、悪人のみが栄えるのであれば、そこに秩序は存在しないと結論せざるをえない。しかし実際はそうではない。なぜなら、この世界において苦しみと幸福は、人間の道徳性とは無関係なある種の「偶然」として与えられるにすぎないからである。「幸と不幸とは、あらゆる人間に無差別に分配される」（464）。

このような主張は、一見すると、『考察』で説かれたような愛の神とは整合しない神についての捉え方であろう。むしろ、その罰の無差別性は、のちにみるような、人間を目的なく罰し続ける「怒れる神」に親和性をもつようにも思える。神の罰は、悪人に対する矯正というよりは、たんなる「偶然性」であるとされるのであるから。しかしそのような可能性にみずから思い至ったかのように、伯爵は「一般」と「例外」という区別によって自身の議論の方向を修正する。

道徳的秩序における一般と例外

伯爵はまず、人間はそもそもなぜ苦しまなければならないのであろうかと改めて問う。伯爵はこの「悪の起源」の問題を、人間の自由の濫用に求める。人間は神によって自由な存在として創造された。神は人間が悪をなすことを意図していない。にもかかわらず、人間は悪をなし、罪を犯してしまった。人間の苦しみは、したがって、この罪に対する罰としてのみ存在するのであって、直接的には人間自身が生み出したものにすぎない。この意味で、神は、悪の間接的な原因であるとはいえても、直接的なそれであるとはいえない（467）。

　したがって問題となるのは、ある人間の自由の濫用に対する罰が、なぜ悪をなした当人のみならず、罪なき者に対しても無差別に下されるのか、そしてその逆に罪人が罰を免れることがあるのかである。「一般性」の概念はここで導入される。一般性とは、神は「一般意志」のみを有し「個別意志」はもたないとする、マールブランシュやライプニッツらの神義論によって提示された視点を継承するものである。彼らによれば、神は、一般的に人間を救おうとするが、個別的にはそうではない。したがって、個別的な悪が現世において残ることは、神の不正を意味しない（Riley, 1986: 3-35）。同様に『夜話』の伯爵も、神の秩序の「一般性」を強調する。「一般法、それは、万人にとって不正でないとすれば、個人にとってもそうではありえない」（464）。個別的に罪なき者が苦しむ事態が存在したとしても、それは「例外」にすぎないのである。

だが、それでもなおわれわれは、なぜ神は一般的な意志しかもちえないのかと問うことができる。全能であるはずの神がなぜ、悪人を個別に罰し、善人に個別に報いることなく、一般的に賞罰を下すのであろうか。伯爵は、それに対して、さもなければ道徳そのものが消滅するからであると回答する。すなわち、神が、悪人に対する罰を例外なく行うとすれば、人間はただ自己利益のために、悪を控え善を為すであろう。「神の法によって、盗人の手が、彼が盗みを働いたその瞬間に切り取られなければならないとするなら、われわれは屠殺人の鉈の下に手を置くのを控えるのと同じようにして、盗みを働くことを控える」。だがその場合、道徳がまさにその道徳的価値それ自体のゆえに尊重されるということがなくなり、結果、「道徳的秩序は完全に消滅する」(468)。つまり、神は、現世の道徳的秩序を維持するためにこそ罰に例外を設けるのであって、それは神の非道徳性ではなくむしろ道徳性を証明するものなのである。不幸の分配の一見したところの無差別性は、あくまでもこの「例外」の選択に際しての偶然性として、道徳的秩序のなかに意味づけられることになる。

晩年のメーストル

ヴォルテールの問い

以上の議論は、神の罰はたんなる悪に対する報いではなく、善へと向かわせる治療であるとするメーストルの基本的立場に一定の説明を与えるものである。実際この立場からすれば、罪に対する罰は、必ずしも常に、そしてただちに下されるべきではないであろう。罪人は時に赦され、時に時間的猶予を与えられることで、悔い改める可能性、治療される可能性を得るからである。しかし、問題とするべきは、罪なき者が苦しむことは、同じ論理で説明可能であろうかという点である。罪を犯していない人間が、まさに例外としてであれ苦しむこと、このことはなぜ道徳性の維持に不可欠といえるのか。

罪なき者の苦しみを、ある種の試練として理解し、それによって神の愛を擁護することはむろんできる。実際、騎士はのちにそのような説明を、戦争が人間を強くするという例を挙げながら行う（690）。しかしながら、すでに伯爵は、神の愛とは、それが死をもたらさない限りにおいて維持されているということを認めている。すなわち、愛する神は罰を治療のために用いるが、罪が治療不可能なほどに重い場合には、「最後の罰」としての「死」が与えられると述べる。そしてこの罰においては、「愛は撤退し、正義が永遠の罰を宣告する。なぜなら、死とは永遠だから」（595）。つまり死をもってする罰とは、愛から見捨てられた悪に対する「最後の罰」である。だとすれば問題は深刻であろう。罪なき者に対してただの試練ではなく、「死」が与えられることは、神が罪なき者に対して愛を向けることを拒絶したことを意味せざるをえない。罪なき者の死が、愛の神の支配という前提を大いに揺るがすものであることは否定しがたいのではないか。

啓蒙主義を代表するヴォルテールが、十八世紀の半ばのリスボン大地震において提示したのはまさにそのような問いであった。ヴォルテールは、この地震における、罪を犯しえない幼子の死という事態を前に、神の正義への疑いを抱き、『リスボンの災禍についての詩』（一七五五年）を著して神の不正を非難した。「〔神の正義を主張した〕ライプニッツは教えてくれない、……なぜ罪人のみならず罪なき者が、この不可避の悪を同じく受けるのか」（Voltaire, [1755] 1961: 308=244）。

これに触れて伯爵は、いささか理不尽な回答をする。すなわち、神が人間の悪に対して正当にも罰を下したということと、そこに罪なき子供が含まれていたということとは、別問題であるという主張である。後者を理解しえないからとって、前者の正しさを否定してはならない。「なぜ子供たちが生まれたのか、あるいはなぜ彼らは死ぬのか？……それらはおそらく解きがたい神秘である。しかし、理解しえないことによって、よく理解しうることに抗弁するには、正気を欠いていなければならない」(566)。この「神秘」は、そののち「可換性の教義」という後述する考え方によって一定の説明を得ることになる。しかしそこでも、この「神秘」は、それによってすべてが説明されるが、この神秘そのものは決して説明されえないと主張される。なぜ愛する神が、罪なき者を苦しめるのかという問いに対する合理的な説明は決してなされないのである。

だが、メーストルは、伯爵にこのような愛の神の存在への信仰を主張させて議論を閉じることはしない。むしろ、この前提そのものに――ヴォルテールのごとくに――疑いを挟み、別の説明を試みる上院議員によってこそ、『夜話』はひとつのクライマックスを迎えることになる。そこで題材として提示されるのが、戦争である。戦争とは、罪なき者が大量に死ぬ事態にほかならず、それを神の愛によって説明することの困難性は明らかである。上院議員は、いわばこの困難を克服するために、つまり罪なき者の死を説明するひとつの仮説として、愛の神に代えて「怒れる神」を想定する。そして後世のメーストル理解を決定づけたのが、この怒れる神の下における人間同士の殺戮という陰鬱なヴィジョンにほかならない。そこで次に、上院議員の戦争論を、その背景をなすと思われる異教的信仰についてのメーストルの分析にも触れつつ、解明することにしたい。

三　「異教」的犠牲としての戦争

怒れる神と「異教」的犠牲

メーストルは『犠牲論』において、キリスト教成立以前の古代の諸宗教、つまりキリスト教から見たところの「異教（paganisme）」の信仰に「犠牲」の起源を探り、それがどのように真なる原理を「誤用」し、そしてキリスト教においてそれがいかに修正されたかを論じている。[7] まず異教の信仰は次のように「怒れる神」の視点において説明される。「人間は怒れる力（puissance irritée）の手の下に生きる。そしてこの力は、犠牲（sacrifices）によってしか宥められることがない」（805）。それではなぜ神は怒るのか。それは、人間の「原初的腐敗」のゆえである。「神々は正しく、われわれは罪深い、したがって神々を宥め、われわれの罪を贖わなければならない。それを遂げるための最も強力な手段が犠牲である」（805-6）。

この「罪」は、異教においては、キリスト教における原罪のような具体的な行為としてではなく、人間の「血」そのものの呪いとして理解されている。まず腐敗は、その根を「感覚の原理のうちに、生命のうちに、そして最後に、古代人によって精神（*esprit*）ないし知性（intelligence）とは慎重に区別されていた、魂（*âme*）のうちに」もつ（806）。そしてこれらの要素は煎じ詰めれば「血」にほかならないのである。「人間はその感覚的原理によって、その肉体によって、その生命によって罪深いのだから、呪いは血に付与される。というのも、血は生命の原理であり、あるいはむしろ、血が生命だからである」（811）。神の怒りを宥める犠牲において「流血」が不可欠と信じられたのは、それゆえである（812）。

さて、ここに生まれるのが、この流血の犠牲を人間とは別の存在に肩代わりさせるという風習である。この風習が基づく原理を、メーストルは「可換性（réversibilité）の教義」と呼ぶ。すなわち、「罪なき者が、罪人の代わりに〔その罪を〕贖うことができる」とする教義である（813）。この考えを信じた異教の人々は、みずからの血を流す代わりに、動物の血を神へと捧げ、それによって己の罪を贖おうとしたのである。メーストルは、この教義の是非については問わない。彼が問題にするのは、むしろ、この教義そのものが「誤用」されそして「腐敗」したことである（815）。つまり、異教においては、この流血の犠牲の対象が、動物から人間へと拡大し、それによって人身御供の儀式が生まれたのである。なぜなら、彼らは、犠牲はその対象が価値をもつものであればあるほどに、神を宥める効果を高めると信じたからである。

メーストルはこの犠牲の人間への適用を「恐るべき迷信」に基づくものと判断する。それは次の「二つの詭弁」に由来する迷信である。すなわち、第一に、呪いを祓うべき対象の重要性に鑑みて、一人の犠牲はやむを得ないという詭弁、第二に、「犯罪者と敵」は、人間であっても犠牲に捧げられてよいという詭弁である。つまり、異教の人々は、都市や軍隊という重要な対象を救うためには、罪人や敵といった類の人間を犠牲にすることを当然と考えるようになる。しかし罪人や敵はその数が限られている。それゆえ、犠牲の対象が不足したとき、その矛先は「罪なき者」に向けられ、罪なき犠牲を捧げる人身御供が儀式化されていくのである（815-7）。

「異教」的犠牲の自覚なき持続

さて、『夜話』における上院議員の語る戦争論は、以上のような異教における犠牲が、それが儀式としては廃止されても、なお別の仕方で持続している様子を語ったものと解釈することができる。順にみていこう。

まず彼は、戦争がそもそも人間に可能であることの不可解さの指摘から始める。「人間に与えられている理性、感情、情愛を考えるに、戦争が人間に可能であることを説明する術はない」（648）。にもかかわらず、現実には、人間にとって戦争は、「可能」であるどころか、きわめて「容易」である。人間は、みずからに危害を加えたこともない人間を嬉々として殺しに向かう。しかも、彼は、戦場においてただちに残虐さを露わにする。「昨日、彼は、自分の妹のカナリアをたまたま踏み殺してしまったなら、心苦しさを覚えたであろう。翌日、諸君は見るであろう、彼が、〔ピエール・〕シャロン[8]が言うごとくもっと遠くをみるために、屍の山に登る姿を」（657）。そして、これらを説明するものとして、上院議員が提示するのが、「人間の血を要求する神秘的で恐るべき法」である。

この法について説明するに際し、上院議員は、十七世紀の詩人ジャン＝バティスト・ルソーの詩から「王たちに武器を取らせたのは、天の怒りである」(659) という一節を引用する。そしてこの「天の怒り」によって要請された「明らかな暴力」が、以下のように禍々しく描写される。「無生物の世界を離れるや否や、暴力的な死という掟が、生命のほんの始まりでしかないものの上にも刻まれていることがわかる。すでに、植物の世界において、この法が感じられる。巨大なきささげから名もない野草に至るまで、どれだけの植物が死に、どれだけが殺されるであろう」。この法は、動物においても貫徹する。しかし、この目的なき暴力の定めが、最も苛烈な姿を現すのは、実は人間においてである。

> このありとあらゆる動植物の上に人間は存在している。その破壊的な手は眼に映るものの何一つとして見逃すことはない。人間は、みずからを養うために殺す。着るために殺す。身を飾るために殺す。攻撃するために殺す。身を護るために殺す。知識のために殺す。愉しみのために殺す。殺すために殺す。尊大で残虐な王たる人間は、すべてを欲し、なにものも彼に逆らわない。……しかし、この法が人間において停止するということがあろうか？ 否である。では、すべてを殺戮する存在を殺すのは何者であろう？ 人間自身である。疑いもなく、人間を殺すべく定められたのは、人間なのである。……叫喚を上げ血を求める大地の声が聞こえないのか？ 動物の血だけでは十分ではない（659-60. 強調引用者）。

かくして「生きとし生けるものの暴力的な死を定めた偉大な法」は完成する。「血」に覆われた地上全体は、「巨大な祭壇」にほかならず、そこにおいては「あらゆる生けるものは、終わりなく、抑制なく、遅滞なく犠牲にされなければならない、事物の消尽まで、悪の根絶まで、そして死の死にいたるまで」（661）。

上院議員の語るこの戦争についての記述は、明らかに、伯爵のいう愛の神とは異なる世界認識において展開されている。人間は、あらゆる生命を、なんらかの悪の治療のためにではなく、まさに「殺すために殺す」。異教における犠牲が、動物の犠牲と人間のそれとを区別しないのと同じく、人間は、動物であろうと同じ人間であろうと区別なく手にかける。それは「死の死」に至るまでやむことがない。そしてこの終わりなき殺戮は、「血を求める大地」、さらには「天の怒り」によって要請されたものとされるのである。

疑いもなく、この認識の背後には、神はその怒りのゆえに人間の流血による贖いを求めているという異教的世界観があろう。異教においてひとは、この怒れる神を宥めるために自覚的に罪なき者を犠牲として捧げた。だが、上院議員の視点からするならば、人間はこの儀式が廃止されたのちも、戦争を通して自覚しないままに血に飢えた神へと犠牲を捧げているのである。「大地の叫びは徒労ではない。……人間は突如として、……神的な怒りに捉えられて、戦争へと突進する。自分が何を欲しているか、いや何をしているかさえわからないままに」（660）。この意味では、いまや世界は、誰もが知らぬ間に供犠を執り行い続けるひとつの「巨大な祭壇」にほかならない。

メーストルが異教の犠牲についてその本質を「怒れる神」を宥めることと捉えた点それ自体は、現代の犠牲についての研究に鑑みても、正当なものである。(2) しかし彼は、犠牲について学問的に理解することそのものに関心があったのではない。冒頭でも触れたように、『考察』において彼は、フランス革命を生みだした「啓蒙主義」と「キリスト教」、その両者の死闘がいままさに繰り広げられていると告げ、後者の勝利への期待を語る（229)。この視点は、『犠牲論』や『夜話』においても失われていない。彼はそこで、キリスト教を攻撃する「啓蒙主義」を克服するためにこそ、その源泉に「異教」というひとつの宗教的なものを見出し、それを支える信仰を理解しようとしているのである。実際、上院議員の語る暴力を宿命づけられた人類というヴィジョンは、神の正しさに疑いを抱いた啓蒙主義者ヴォルテールの視点をぎりぎりまで突き詰めた帰結として理解することもできる。たとえば、ヴォルテールの『リスボンの災禍についての詩』を読んだジャン゠ジャック・ルソーは、それが意味するところを、その絶望的な含意を批判するために、次のように要約してみせたのであった。

> 不幸なものよ、永遠に苦しむがよい。神が存在して、お前を造ったのなら、神は全能のはずだ。神はお前の不幸のすべてを予防できたはずだ。だからもう、不幸が終わることは期待するな。なぜなら、苦しみそして死ぬためでないとしたら、お前がなぜ存在するのかわからないだろう(Rousseau, [1756] 1969: 1060=284)。

上院議員が描くのもまさにそのような、人間が「苦しみそして死ぬ」ことを神の意志とする世界観にほかならないであろう。

それでは、メーストルは、この異教的な世界観をどのようにして克服しうると考えるのか。すでに見たように、『夜話』における伯爵は、愛の神を前提としたうえで、罪なき者の死を合理的に説明することの困難に行き当っていた。だが、上院議員による異教的世界観を踏まえたうえで彼は、以前とは別の仕方で、愛の神への信仰を訴えることになる。それは、キリストの犠牲という、まさにキリスト教の根幹へと踏み入れることによってである。節を改めてみていこう。

四　キリスト教の自己犠牲

神の愛としての自己犠牲

『夜話』の伯爵は、上院議員の戦争論のすぐのち、あたかもそれを批判するかのように、キリスト教において信じられる神の愛と人間の偉大さについて語り始める。伯爵によれば、異教においては、自己の罪深さを贖うために贖罪者を探し、怒れる神々に犠牲を捧げることはなされたものの、決して己の罪に対する「悔恨（repentir）」が表明されたり、神の赦しが求められたりすることはなかった。彼はその理由を次のように述べる。

〔異教の〕人間は、みずからが神を、あるいはひとりの神を怒らせる（irriter）ことができるということをよく知っていたが、神に背く（offenser）ことができるとは知らなかった。……人間はつねに神を父と呼ぶことはできた。それは創造と力の関係をのみ表現する。しかしいかなる人間も、みずからに固有の力によってわが父よ！　と言うことはできなかった。というのも、これは、愛の関係であり、〔モーセが十戒を授かった〕シナイ山とさえ無縁であって、〈キリストの磔刑（Calvaire）〉にのみ属するものだからである（668）。

「力の関係」と対比される「愛の関係」とはいかなるものか。ここで伯爵は、それがキリストの犠牲において示されるものと述べている。その意味するところを理解させてくれるのが、彼がこの犠牲について、それが「神に背く」という巨大な罪を犯しうる人間の、その偉大さを教えるものであったと説いている箇所である。「キリスト教なくしては、人間は、みずからが何であるかを知りはしなかった。……／〔神は言う、〕「私を見なさい。神を死なせたのは神である！」／そうだとも！……われわれはこの犠牲のうちにすべてを見るであろう。このような贖いを要求する罪の巨大さを。この罪を犯しうる存在の測り知れない偉大さを。そして「私はここにいます！」と述べた犠牲者の無限の価値を」（710-1）。

キリスト教の神は、みずからの似姿として創造した人間の、その偉大さを尊ぶ。だからこそ神は、この偉大さを濫用し、みずからに背く人間を、それにもかかわらず、自己を犠牲にすることによって、救おうとするのである。一方、人間は、この崇高な犠牲を深刻に受け止め、みずからの罪を悔い、神に赦しを求めることができる。伯爵はここに、罪深き人間と神との「愛の関係」を認める。罪を犯しうると同時に、それを悔いることもできる人間のみの偉大さ、それを人間に気づかせるのが、まさに神が無限の犠牲を払ってまで人間の罪を贖おうとした磔刑の出来事なのである。

伯爵によってこのように理解されるキリストの犠牲は、『夜話』と『犠牲論』のいずれにおいても、異教において「誤用」されたとされる「可換性の教義」の本来の用いられ方として位置づけられている。すなわち、異教においては、罪なき者が罪人の代わりに苦しむという「可換性」は、罪人が罪なき者におのが罪を肩代わりさせる根拠となるものであった。これに対して、キリスト教における犠牲は、ほかならぬ神が、みずからを犠牲にすることによって、罪深き人類を救った。自己のための他者の犠牲を、他者のための自己犠牲へと転換したこと、それをもってキリスト教の犠牲は、可換性の教義を「修正」しつつ「聖別」したものと捉えられるのである（*cf.* 218, 711, 834）。

「異教」的犠牲に抗して

メーストルの考えでは、このキリストの犠牲は、その意味が十分に認識されさえすれば、異教的な犠牲を根絶したはずであった。『犠牲論』において、彼は、福音のもたらした「愛」が、まさに「愛の法」として浸透し、偉大なる人間を犠牲にする異教的習俗に対する徹底した嫌悪感を人々に抱かせるのにいかに貢献したかを論じている（823）。キリストの死を神の犠牲として信じることが、怒れる神から愛の神へと人々の認識を転換させ、それによって人間の犠牲を終息させることになると考えられているのである。

しかしながら、その信仰は十分には広まらず、また維持もされなかった。というのも、メーストルによれば、キリストによる贖罪の犠牲が意味をもつのは、あくまでもそれを受け止める側の世界認識を転換させることによってであり、それはわれわれの自由に委ねられているからである（*cf.* 752）。メーストルは、このキリスト教の愛する神を「真の神」と捉えたうえで、次のように述べる。「真の神が、明らかな啓示のおかげで、知られ仕えられていないところでは、人間はつねに人間を犠牲にし、しばしば人間を貪り食う」（824）。つまり、キリストの死を、愛のゆえにわれわれの罪を肩代わりして贖ったものと認識せずに、神の怒りの結果であるかのように捉える限り、上院議員の述べるような人間同士が殺し殺される暴力は、終わりなく続くことになる。そしてメーストルにとって、このような異教的犠牲が再興した典型的現象こそ、フランス革命における恐怖政治にほかならない。すなわち、彼によれば、革命においてキリスト教の愛の法が廃止されるや否や、「瞬く間に、〔人間を犠牲にする〕イロクオイ族やアルゴンキン族の風習が現れた。人間性の聖なる法は足下に踏み躙られた。罪なき者の血が、フランス中を覆う断頭台に溢れた」（823-4）。『考察』において革命への「罰」として捉えられていた恐怖政治は、ここでも同様の視点から、キリスト教の否定の果てに異教的犠牲がとめどなく噴出した事態として、つまりいわば当然の報いとして理解されるのである。

メーストルは、この異教的犠牲の悲惨さを味わった人々が、それへの嫌悪感を育み、キリスト教へと回帰することを期待する。だが、彼は、この革命の悲劇のうちに、異教的犠牲の恐ろしさを実感させるという消極的役割のみならず、キリスト教を再生させるより積極的な意味をも読み取ろうとする。すなわち、ルイ十六世の「殉教」がそれである。王の死は、一方において、革命の成就のためにやむを得ずに犠牲に供された異教的な犠牲のひとつにすぎない。しかし他方、この同じ犠牲が、同時に、王自身によるフランスへの「愛」に基づく、特別な自己犠牲としても解釈されるのである。むろん、ルイ十六世の「殉教」は、キリストの贖罪のような神自身の自己犠牲ではありえない。それゆえメーストルは、王の死を、異教的に犠牲に供されながらも、同時にそれをあえて自発的に受け入れたという点に自己犠牲としての「愛」を見出そうとする（*cf.* 218）。彼は、王が処刑に際して捕囚のなかで伸び切った髭を剃ることを拒否したという挿話を紹介したうえで、註釈を加える。「荘厳なる殉教者は、犠牲を免れることを、そして犠牲者をより完全でなくしてしまうことを恐れたように思われる。なんたる〔犠牲の〕受諾（acceptation）であろう！」（833）。

メーストルの意図ははっきりしている。この犠牲をキリスト自身による贖罪とあえて重ね合わせることによって、神の自己犠牲を想起させ、人類を愛する神の姿を印象づけようとするのである。それが可能になるためには、王の犠牲そのものが、異教的なそれではなく、フランスへの愛に満ちた自己犠牲でなければならない。彼は、異教的な殺戮の場の只中から、それを克服する自己犠牲の精神を、まさに人々の世界認識それ自体を転換させる糸口として取り出そうとするのである。

さて、ここまで詳しく論じてきた二つの犠牲を踏まえて、ようやくボードレールにおけるメーストル受容について検討することができる。メーストルにおけるこの二つの犠牲は実はボードレールにおいて、ある仕方において一つに結び合わされることになる。そしてそこにわれわれは十九世紀という時代のある時代性を認めることができるはずである。

五　ボードレールにおけるメーストル受容

「異教」的神の転生

ボードレールがメーストルの著作（『夜話』および『犠牲論』）に最初に触れたのは、二月革命（一八四八年）への「陶酔」から次第に醒めつつあった一八五一年頃である。(10) 爾来彼は、失われた政治的情熱に代わるものを手にしたかのごとくに、たびたびメーストル的モチーフをその作品に反映させていくことになる。実際、ボードレール自身、メーストルを「われわれの時代の偉大な天才、――一人の見者（voyant）！」と讃え（Baudelaire, 1973: 337=281）、彼こそが――エドガー・アラン・ポーとともに――「私にものの考え方を教えた」とまで述べて、その影響の大きさを強調するのである（OC: 669=VI 31）。

ボードレールがメーストルから継承したのは、おそらく、暴力をはらんだ現世的な事象を、宗教的に捉える視点である。彼にとって、宗教とは、神の存在を必要としない神々しさである。「たとえ神が存在しないとしても、〈宗教〉はやはり〈神聖〉かつ〈神々しい〉ものであるだろう」（OC: 650=5）。このような観点に立って、彼は、革命、戦争、刑吏といった暴力的モチーフを、宗教的視点において語る。そのいくつかを挙げてみよう。革命は、「供儀」として捉えられる。「革命は供儀によって、迷信を強化する」（OC: 680=VI 45）。戦士は、「司祭」と並んで称賛を与えられる。「尊敬に値する存在は三つしか存在しない。／司祭、戦士、詩人。知ること、殺すこと、創ること」（OC: 684=VI 51. 強調引用者)。そして刑吏を思わせる人間が「真の聖者」と呼ばれることになる。「真の聖者とは、民衆の幸福のために民衆を鞭打ち、殺す人間のことである」(OC: 655=VI 14)。

しかしこのように理解された宗教、あるいはその聖性の源泉とは、メーストルの枠組みに照らすならむろん愛の神ではなく異教的な神である。それをよく示すのが『悪の華』における「聖ペテロの否認」の一節である。

殉教者や刑を受ける者たちの嗚咽は、/なるほど、心酔わせる交響楽なのだろう、/なぜなら、その逸楽がこれだけ血を流させても、/天はまだそれにすこしも飽きたりていないのだから!/——ああ! イエスよ、〈橄欖《かんらん》の園〉を思い出せ!/卑しむべき刑吏どもがきみの生きた肉に打ち込む/釘の音を、天にあって聞きながら笑っていた神に、きみは、ひざまずいて、馬鹿正直に祈っていたのだ(OC: 121=I 235-6. 強調引用者)。

明らかなように、ここに想定されている神は、人間の殉教を笑い、なおいっそうの「血」を求める残酷な存在である。ボードレールはこのような神を、『悪の華』の序文草稿において「悪魔」と呼び、十九世紀におけるその恐るべき力を語っている。「〔今世紀においては〕万人が〈悪魔〉に奉仕していながら、誰も信じてはいない。〈悪魔〉の至高なる抜け目のなさ」(OC: 183=I 364)。そして本編の詩のひとつでは、この悪魔が、人間に「罪深い欲望」を与えることが述べられる(「破壊」)。

絶え間なく、私のそばに、うごめくものは、〈悪魔〉。／……私がそれを呑みこむと、肺臓を焼けただれさせ、／永遠の罪深い欲望で満たすのが感じられる。／……狼狽し切った私の眼に、投げこむものは、／穢された衣類やら、ひらいた傷口やら、／はては、血まみれになった、〈破壊〉の道具立て！（OC: 111＝I 215-6）

メーストルにとって、異教とは、怒れる神に対して、それを宥め喜ばせるために人間の犠牲を捧げる儀式を生みだすものであった。『夜話』では、この血を求める神の声が、人間の衝動を無意識に支配する内なる声のごとくに描写された。そしていまやボードレールにおいて、この神は、もはや怒りを示すこともなしに、むしろ嘲りとともに巧みに人間に入りこみ、彼を欲望で満たし、それによって「血まみれ」の破壊へと使嗾《しそう》する「悪魔」へと姿を変えるのである。

悪魔の使嗾による自己犠牲

しかし、怒れる神がこのようにいわばその近代的形象としての悪魔へと転生したとき、それは思わぬ帰結を生みだすことになる。異教の人々は、他者の流血でもって自己の罪を贖う営為を、儀式として自覚的に行った。そこでは自他の区別は明確であった。しかし、罪なき者の流血を求める神が、悪魔として人間のうちに一体化し、彼を好むがままに操るとするなら、血に逸楽を覚えるこの悪魔的人間は、容易にその刃を自己へと振り向けることになる。ボードレールが繰り返し描くのは、まさにこの意味において自己を犠牲にすることの快楽と偉大さである。「一人で代わる代わる犠牲になったり刑吏になったりするのは、快いことかも知れない」（OC: 676=VI 41）。先に触れた「戦士」もまた、別の箇所では自己を犠牲にする存在として捉えられ、その偉大さが讃えられる。「人間のなかで偉大なものは、詩人と、司祭と、軍人しかない、／歌う人間、祝福する人間、犠牲を捧げ、わが身を犠牲に捧げる人間」（OC: 693=VI 63. 強調引用者）。こうした認識は、『悪の華』における一編の詩（「ワレトワガ身ヲ罰スル者」）において極まる。

私はきみを打つだろう、怒りもなく／憎しみもなく、まるで屠殺人のように、……／そして、きみの愛しい咽び泣きは、／その響きに酔いしれる私の心の中に、／突撃の太鼓のように鳴り渡るだろう！／……／私は、傷でもあり小刀でもある！／平手打ちでもあり、頬でもある！／私は四肢でもあり、処刑の車輪でもある、／犠牲でもあり、刑吏でもある！……私は自分の心臓の吸血鬼、／——永遠の笑いの刑に処せられて、／もはや微笑むことはできぬ、／あれらの偉大な、見捨てられた者のひとり！（OC: 78-9=I 150-2. 強調引用者）

「聖ペテロの否認」において、殉教者の嗚咽の声に陶酔するとされた神は、ここでは明確に、人間をして己の「咽び泣き」に酔いしれさせる内なる悪魔の姿を取る。

だが、問題は、異教的犠牲が、その急進化の果てにこのように自己犠牲として捉えられるとき、それは否応もなく、キリスト教的犠牲との境界を失うということである。すでに述べたように、メーストルにおいては、犠牲にされた者を、他者への愛に基づく自己犠牲を遂げた殉教者として理解することに、怒れる神から愛の神へと人々の信仰を転換させるうえでの核心的な意味が賭けられていた。ところが、ボードレールにおいては、この愛による自己犠牲そのものが、悪魔の使嗾によって他者への拷問を己へと向け替えたにすぎないものとして、異教的犠牲の延長上に捉えられるのである。

　そのことを典型的に示すのが、ボードレールの「売春」についての理解である。彼は、あらゆる愛は、神のそれさえもが「売春」であると述べる。「すべての愛は売春である。／売春すること最も大なる存在、それは最高度の存在者、すなわち神である」(OC: 692=VI 62)。なぜなら、売春とは、「みずからを犠牲に捧げること」(OC: 692=VI 61) であり、それを最も大胆に行うのがキリスト教における神だからである。そして、散文詩「群衆」では、見知らぬ他者に己の魂を捧げ尽くす「神聖なる売春 (sainte prostitution)」が、比類のない「陶酔」と「享楽」の源泉として謳われる (OC: 291=IV 27)。だとすれば、ボードレールにおいて、人類へと己を捧げるキリスト教の神の自己犠牲それ自体が、逸楽を当て込んでの一種の自虐行為と見なされていることになろう。

　このような「愛」の理解の仕方は、メーストルの讃えたような、純粋に他者のためにのみ捧げられた自己犠牲としての「愛」を、いわば原理的に不可能にしてしまうであろう。しかし実のところ、ボードレールの、愛についてのこの悪魔的理解そのものが、メーストルの異教についての議論が意図せずして宿していた可能性を最大限に汲み取ったものであると考えられる。ボードレールは、この自己犠牲としての「聖なる売春 (prostitution sacrée)」について、異教に触れつつ次のように語っている。「反＝宗教の分析、例として、聖なる売春。／聖なる売春とは何であるか？／神経の興奮。／異教の神秘性。／神秘主義、異教とキリスト教との連結線。／異教とキリスト教は互いに立証し合う」(OC:

678＝VI 43）。この断章の意味するところは必ずしも判明ではない。しかしすでに指摘があるように、[11]それが『犠牲論』におけるメーストルの以下の異教の供儀についての記述に示唆を受けたものであることは否定しがたい。

古代ではよく知られていながら、ヴォルテールがきわめて愚かにも否定するところであった、かの合法的な売春を、〔アントワーヌ・イヴ・〕ゴゲ博士は、代替性（substitution）の教義によってうまく説明した。古代の人々は、怒れる神ないしは邪悪な神が、人間の女たちの純潔さに恨みを抱いていると信じ込み、その神に自発的な犠牲を捧げることを考えた。人間を襲わないでくれるよう子羊を投げ与えられた凶暴な獣のごとく、その好む餌食の虜になったウェヌス〔たる神〕が、合法的な婚姻の邪魔立てをしないでくれるだろうと期待したのである（813）。

見られるとおり、異教においては、「自発的な犠牲」としての売春も、実のところは怒れる神へと捧げられるべく合法化によって半ば強制された犠牲であるというのがメーストルの認識である。この一節が含みもつ意味合いは小さくない。キリスト教的自己犠牲も、この意味での怒れる神へと捧げられた、強いられた自己犠牲であるという可能性をそれは示唆するからである。この「合法的な売春」についての認識を、キリストの犠牲そのものへと拡張する心づもりは、むろんメーストルにはない。異教的犠牲とキリスト教的犠牲とをぎりぎりのところで切り分けるのが、彼の犠牲論の企図であった。だが、ボードレールは、嬉々としてこの二つを融合させるであろう。彼にとっては、神の犠牲そのものが、悪魔に使嗾された自己犠牲であって、それは逸楽に渇えた「聖なる」売春としての愛を営んでいるにすぎない。この世界観において、いまやわれわれがこの犠牲に認めうるのは、世界を統べる神の人類に対する愛であるよりも、むしろこの愛をも支配する悪魔の圧倒的な抗いがたさにほかならないのである。

六　神なき宗教のゆくえ

以上本章では、十九世紀の初頭に、罪なき者の苦しみという世界の不条理を前にして、怒れる神と愛する神との二つの宗教を提示したメーストルの議論から、前者が悪魔へと転生し、後者を跪かせていく過程を辿った。ボードレールは、この悪魔の支配を前提としたうえで、十九世紀における宗教的なものを、もはや愛の神からではなく悪そのものから導かれた、神なき宗教として理解する。

だが、今日における宗教的なものが、このような神なき宗教であることを宿命づけられているとしても、しかしそれが悪魔の宗教でしかありえないということではないだろう。実際メーストル自身、みずからの愛の神を、あくまでも現世的な次元において、選択されるべき一つの仮説として提示したのであった。「真の」宗教が、複数の可能性のひとつとして提示されたとき、すでにこの宗教それ自体の擬制性が前提とされていたというべきかもしれない。

罪なき者の苦しみという、メーストルが直面した現実が、今日においてもわれわれにとって痛切な問題であることは疑いない。メーストルが訴えようとしたことのひとつは、こうした困難を前にしてまず問われるべきことは、世界についての根本態度としての宗教的なものの位相であるということであろう。宗教への警戒がますます強まるなかで、この次元における議論はいまや容易になされうるものではなくなっている。だが、いかに啓蒙的であろうとも、世界に対する何らかの視点はそれに見合った宗教的なものを無自覚なままに生むことを、メーストルの異教への分析とその後世への継承は示している。そしてまたそのことは、われわれがたとえば暴力の無差別さという恐怖に曝されたとき、それでもなお現実の不条理さにひれ伏すべきでないとするなら、そのための力は何によって与えられうるのか、まさに宗教的なものの次元にまで踏み込んで考察する必要性を改めてわれわれに伝えているように思われるのである。

参照文献

Alphonsus, Mother Mary, 1943=1984, *The Influence of Joseph de Maistre on Baudelaire «De Maistre et Edgar Poe m'ont appris à raisonner» (Journaux intimes)*, Cleveland, Ohio: John T. Zubal. Inc.

Baudelaire, Charles, 1975, *Œuvres complètes*, tome 1, texte établi, présenté et annoté par Claude Pichois, Gallimard, coll. « Bibliothèque de la Pléiade». 〔=一九八三―一九九三、『ボードレール全集Ⅰ〜Ⅵ』阿部良雄訳、筑摩書房〕

Baudelaire, Charles, 1973, *Correspondance*, tome 1, texte établi, présenté et annoté par Claude Pichois, avec la collaboration de Jean Ziegler, coll. «Bibliothèque de la Pléiade», Gallimard.

ベニシュー、ポール、二〇一五、『作家の聖別——フランス・ロマン主義1』片岡大右他訳、水声社。
バーリン、アイザイア、一九九二、「ジョセフ・ド・メストルとファッシズムの起源」（松本礼二訳）『バーリン選集・第四巻：理想の追求』福田歓一・河合秀和編、岩波書店。
ブラン、ジョルジュ、二〇〇六、『ボードレールのサディスム』及川馥訳、沖積舎。
Bradley, Owen, 1999, *A Modern Maistre: The Social and Political Thought of the Joseph de Maistre*, Lincoln, Neb.: University of Nebraska Press,
カイヨワ、ロジェ、一九七一、『人間と聖なるもの』小苅米晛訳、せりか書房。
シオラン、E・M、一九七七、「ジョゼフ・ド・メーストル論」（及川馥訳）『深淵の鍵——シオラン選集　五』出口裕弘・及川馥・原ひろし訳、国文社。
コンパニョン、アントワーヌ、二〇一二、『アンチモダン——反近代の精神史』鎌田隆行他訳、名古屋大学出版会。
Constant, Benjamin, 1988, *De la force du gouvernement actuel de la France et de la nécessité de s'y rallier (1796), Des réactions politiques, Des effets de la Terreur (1797)*, préface et notes de Philippe Raynaud, Paris: Champs Flammarion.
出口裕弘、一九八三、『ボードレール』小沢書店。
Eygun, Francois-Xavier, 1990, « Influence de Joseph de Maistre sur *Les Fleurs du Mal* de Baudelaire », *Revue des études maistriennes*, 11.
ヘンゲル、M、二〇〇六、『贖罪——新約聖書におけるその教えの起源』川島貞雄・早川良躬訳、教文館。
川上洋平、二〇一三、『ジョゼフ・ド・メーストルの思想世界——革命・戦争・主権に対するメタポリティークの実践の軌跡』創文社。
今野喜和人、二〇〇六、『啓蒙の世紀の神秘思想——サン＝マルタンとその時代』東京大学出版会。
Lebrun, Richard Allen., 1988, *Joseph de Maistre: An Intellectual Militant*, Kingston-Montréal: McGill-Queen's University Press.
Maistre, Joseph de, 2007, *Œuvres : suivies d'un dictionnaire Joseph de Maistre*, texte établi, annoté et présenté par Pierre Glaudes, Paris : Robert Laffont.
小倉孝誠編、二〇一四、『十九世紀フランス文学を学ぶ人のために』世界思想社。
Pranchère, Jean-Yves, 2004, *L'autorité contre les Lumières: la philosophie de Joseph de Maistre*, Genève: Droz.

Riley, Patrick, 1986, *The General Will before Rousseau: The Transformation of the Divine into the Civic*, Princeton, N. J. : Princeton University Press.

Rousseau, Jean-Jacques, 1756=1969, « Lettre de J. J. Rousseau à Monsieur de Voltaire », in *Œuvres complètes*, vol. 4, édition publiée sous la direction de Bernard Gagnebin et Marcel Raymond, Paris: Gallimard.〔＝二〇一二、浜名優美訳「ヴォルテール氏への手紙」『ルソー・コレクション　文明』白水社〕

宇野重規・伊達聖伸・高山裕二編著、二〇一一、『社会統合と宗教的なもの――十九世紀フランスの経験』白水社。

Voltaire, 1755=1961, « Poème sur le désastre de Lisbonne », in *Mélange*, texte établi et annoté par Jacques van de Heuvel, Paris: Gallimard.〔＝二〇一五、斉藤悦則訳「リスボン大地震に寄せる詩」『カンディード』光文社〕

Vouga, Daniel, 1957, *Baudelaire et Joseph de Maistre*, Paris: Corti.

註

（1）　メーストルの著作については（Maistre, 2007）に依拠し、出典頁は本文中に頁数のみを記す。なお、引用文中の強調は、断りのない限り原文のものである。

（2）　たとえば（Bradley, 1999）、（Pranchère, 2004）。メーストル研究全体の動向については、（川上、二〇一三：序章）を参照。

（3）　（コンパニョン、二〇一二）、（バーリン、一九九二）、（ベニシュー、二〇一五）などを参照。

（4）　「宗教的なもの」については、（宇野・伊達・高山、二〇一一：八～一二）を参照。

（5）　ボードレールの書簡以外の著作については（Baudelaire, 1975）に依拠し、出典頁は本文中に（OC）の略号とともに記す。訳書の頁も併記するが、一部訳語を変更した箇所がある。

（6）　今野喜和人によれば、「天啓派（illuminé）」とは、啓蒙の世紀における神秘思想の一派であり、「啓蒙」と同じく「光」をその名の由来としながらも、理性ではなく神からの「照明（illumination）」に重きを置く思想家群を指す。メーストルにも影響を与えたサン＝マルタンはその代表的人物である（今野、二〇〇六：一〇）。

（7） 本章では、sacrifice に原則として「犠牲」の訳語を充てるが、儀式としての犠牲の意味合いが強い場合には「供儀」と訳す。また、victime は「犠牲」もしくは「犠牲者」と訳す。
（8） ピエール・シャロン（一五四一～一六〇三）は、十六世紀フランスの神学者、哲学者。主著『知恵について』は、メーストルが若き頃より親しんだ著作のひとつである。
（9） 古代ギリシアにおける贖罪の犠牲については、たとえば、（ヘンゲル、二〇〇六：四四～六〇）。またフランス社会学の犠牲研究においてもメーストルの『犠牲論』はしばしば参照される（カイヨワ、一九七一：四八）。
（10） Alphonsus ; 1943=1984 : 7.
（11） 邦訳版『ボードレール全集』における阿部良雄による訳注（Ⅵ：五八八）を参照。

第二章　近代世界という荒野へ——シャトーブリアンと宗教

片岡大右

一　社会的紐帯とアノミー——はじめに

人類の休暇の終わり？

一八〇二年四月八日、立法院は前年七月十六日に調印されていたコンコルダートを批准する。第一統領ナポレオン・ボナパルトが教皇ピウス七世との間に締結したこの政教条約は、ローマの聖座の監督下に置かれたカトリック教会に——かつての国教の地位を復活させることはないままに——「フランス人の多数派の宗教」としての地位を定め、一七九〇年の聖職者市民化法とともに始まった革命期フランスの宗教生活の混乱を収束させるのみならず、以後一九〇五年の政教分離法によってお払い箱になるまでの一世紀にわたり、この国の政治と宗教の関係の大枠として機能し続けるだろう。

そして十日後の十八日、復活祭の日曜日に、コンコルダート公布を——三月末に結ばれたアミアンの和約による平和の到来とともに——祝うべく、パリのノートル゠ダムは第一統領臨席のもとにミサを執り行う。一七九三年に「理性の神殿」として用いられたのち食料倉庫に転じていたこのゴシック大聖堂は、こうしてテ・デウムの響きによってカトリック的フランスの復活を盛大に告知したのである。

フランソワ゠ルネ・ド・シャトーブリアン（一七六八〜一八四八）の第二の著作『キリスト教精髄』は、一八〇二年四月十四日、すなわち二つの出来事の間に刊行され、狙い通りに大成功を収めた。発売に先立ち、八日の立法院における批准を受けて、著者はナポレオンの妹エリザ・バチョッキにこう書き送っている――「これでようやく我々も、文明人というわけです！　あなたの栄えある御一家には、感謝しなければなりますまい」（Corr., I, 155）。問題となるのは文明への、あるいは社会秩序への回帰である。このような発想は、以後少なくともある時期までのシャトーブリアンによっても維持されていたものと見える。

実際、一八二一年の回想では、革命勃発直後のパリの状況がこのように振り返られている――「休暇中の人類が、街路をさまよう。教師たちから解放され、ひととき自然状態に立ち返った人類は、やがて放縦の中で生まれる新たな暴君どものくびきに苦しむようになってようやく、社会という歯止めの必要を再び感じ始めるのだ」（MOT, I, 302）。

ここでは、既存の社会秩序の宙吊り状態を生きるという危機的一時期が、「休暇《ヴァカンス》」に類比的な活気と高揚の契機となりうることが証言される一方で、人類の基本的生存にとっての社会の必要性が強調されている。それゆえ、ジャン゠クロード・ベルシェの最新の伝記は、このイメージを受け継ぎ、「休暇中の社会」として革命期の社会をとらえた上で、第一統領のコンコルダート政策と歩調を合わせたシャトーブリアンの護教的著作の意義を、「社会的紐帯」の回復というデュルケーム的語彙によって説明するのである（Berchet, 2012, 313, 352）。

二つの物語、二つの死

しかし『キリスト教精髄』を書いたのは、ひとりの「隠遁者」であり、「野生人」であった。「きっとあなたは私のことより、隠遁者の近況が気がかりなのにちがいありません。私が田舎にどれほど魅了され、ひと気のない場所をどれほど居心地よく感じるか、そんなことならもう十分すぎるほどご存知ですものね。ですからあなたには、何より野生人のことをお話しして差し上げます」(Raynal, 1884, 129. 一八〇一年五月二十三日、強調引用者)。首都の喧騒を離れ、著作を仕上げるために移ったサヴィニー=シュロルジュの住まいから、ポーリーヌ・ド・ボーモンは共通の友人ジョゼフ・ジューベールに宛てた手紙の中で、彼女が「ひとりの女性の心が感じうる最も情熱的な感情」(Molé, 2005, 166) に駆り立てられて秘書役を務めた未来の護教家を、これら二つの語によって名指している。

エリザベート・ヴィジェ=ルブランによるポーリーヌ・ド・ボーモンの肖像（一七八八年）

もちろん、孤独好みの二人の「愛の隠遁」(Regard, 1978b, 1600) は、喜びに満ちたものであったろう。「サヴィニーの環境が、本書を悦楽と幸福のうちに浸したのだ。疑いもなく、『キリスト教精髄』は幸福な書物である」(*ibid.*)。とはいえ二人の関わりは、作品刊行の翌年に訪れる終焉を待つまでの間、穏やかな幸福にすっかり染め上げられていたのではない。

ルイ十六世の外務大臣だった父を一七九二年の九月虐殺で奪われ、他の家族をも獄中や処刑台に失った彼女は、病弱ゆえに逮捕を免れ、しかし同じ理由で自らの早逝を意識しつつ日々を過ごしていた。一七九八年、革命により失った友人たちと共に生きていると感じ、死せる英雄たちの姿を幻視するオシアンの経験をわがこととして語りながら、彼女はジューベールに打ち明けている──「私の心は穏やかで深い憂鬱に委ねられています。それは歓喜の発作も絶望の発作も知りません」(Raynal, 1884, 111)。「ひばり」と呼ばれた彼女が「野生人」の愛称を持つ男と知り合うのは、このジューベールの家でのことだ。「不幸にして、彼女はシャトーブリアンと出会い、彼の持つ毒のすべてにゆっくりと酔いしれていくのだった。彼女は最後の数年間を愛と嫉妬に苛まれつつ過ごし、そのことで死期を早めた」(Molé, 2005, 166-167)──七月王政期に外相と首相を歴任したマチュー・モレは、かつて親しく交わった年長の友人シャトーブリアンの辛辣極まりない肖像を提供していることで知られる回想録の中で、このように振り返っている。『シャトーブリアン──詩とテロル』の著者マルク・フュマロリは、ポーリーヌの憂鬱を強調したのちに、次のように述べている──「ポーリーヌ・ド・ボーモンは『アタラ』という鏡のうちに、彼女の魂の風景を認めた。……『アタラ』を読んだことが、そしてその著者との出会いが……、ボーモン夫人の運命を宿命的に速めたのだ」(Fumaroli, 2006, 374)。

シャトーブリアンが一八〇一年に刊行して大評判を得、翌年の『キリスト教精髄』にも再録したこの物語では、アメリカ先住民の青年シャクタスと相愛になったアタラ、スペイン人入植者と先住民女性の間に生まれ、キリスト教徒として成長したこの娘が、母に課せられた貞節の誓いを堅持しえないほどの情熱に苛まれ、それから逃れるべく自ら毒を仰ぎ、伝道師によって誓いの抹消可能性と自殺の有罪性を教えられたのちの絶望を経て、最愛の野生人に見守られながら死んでいく。そして一八〇三年の現実の世界では、やがて結核による死を前にした『キリスト教精髄』の詩神《ミューズ》が、心変わりをするとともにローマ大使の一等書記官となって彼女を置き去りにしたルネを追ってイタリアに向かい、憔悴の極みにある「ひばり」を前にすっかり心動かされた様子の「野生人」と二人で、未開のフロリダの洞窟で繰り広げられたアタラ臨終の場面をカトリック信仰の首都を舞台に再演してみせるだろう――フュマロリはこのような見立てを提案しているが、しかし同時に、恋人の愛に寄せるアメリカの半野生人の確信はポーリーヌには無縁のものだったことを指摘したのちに、七十歳前後のルネが彼女の死に捧げて記した『墓の彼方からの回想』第一五篇の末尾に見出される、以下の嘆きを引用する。「わが哀しみはあの遠い日々に、今断ち切られたこの絆こそはわが最後の絆となろうなどと、うそぶいてはいなかったか？　それなのに私はすみやかに、忘れ去ったのではないが、最愛のひとを取り替えてしまった！」(MOT, I, 717 ; Fumaroli, 2006, 380) シャクタスはと言えば、ナチェズ族の酋長となり、入植地のフランス人との戦争で命を落とすのに先立つ老年の日々に至っても、「アタラの老いたる恋人」(R, 196=166) であり続けたのである。

そして、『アタラ』とともに『精髄』に挿入されたもうひとつの小説、老シャクタスと伝道師スーエルに向けられたフランス人青年の告白を主体とする物語もまた、別の女性の運命を左右することになったのだとフュマロリは言う。「『ルネ』を読んだことがおそらく、ルネの姉アメリーの生きたモデルであった女性にとって、致命的だったのだ」(Fumaroli, 2006, 374)。実際、主人公ルネの姉アメリー、弟に対する自らの愛の激しさ――「わが罪深き情熱」(R, 190=158)――を恐れて修道院に入るこの作中人物のうちには、作家ルネの姉リュシールの面影が宿っている。

リュシールは、四歳下の弟である『ルネ』の著者にとって、幼少年期の孤独の傍らにあったかけがえのない仲間であり、「この素晴らしい女性の傍らにあって、なおほかの何を望みえようか?」(MOT, I, 85) というほどの情熱の源泉であった。彼女は一七九三年に投獄を経験し、母と姉ジュリーを失ったのち、亡命先から弟が帰国した一八〇〇年に、パリにやって来る。恐怖政治下の辛酸を共有するポーリーヌ・ド・ボーモンと親しくなった彼女は、『キリスト教精髄』執筆のために二人の恋人が引きこもったサヴィニー゠シュロルジュの借家への、数少ない訪問者となる。しかし、生来の憂鬱を募らせ、「ルソーのように」迫害の陰謀を妄想しつつ生きていた彼女は、ポーリーヌがローマに客死した翌年の一八〇四年、唯一の心の拠り所であった弟のいないパリで、「彼女があれほどに呼びかけていた死によって、突然に連れ去られてしまった」(MOT, I, 82)。おそらくは自殺であり、『キリスト教精髄』の完成を最も身近で見守っていたひとりである彼女は、キリスト教の儀式もなしに共同墓地に埋葬された。シャトーブリアンは墓掘り人とともに遺体を探しまわったが、結局見つけることはできなかったという(84)。

こうして、社会的紐帯の基礎としての宗教の回復のために書かれた『キリスト教精髄』は、まさにこの紐帯の衰弱の帰結としてのアノミー的諸現象を随伴させている。『アタラ』は第三部第五篇「自然の様々な情景および人間の心の様々な情念とキリスト教の調和」を物語るべく最終章に置かれ、『ルネ』は第二部第三篇のやはり最終章として、直前の第九章「情念の茫漠について」を補完する役割を与えられていた。前者にしたところで、「アタラを自殺へと導く純潔の誓願というのは、むしろ反教権主義の伝統に属するように思われる」(Bowman, 1987, 39) のだし、「カトリックの護教論にふさわしい神学的・道徳的な模範」にふさわしい物語とはおよそ言えないだろう(工藤、二〇一三、一二〇)。

しかしより問題なのは後者である。「『ルネ』が記述すると同時に断罪していたはずのあの「情念の茫漠」、あの永遠の倦怠、あの理由なき憂鬱、自殺へと導くあの生への暗い嫌悪、つまりはやがて「世紀病」と呼ばれることになるものの全体を、シャトーブリアンはかくも正確でかくも誘惑的な言葉によって表現し、個人的経験のかくも激しい調子をそれに与え、しかもその原理と帰結とを忌避してみせる一方で、かくも明白にしてひそやかな寛容を示したものだから、ひとは非難の言葉を心にとどめるよりも、提示される絵画を称賛し、その味わいを享受したのである」(Giraud, 1928, II, 131)。のちの著者自身による否認はよく知られている――「もし『ルネ』が存在していないのであれば、私はもはやそれを書こうとは思わない。破棄できるのなら、破棄してしまうだろう」(MOT, I, 641)。

一八〇五年以後、『精髄』は二つの物語を含まない形で刊行されるようになる。この護教論の内部における『ルネ』のうちに「護教的利用に対する物語の抵抗、エクリチュールによるイデオロギーの侵犯」を認め (Barbéris, 1973, 207)、あらゆる中性化と回収の企てを逃れるその力を強調するピエール・バルベリスは、「感性に訴える二つの小説」と「より尊敬しうるものとなった護教論」へのこの分割が、二つの読者層を生むことになったのだと述べている (Barbéris, 1976, 52)。とはいえ、彼も認めるように、『ボヴァリー夫人』のエマが少女時代に修道院で読んだ『キリスト教精髄』には二つの小説が含まれていなかったにしても、彼女はそれをこっそりと読んだのかもしれない (Barbéris, 1974, 210)。

『アタラ』、『ルネ』を含む著作選集の大聖堂風の装幀（一八四〇年頃）

小説の読者と護教論の読者は大いに重なりあっていたはずだし、それに護教論の枠組みから切り離された後でも、『アタラ』と『ルネ』はやはり、「ゴシック大聖堂を復興した」(Gautier, 2011, 61=7) 著者の作品として読まれたのである。そしてその一方、二つの小説を取り除いたところで、『キリスト教精髄』がイデオロギー的な純化を遂げ、その叙述が内包する不穏な性格が消えてなくなるわけではない。しかしその点を見る前に、まずは最初の作品『諸革命論』に目を向けることとしよう。

二　「心的野生人」の行方――『諸革命論』

社会への呪詛

生まれ育ったブルターニュを離れ、軍人としてパリに出たばかりの青年ルネは、革命の推移を当初は傍観者的に、とはいえおおむね好意的に眺めた。一七九一年、彼は新航路開拓を口実にアメリカに渡る。しかしルイ十六世逮捕の報を受けて九二年に帰国、反革命軍に加わったのちイギリスに逃れ、困難な亡命生活が始まる。九七年に刊行された最初の著作『諸革命論』には、シャトーブリアンにあってつねに一貫したものというべき文明の要請と反文明的情熱の二重性がすでに認められるが、ただしここでは後者が、前者の存在をほとんど見失わせかねないほどに前景化している。

古代と近代の一連の革命を循環史観のもとに比較考察するこの書物は、ルソーの『学問芸術論』の発想に従いつつ、文明化の進展に伴う習俗の必然的堕落を主張する。「いかなるものであろうと政治体は、腐りきった情念の堆積であるにすぎない」(ER, 441)のであってみれば、共同体形成のあらゆる努力、「自然」と対比される意味での「社会」を形成しようとするあらゆる歩みは、意味を失ってしまう。「良心の声に耳を傾けてみよう。「自然」の語によって、良心が我々に語るものは何か？「自由であれ」ということだ。「社会」の語によっては？「支配せよ」ということだ」(268)。「人間にとっての最大の不幸は、法と政府を持つことである」(438)。こうして、次の絶望的な断念が叫ばれるのだ――「もし心は完成に向かうことがなく、道徳は知識の光にもかかわらず腐敗したままにとどまるというのなら、普遍的〈共和国〉よ、諸国民の和合よ、全面的な平和よ、地上に永続する幸福の輝かしい幻影よ、さらば！」(257)。

ここから帰結するのは、「自然状態」を生きる存在としての「野生人」の理想化と称揚である。「おお自然人よ、人間たることを私に光栄に思わせてくれるのは、ただ君ばかりだ！……〈野生人〉は生の甘美を知らないと言われる。誰にも従属しないことはそれを知らないことになるのか？革命から守られてあることは？」(440)『諸革命論』は、「アメリカの〈野生人〉のもとでの一夜」と題する最終章をもって閉ざされる。そこでシャトーブリアンは〈新世界〉でのカナダ先住民との出会いを振り返り、「よき〈野生人〉」(442) が享受しているものとされる自然の自由を示すことで、何らかの政治体の形成なしでは自由は実現しえないとの主張に反論しうるものと信じる。

もちろん、この最初の著作の基調をなす確信に満ちた原始主義が、以後も堅固に維持されることはなかった。一八二六年の全集版で加えられた数々の注釈で、壮年の著者は若き日の思想への突き放した態度を表明する。「これが私の言葉だとは！　野生人になろうではないか！」(441, n. **)、「隣人を喰らうよき〈野生人〉である」(442, n. *) といった具合である。とはいえ一七九七年の時点でもすでに、シャトーブリアンは彼の想像する野生人が、〈新世界〉での経験の産物であるのみならず彼自身の内的経験からの理念的抽象の産物でもあることを、まったく意識していなかったのではない。それゆえ彼は、自分が描き出す対象の性質を明確化しようと、それに「心的野生人 (sauvage mental)」(185, n. G) の呼称を与えたのである。

先に見た最終章においても、社会的紐帯から切り離されてあることの自由をほしいままに味わって高揚しているのは、西洋人旅行者である著者自身であった。「本書のほとんど至るところに見出されるのは、自分自身と語らう、一人の不幸な者である」――巻頭の「紹介」において、シャトーブリアンは『諸革命論』の性格をまったく正確に表現したのちに、自らの姿を以下のように形象化している。「〈隠遁者〉は自身の心によって生きる。外部に糧を持たないとき、自己の身体で自らを養うある種の動物たちと同じように(1)」(37)。

こうして『諸革命論』は、結局のところ、「心的野生人」のファンタスムを内に抱え、この語によって伝統的に名指されてきたいかなる人民にもまして野生的な一人の〈隠遁者〉によって表明された、「社会」に対する系統的な呪詛として読まれうるのである。「あらゆるくびき、あらゆる規則、あらゆる束縛に向けられるあの嫌悪、あらゆる社会に敵対するあの傲慢さ、若き日の彼の野生の詩神《ミューズ》であったそうしたもの」(Molé, 2005, 165) の庇護のもとに書かれた『諸革命論』を、マチュー・モレはシャトーブリアンの最も独創的な作品とみなした。そして――プレイヤード叢書版の編者モーリス・ルギャールによれば――、「金銭の全能をあえて攻撃し、あらゆる社会組織の基盤のみならず人間的自由の原理を、さらには神の未来さえをも疑問に付す」この書物は、「あらゆる体制のもとで、あらゆる時代に、既存のあらゆる文明にとって、危険なものにとどまっている」(Regard, 1978a, XII)。

宗教の必要性

『諸革命論』の著者が社会に呪詛を投げかけるのは、それが避けがたい堕落の道をたどるものに思え、しかも彼個人を大いに苦しめたからであった。その一方、啓蒙の世紀の哲学者《フィロゾーフ》たちの影響下にキリスト教から離れていたこの時期にあっても、宗教に向けられる彼の眼差しは、社会に向けられるものとは異なっていた。

古代ギリシアにあっても十八世紀のフランスにあっても、哲学者たちによる「無神論という懐疑」の導入が社会秩序の基盤を掘り崩し、革命を勃発させるに至ったことを彼は嘆く(376)。たしかに彼自身、神の存在については確信がなかったし、そのことをまったく隠していたのでもない。それでも、「人の世の悲惨を離れた、よりよき世界への希望」なしに生きることの苦悩を思うなら、何と言っても神は存在したほうがよいのだ――「私の弱さをお許しください、慈悲深い〈父〉よ！」（378、強調引用者）宗教は、「ひとの心の秘めたる部分」に注がれる「鎮静の香油」である限りにおいて、「涙を拭う力を持たない哲学の書よりも人間の役に立つ」。「何と宗教は、人間にとって必要なものであることか！」（66）一八二六年の自注が明言する通り（*ibid.*, n. *）、ここにはすでに『キリスト教精髄』の主要な原理を認めることができる。

要するにシャトーブリアンは、ヴォルテール（『三大詐欺師論の著者への書簡詩』、一七七〇年）からロベスピエール（一七九三年十一月二十一日の演説）へと引き継がれた、「神が存在していないとしたら、発明しなければなるまい」というあのプラグマティックな宗教観の内部で語っているのであり、「回心」の後にも、その点では何も変わるところがなかった。実際、宗教の必要性を語るヴォルテールは、一八〇二年の護教論におけるお気に入りの引用対象である。「私が不信の徒に向かって好んで引用するヴォルテール」（GC, 1178）、というわけだ。

『諸革命論』にあって社会が系統的に退けられるのは、それが堕落を運命づけられているように思われるからであったが、社会が堕落するのは、宗教の支えを失うことの帰結にほかならない。それゆえ、社会を拒絶する同じ著者によって、宗教の凋落が惜しまれることになるのである――「何らかの宗教は必要で、さもないと社会は滅んでしまう。実際これは、まともに向き合うほどに不安をかきたてられる問題だ。ヨーロッパはまぎれもない革命の、あるいはむしろ崩壊の、決定的時期にさしかかっているように見える。フランスの出来事はその先触れにすぎない」（ER, 429）。

ただしこの書物では、宗教に頼ることのない社会秩序の建設と維持の可能性についても、触れられてはいる。「各国人民が、もはや宗教を必要としないほどの高みにまで、啓蒙の光と道徳の認識を推し進めていくなどということが、可能なものだろうか?」(429) ここでは要するに、知識の発展と道徳の腐敗を不可分のものとするルソー的図式、『諸革命論』が全面的に依拠するこの図式が無効になる可能性が問われている。その場合、「啓蒙の光の途方もない集積の果てに、すべての国の国民が完全な開化に至って単一の政府のもとで結ばれ、揺るぎない幸福を享受するだろう」(430)。

このような展望は、来世における幸福を想うことで現世の悲惨を想像的に乗り越えるのをやめて、現世における幸福こそを課題とするときに開けてくるはずだ。この点に関しては、サント゠ブーヴが「内密本 (exemplaire confidentiel)」と名づけ、著者の死後に内容を公開した手沢本への書き込みが参考になる。死後の生への希望なしには生きられないという人間的な弱さによって宗教の必要性を説く、すでに引用した一節を注釈して、『精髄』の護教家となる直前の彼は、この「弱さ」を克服する意思を表明している——「時折私は魂の不死を信じようという気持ちになるが、やがて理性が戻ってきて、そのようなことを認めるのを禁止してしまう。……魂が身体とは独立に自ら苦しむものであるなら、それはあの世でもやはり苦しむ可能性がある。したがって、あの世がこの世よりもよいものだということはない。だから灰になった後にも生きながらえようなどとは望まず、魂ごと死ぬことにしようではないか。あの世でまで苦しむのは御免こうむりたい。この世の生は、存在への偏執を改めなければならないのだ」(1559. 強調原文)。この醒めた無神論からは必然的に、非宗教的な——超越的秩序を前提としない——道徳の基礎づけが要請されることとなろう。

しかし、やがて護教家に転身する彼は当然、このような課題を引き受けることはなかった。そして

『諸革命論』の刊行された文面に戻るなら、啓蒙の光の発展が道徳の発展と結びついて、宗教の支えなしに世界政府が実現するという仮説は、過去のあらゆる事例が証明する「私たちの弱さ」には適合しないとして退けられている。こうして、社会の堕落を少しでも食い止めるためには、宗教は欠かせないということになる。

『諸革命論』から『精髄』にかけて、それゆえ宗教の定義と評価は変わっていない。変わったのは、キリスト教の評価である。一七九七年の第一作は、すでにオルレアン公フィリップの摂政時代（一七一五～一七二三年）に「キリスト教のほとんど全面的な没落」（397）を見定め、刊行当時の状況についても「キリスト教は日に日に衰滅しつつある」（428）と述べている。全体を要約する第五六章、「よき〈野生人〉」のもとでの一夜を語って社会の全面的拒絶によって本書全体を締めくくる最終章に先立つ第五五章が、「キリスト教に代わる宗教は、どのようなものになるのか？」（*ibid.*）と題されている所以だ。そのような新たな宗教が現れて、社会を生きうるものとして維持できるのでないかぎり、もはや社会的生には何の希望も見出せまい――一七九七年の著作の時点では、シャトーブリアンはそのように考えていた。

三　憂鬱の源泉と文明化の力――『キリスト教精髄』

護教家への転身

『諸革命論』の不可知論者は、どのようにして『キリスト教精髄』の護教家になったのか？一八〇二年の初版序文での著者自身の説明は、よく知られている。革命政府による投獄の憂き目を見た老母は、出獄後に病床につき、信仰を失った息子のことを案じながら世を去った。やがてイギリスのシャトーブリアンのもとに、母の死とその最期の思いを伝える姉ジュリーからの手紙が届く。しかし彼がそれを受け取った時には、自身も獄中に苦しんだこの姉もまた、すでにこの世のひとではなかった――「私は、告白するが、大いなる超自然の光に身を委ねたのではない。私の確信は心から出てきたのだ。私は泣いた、そして信じた」(GC, 1282)。

このように記述される回心がどれほどその資格を欠いているかについては次節で見ることとして、そもそも二人の死の時期が離れていること、シャトーブリアンが姉の死に先立つ時期に母の死を話題にしていることなどから、今日ではこの証言の虚構性は明らかとなっている。事実はより散文的であって、亡命先のイギリスでフランスの状況を探っていた彼は、とりわけロンドンで出会ったフォンターヌやラ・アルプからの情報を得て、廃れゆくばかりと思っていたキリスト教の復活の機運を知り、それに合わせて仕事の方向性を修正したのである。

社会の新たな精神的基盤を制度化する試みが挫折する中で、結局はキリスト教の復活が求められるようになった。革命後の社会を支えるべきはプロテスタンティズムであるという主張も――とりわけネッケル父娘の著作を通して――提出されたが、統領政府は過去との連続性の回復を重視して、総裁政府期の弾圧を停止し、カトリック教会との関係修復を選んだ。コンコルダート体制構築の意図は至ってプラグマティックなものだ。皇帝になったナポレオンによる、有名な国務院演説を引こう――「私は宗教のうちに、受肉の神秘を見るのではなく、社会秩序の神秘を見る。宗教は平等の観念を天上へと結びつけることで、富者が貧者に虐殺されるのを妨げる」（一八〇六年三月四日）。『キリスト教精髄』の著者が、一八〇三年の第二版に掲げた献辞でナポレオンを讃えるのも、この第一統領が「国家の基礎を宗教に求める」（GC, 1284）ことを選んだがゆえにである。政治体制維持のために安定した社会的基盤を提供する宗教というこの見方は、すでに指摘したように、『諸革命論』におけるのと何ら変わりはない。

パスカルの不実な弟子

こうしたプラグマティックな宗教観は、超越的秩序への無頓着を前提として成立するものだ。そしてシャトーブリアンのこの点に関する無頓着が徹底したものであった事実は、逆説的にも、彼が『キリスト教精髄』において演出する「世紀間闘争」（Tabet, 2002, 123）の主要な登場人物であるパスカルの読解を通し、最もあからさまなものとなっている。(2)

「不信心の世紀」たる十八世紀に対して「宗教の時代」としての十七世紀を顕揚する（GC, 1357）彼の著作を、シャトーブリアンは何よりもこの「恐るべき天才」（825）の庇護のもとに置こうと欲した。理性による最終的な――と彼は考える――論証に先立ち、まずは出発点において心と想像力へと訴え、宗教を魅力あるものとすることを唱える彼は、自らの方法を正当化するために、『パンセ』のよく知られた一節を引き合いに出す――「心には、理性《レゾン》の知らない幾つもの理由《レゾン》がある」（1105；B277=S423）。

だが実際には、パスカルがここで言わんとしているのは、シャトーブリアンが信じているのとはまったく別の事柄である。というのも、パスカル的心とは神の啓示を受容する器官であり、人間に確実な信仰を与えるものにほかならないのだから。それは信仰への最初の一歩を促すのではなく、一気に終点へと導く。「神が心の直感によって宗教を与えた者たちは、まことに幸福であり、まことに正当に説得されている。しかし、そうでない者たちには、我々は宗教をただ推論によってしか与えることができない――神が彼らに宗教を、心の直感によって与えるのを待ちながら。それなしでは信仰はたんに人間的なものにすぎず、救いには無益なものにとどまるのである」(B282=S110)。

同じ器官に依拠するまさにそのときにこそ、両者の対立が露わになっていることが分かる。実際、シャトーブリアンによる心の表象は、信仰の堅固な基盤たりえない脆弱さをこそ誇っている――「我々の心は不完全な楽器、幾つもの弦を欠いた竪琴、そこで我々は、ため息へと捧げられた調子によって、歓喜の調べを奏でるように強いられるのです」(R, 180=1952, 141)。パスカルであれば、ルネの口を借りてこのように提示される心を、人間の理性と同様に「救いには無益なもの」とみなすにちがいない。

この系統的な誤解は、シャトーブリアンが宗教の世紀たる十七世紀を擁護するために反対していた、十八世紀の影響によるものだ。パスカルにあって、心およびその直感は「誤りと偽りの主人」(B82=S44)たる想像力と明確に区別される。しかし以後、啓蒙の世紀を通し、後者は次第に肯定的に捉え返されていき、前二者もそれと曖昧に混同される中で、世界に内在的なものへと変化していく。こうして『精髄』の著者は――すでに引いたように――、心に由来するという彼の回心を「大いなる超自然の光」とは無縁の経験として語ることができたのであり、またパスカルが決定的な信仰の契機とみなした「心に感じられる神」(B277=S423)を信仰への初歩に位置づけながら、哲学者《フィロゾーフ》たちによってかくも論難された「崇高な人間嫌い」(Voltaire, 1998, 141)の名誉回復を果たしうるものと信じたのである。

キリスト教の両義的な精髄

しかもそれだけではない。シャトーブリアンは一方では啓蒙の世紀の概念理解を受け継ぎ、それゆえ『パンセ』が提示する思想に無理解なままにとどまったが、他方では、この誤解に依拠しつつもパスカルを再評価して見せたのであって、そこからは、彼自身もたしかに支持していた、社会的紐帯の基礎としての宗教という見方からの逸脱が帰結することとなる。

ヴォルテールは『パンセ』のうちに悲観的な世界観を読み取り、社会的有用性としての道徳に関心を示さないばかりか「世界全体が苦しむことを望む病人」(Voltaire, 1998, 291)であるとして、パスカルを非難していた。ところでパスカルが、またすべてのキリスト者が、この地上にあって病人であるとしたら、それは天にあって健康に立ち返るためである。一六五四年十一月二十三日の回心のときに、彼は「確実さ、確実さ、直感、喜び、平和」と書き記した(『メモリアル』)。

しかし『キリスト教精髄』の著者はと言えば、健康の実現にも、究極的な安らぎにも、関心を抱いてはいないように見える。実際、シャトーブリアンは憂鬱と悲嘆の全面的な解消の場としての天国への不満を表明し――「いったいどうして天国には、聖人たちの流しうるような涙がないのだろうか」――、「天上に希望を打ち立てること」を提案する(758)。希望とは、未だ成就してはいない何かを求めうるところに成立するものであって、希望の余地を残した天上は、地上の一部以上のもので

はあるまい。(3)

こうしてシャトーブリアンは、天上と地上の二重性を打ち立て、決して到達しえないものの設定によって絶えざる憂鬱《メランコリー》を発生させる装置としてのキリスト教を讃えることで、啓蒙の世紀から〈感性〉を引き継ぎつつも、それを社会的有用性の次元から切断する。なるほど、『ルネ』が本書の挿話として収録されたのは、スーエル師の説教に体現されるキリスト教的倫理の枠組みの中に主人公の情念の氾濫を置き入れることで、「情念の茫漠」にとらわれ続けることの罪深さを明らかにするためであった。そして、一八〇三年の第二版で付加された自作弁護論、および同じ機会に同じ意図でなされた加筆修正においては、二つの挿話とりわけ『ルネ』が宗教の「有用性」を証明していることが改めて強調されている(1102)。しかしどのような有用性だろうか?「人生のある種の不運、宗教の隠遁所なしでは絶望と死しか残らないような不運に対しての、僧院という避難所」を用意していることがそうなのだという(1778)。これは明らかに、十八世紀が社会的有用性とみなしたものではない。

しかも、『ルネ』の物語に先立つ「情念の茫漠について」の章では、古代人の宗教の彼岸的性格の乏しさを指摘した後に、キリスト教の優位が次のように説かれる――「近代人の間に広がっている感情の茫漠の理由はとりわけ、キリスト教の精髄のうちに求めるべきなのだ」(1777. 強調原文)。すなわち、神的な秩序の充実と完全性に対比される現世の不完全で損なわれた性格を際だたせ、憂鬱の源泉となるところにこそ、キリスト教の本質的な力が存するのだということである。この一文は、一八〇九年以降の版では削除されてしまった。書物全体の表題として採用した語を殊更に用い、著者の思想の核心を言い表すべく自信を持って差し出したはずの定式を、こうして事後に取り除かざるをえないところに、シャトーブリアンの護教論の危うい性格が示唆されていよう。

それればかりではない。『キリスト教精髄』初版は、カトリック聖職者の独身制を、マルサスの人口論――人口の減少ではなくその増大こそを文明の危機として論じ、当時大きな反響を得ていた――を踏まえて擁護する奇妙な一節において、神そのものさえをも「宇宙の偉大なる〈隠遁者〉」であるとみなし、さらには「諸世界の永遠の〈独身者〉」と呼んだ（1695）。すぐさま現れた匿名の書評によれば、「どうやら神が同時に永遠の父でもあることには、思い至ることとなしに」（Sabran, 1803, 13）、である。この二つの神の定義は、第二版で直ちに削除されたが(4)、ともあれ『キリスト教精髄』が、二つの挿話においてのみならず本体部分の議論のいたるところで、コンコルダート体制に随伴する社会秩序再建の書にはまったく期待されていない類の数々の主張を展開していることは事実だ。

とはいえ、『精髄』はこの宗教を、もっぱら近代的憂鬱の装置としてのみ讃えていたのではない。キリスト教の文明への奉仕、すなわちその紛れもない社会的有用性をも、それは論じていた。とりわけ第四部では、ローマ帝国解体期に古代の学問の保存と蛮人の文明化に努めた修道士たちが、また野生人ないし蛮人に福音を伝えるべく命をかける伝道師たちが、称賛の的となる。本書のこうした主張については、哲学者《フィロゾーフ》の後継者たちも進んで賛意を示した(5)。そして総括と結論の二つの章に先立つ本論の最終章は、「哲学の年代記に金文字で書かれるべき恩恵」として、「奴隷制の廃止」を大文字で印刷することで閉ざされる。この見解は以後、世紀前半においてきわめて広範に流布された。それを受け、世紀後半には『紋切型辞典』のフローベールが、「キリスト教――奴隷たちを解放した」と簡潔に記すことになる(6)。

四　自由と平等と宗教——王政復古から二月革命まで

ユルトラの指導者から共和派の友へ

隷属からの解放というこの自由の理念は、以後もシャトーブリアンの思想と行動を規定し続ける。一八〇四年三月のアンギャン公処刑を機にナポレオンのもとを離れた彼は、以後、一一年には皇帝の計らいによりアカデミー・フランセーズ会員に推挙されるなどするが、帝政期を通して基本的には冷淡な関わりを維持する。そして一四年、体制崩壊を目前に彼が著した『ブオナパルテとブルボン』は、ブルボン家復活の意義を、コルシカ生まれの「暴君」の奴隷となったフランス国民の解放に求めるものだった。

百日天下の時期にルイ十八世を支えた彼は第二次王政復古とともに国務大臣に任ぜられるが、白色テロの荒れ狂う中で行われた選挙が「王よりも王党派」と言われた「またと見出しがたい議会」を成立させると、立憲主義による自由の保障を、この反動的な議会のために主張する（『憲章に従う君主政』、一八一六年）。穏健な統治を志向してこの議会を解散させたルイ十八世の寵を失い、大臣職を解かれたシャトーブリアンは、間もなく『保守主義者《コンセルヴァトゥール》』紙（一八一八〜一八二〇年）の主要な論客として、ボナルドと並び過激王党派《ユルトラ》の理論的指導者と目されるようになる。個人の社会への従属を説き、憲章も出

「荒野から帰還するマイユー子爵」(一八三一年。マイユーとは、七月王政期に流行した風刺画の滑稽な登場人物)——「吾輩は自然本性により共和主義者なのだ、ちくしょう!! 理性により君主政主義者なのだ、ちくしょう!!! 名誉によりブルボン王朝派なのだ、ちくしょう!!!!」

版の自由も認めなかったボナルドとの共闘を可能にしていたのは、この自由を保持することこそが王党派の有利につながりうるという、当時の状況にほかならない。(7)

　二〇年代になって、一旦政治の表舞台に復帰し、外相としてスペインの革命政府転覆を主導した彼だったが、二四年に失脚すると、これまでと同じく自由を、しかし以後は自由主義者たちとともに唱えるようになる。彼の外相罷免は、王党派として出発した若きロマン主義詩人たちが自由主義陣営へと移行するひとつの契機となった(ベニシュー、二〇一五、三七〇)。

　そして一八三〇年、「栄光の三日間」がルイ=フィリップの王政を成立させると、自らの政治的肖像を以下のように描き出すことで、シャトーブリアンは共和政ないし民主主義に対する受け入れの姿勢を示すのだった——「自然本性によって共和主義者であり、理性によって君主政主義者、名誉によってブルボン王朝派であるこの私は、民主主義とのほうがずっとうまくやっていけるはずです、もしも正統王朝による君主政を維持できずに、どこの誰かも分からぬ者により与えられた庶出の君主政に甘んじるくらいなら」(GEP, II, 620 ; cf. aussi MOT, I, 45)。

以後、三〇年代のシャトーブリアンは、亡命したブルボン家に忠誠を捧げる一方で、民衆詩人ベランジェや、著名な共和派のジャーナリスト、アルマン・カレルとの間に、真率な友情を育む――「シャトーブリアンは、自分の家と妻に対し、まったくの悪感情を抱き続けるあれらの夫たちに似ていた。彼の妻とはつまり、王党派のことであるが」(Sainte-Beuve, 1948, II, 318)。一八四八年二月、病床のシャトーブリアンを訪れたベランジェは、「なんともまあ! あなたは手にしたわけですね、あなたの共和国を!」(*ibid.*, 321)との言葉を受け取る。[8] トクヴィルは、親戚にあたるシャトーブリアンをめぐる伝聞を記録しているが、それによると、七月王政崩壊の報に「よくやった」と応えた彼は、四カ月後の蜂起の行方を気にかけ、外の様子を見ようと病床から起き上がろうとして叶わず、そのまま世を去ったのだという(Tocqueville, 2004, 849=287)。

自由とキリスト教

二〇年代末までのシャトーブリアンにとって、重要なのは何よりも自由の理念であった。「貴族の原理は自由であり、民主主義の原理は平等である。……貴族制度と縁を切るなら、民主主義はただ自身の原理たる平等に向かう過程で、自由への訴えをなすにすぎない。自由は民主主義の目的ではなく、手段であるにとどまるのだ。民主主義は、求めていた平等に到達するや、自由を軽んじるようになる。そして、ただひとりの人間による権力は、位階というものを平らに均すことと実に見事に適合するものであるので、そうした権力は人民と結びつくことに喜んで同意する。こうして専制が、社会の頂上と下層とによって打ち立てられるのだ」(OC, XXIX, 289)――一八二六年にこのように書いた彼は、正統王朝の王と人民の間にあって、貴族階級とそれにより体現される自由が、平等の絶対化への歯止めとなることを期待していた。こうした議論は、その保守的性格ともども、「民主的人間《ホモ・デモクラティクス》」の両義性（宇野、二〇〇七、第二章）をめぐるトクヴィル流の考察の先駆的意義を持っていよう（Clément, 1987, 379）。

ともあれこのように、自由は貴族の存在と分かちがたく結びつけられる一方で、必ずしもつねにキリスト教と結びつけられていたのではなかった。一八一六年の『憲章に従う君主政』の結論では、「宗教と自由の、法に基づく連合」（GEP, II, 460）が主張されるが、これはすなわち、後者を前者に内在的には捉えていないことの証である。実際、先立つ記述において、「道徳と啓蒙の光、宗教と学問、よき習俗と芸術の間の有益な連合」が求められ、それが「現在の世紀とともに、かつ過去の諸世紀とともに歩むこと」の条件であるとされていることからするなら（452）、キリスト教は当時の彼の政治哲学において、自由の動力というよりは主として社会秩序維持のための保守的機能を期待されていたことが分かる。「革命の政治的人間」を遠ざけつつも、憲章に従う権利保障のもとに「革命の政治的事象」を定着させていくこと。この彼なりの立憲主義的構想において、シャトーブリアンは宗教に対し、「新たな建造物の基礎」としての役割を与える（458）。ここで示唆されているのは、キリスト教は過去の諸事象（「諸世紀」）を代表する力であって、革命がもたらし今後にその成果を定着させていくべき新たな諸事象（「世紀」）を導く力では必ずしもないということである。(9)

しかし、のちのシャトーブリアンは、この自由をキリスト教に内在的なものとして捉える傾向を強めていく。一八三七年の回想では、一八〇二年の『精髄』が「我々の宗教の過去における恩恵と諸制度を喚起」したにすぎなかったことが振り返られ、この書物を新たにつくり直すとしたら、「キリスト教が未来の思想であり人間の自由の思想であることを示すだろう」と言われている（MOT, I, 648）。実際、一八三一年の『歴史研究』ではそうした観点から「自由はキリスト教的である」（OC, IV, CXVII）との断言がなされるとともに、ジョゼフ・ド・メーストルおよびラムネーのキリスト教理解が批判されている。前者は神政政治による人民の「全般的隷従」を求めるからであり、後者はたしかに「人間の解放」と「聖職者階級の解放」を主張しつつも、そうしたすべてを「未来の共和政諸国を高みから統括する一種の独裁的権力」としての教皇庁の監督下に置くことで、結局は前者と「同じ神政政治的支配」を前提としているからである（CXVIII）。「キリスト教が中世に政治的なものとなったのは、厳しい必要性ゆえのことであった。各国国民が自分自身の権利を喪失したそのとき、啓蒙され力を備えた唯一の存在であった宗教が、彼らの権利の受託者となったのだ。各国人民が自らの権利を取り戻した今日では、教皇庁は当然、現世に関わる役割を放棄し、成人に達した偉大なる孤児の後見人たることを諦めなければなるまい」（*ibid.*）。

　こうして彼は、中世には自由のために政治権力と一体化したキリスト教が、今日では同じ自由のために政治的であることをやめ、哲学と結びつくべきであると主張する。「思うに、キリスト教はその政治的時代を終えたのであり、その哲学的時代が始まりつつあるのだ」（*ibid.*）。ところが同じこの著者は、一八四一年に書かれた『墓の彼方からの回想』の結論部、「キリスト教の理念は世界の未来である」では、次のように述べている――「解放者の宗教は、その終極へとたどり着いたどころか、ようやく第三の時代に入りつつあるのだ。政治的時代、自由、平等、友愛の時代に」（MOT, II, 1021. 強調原文)。この見た目上の矛盾を解消するには、『預言者の時代』の著者の説明に耳を傾けるのがよい(ベニシュー、二〇一六、第三章)。それによれば、当初のシャトーブリアンにとっての問題は、啓蒙の世紀の哲学とキリスト教を和解させることであり、それゆえこの宗教が政治的であることをやめたと言うとき、彼が考えていたのはそれと旧来の政治体制との結びつき、十八世紀においてかくも非難されてきたこの結びつきの切断を強調することであった。しかしやがて、この切断を確立済みのものと感じるとともにますます切迫した意識をもって来るべき世界の行方を展望するようになった彼は、キリスト教を今度は未来の政治に結びつけて語るようになったのである。

福音的平等への希望

ところで、「自由、平等、友愛」の標語をそのままキリスト教に結びつける上記の一節は、二月革命に先立つ時期の福音社会主義の通例に属すものであり(Bowman, 1990, 49)、そのことは三〇年代以降のシャトーブリアンにおいて、平等の理念の位置づけが変わったことを示唆している。産業社会の展開と社会主義の台頭によって特徴づけられるこの時代を生きた老保守主義者は、個人の自由の確立を説き続けて一八三〇年に世を去ったバンジャマン・コンスタンと比べ、逆説的なことに、「苦もなくより「社会主義的」な姿勢を見せる」のである(Julliard, 2012, 257)。この点について最も明快な、『イギリス文学論』(一八三六年)の結論中の一節を引こう――「教育が下層諸階級にまで降りていく。それにつれ、下層諸階級は、世界の始まり以来社会秩序を蝕んできた秘密の傷口を発見するようになる。あらゆる社会不安、あらゆる民衆騒擾の原因となってきた傷口である。境遇と財産のあまりに大きな不平等は、無知により、また政治体の作為的組織化により、隠されている限りで耐えうるものとなっていたのにすぎない。しかしこの不平等が一般的に知られるようになるや、致命的一撃がもたらされたのだ。／貴族流のつくり話をもう一度つくれるものなら、つくってみるがいい。貧民を説得しようと試みるがいい。ものを読めるようになった貧民、報道により日々、町から町へ、村から村へと言葉がもたらされている貧民、あなたたちと同じだけの啓蒙の光を持ち、同じだけの知性を持つこのような貧民に向かい、隣に住む男が労働することもなく千倍もの生の余剰を享受しているその時に、あらゆる欠乏に屈従するようにと説得してみるがよい。あなたたちの努力は無駄に終わるだろう。群衆に対し、自然を越えた美徳を求めないことだ」(ELA, 590 ; cf. aussi MOT, II, 1006)。

もちろん、「七月王政期における新たなパラダイム」としての「社会的なもの」(Julliard, 2012, 260) を前にして、彼の姿勢は両義的なものにとどまった。一八三一年十二月に『欧州雑誌《ルヴュ・ウロペエンヌ》』(ラムネーの弟子オザナムらが始めたもの) に掲載された文章では、彼は同年十一月のリヨンの絹織物工《カニュ》の蜂起——以後、プロレタリアートの世界初の闘争として伝説化される——を否定的に語り、サン＝シモン派の台頭に懸念を表明し、「あるひとが百万フランの収入を得ていながら、他のひとは夕食代すら持たないような社会秩序がかつて存在したなどとは、もはや想像することさえできないような時代がやって来るだろう」(GEP, II, 742 ; cf. aussi MOT, II, 1006) ことを、嘆きの相のもとに予言している。社会主義の諸潮流の批判は、一八四一年執筆の『回想』結論部でも繰り返される。「絶対的平等」へと向かう動きが肉体と魂を隷属化し、人間を「かたつむり」に、また「機械」に変えてしまうだろう (MOT, II, 1016) といったその主張のうちには、彼が社会主義諸思想の原理とみなしたものへの批判が、七月王政期に進展する資本主義への不満と入り交じっている（Bowman, 1990, 47）。ともあれ彼は、かつての『キリスト教精髄』の著者として七月王政期の「福音社会主義」の潮流を活気づけたのみならず（*ibid.*, 41）、彼なりのやり方で、この時代における「社会問題」の出現を受け止めたのである。[10]

荒野再び

といっても、正統王朝維持の望みが絶たれた今——そのことは彼にとり、ブルボン家の「家父長的監督」のもと、一世紀以上の時間をかけて漸進的な社会変化を進めていくという可能性の消滅を意味する（ELA, 592）——、シャトーブリアンは現在および近い将来におけるよき社会の実現には、まったく悲観的である——「緩やかで容易な坂道を降りていくのではなく、泥にまみれ幾つもの深い溝により断ち切られた道筋を、歩んでいかねばならない」（*ibid.*）。一八三三年のある文章では、このように言われる——「我々が置かれているのは、一部の人々が思っているのと異なり、特殊な革命的一時代なのではない。全般的な変容の時代を、我々は生きている。社会全体が変わっていく。この動きが終わるのは、いつの世紀となろうか？　それは神に問い尋ねるべき問題である」（MOT, II, 639, a.）。

このような認識は、冒頭で引いた一八二一年の文章における革命観と比べると興味深い。そこでは、革命期の動乱が、「休暇《ヴァカンス》」における一時的な「自然状態」への回帰として捉えられ、そこで得られる活気と高揚がいかほどのものであろうとも大いに危険を伴うものであるので、やがては「社会という歯止め」のもとに立ち返るべきことが説かれていた。しかし三〇年代以降のシャトーブリアンにとって、もはや直ちに立ち返ることのできる安定した秩序は存在しない。波乱に満ちた休暇を終えて戻るべき場所など、ありはしないのである。

そしてそれに伴い、宗教に期待される役割も変化する。過去の恩恵の復活強化によって社会秩序の再建に寄与するのではなく、全般的な革命の行き着く先の未来を——現在および近い将来における苦難を越えて——指し示すことが求められるようになるのだ。こうした見通しは、『墓の彼方からの回想』の結論末尾においても提示されるが（MOT, II, 1024）、その元になった『イギリス文学論』結論のほうがより明瞭である——「未来は訪れるだろう、力強く、福音的平等に満たされた自由な未来が。しかしこの未来はなお遠く、目に見えるあらゆる地平線の彼方遠くにある。そこに到達するには、あの不屈の希望、……時間よりも強く、時間よりも長く続く、キリスト教徒のみが保持するあの希望によるしかない。目的地にたどり着くに先立ち、各国人民の統一、自然な民主政へと到達するに先立ち、社会の解体を——すなわち無秩序《アナーキー》の、おそらくは流血の時代、様々な欠損に苦しむことは明らかな時代を——通過しなければなるまい。この解体は始まっている」（ELA, 594）。こうして——今度は『回想』を引くなら——「荒野の時代が戻ってきた」（MOT, II, 1023）のである。

七月王政期以前のシャトーブリアンにあっても、平等の理念がまったく拒絶されていたのではなかった。この節の冒頭に引いた二六年の文章では、「貴族は時間の娘であり、それは政治的権利に由来する」とされる一方で、平等を原理とする民主主義については、以下のように言われていた——「自然の権利に由来し、人民大衆の内奥に存する民主主義は、決して滅び去ることがなく、国家を見舞うあらゆる革命のうちに、能動的か受動的かは別として、つねに見出されるものだ」（OC, XXIX, 289）。しかし今や、平等はたんに自然の権利に由来するのみならず、キリスト教の福音に由来するものとされる。(11) 三〇年代以降のシャトーブリアンは、元来原理において否定していたわけではない民主主義が、もはや一定の歯止めのもとに穏やかに進展することをやめたかに見える状況を前にして、一方ではそれが引き起こさざるをえない一連の混乱を嘆きつつも、それがついには新たな「時間の娘」として、未来の政治社会をもたらすに至ることに希望をかけるようになったのだと言える。

五 新しい信仰、不安定な聖別――おわりに

「世紀病（mal du siècle）」と称される憂鬱に向かいがちな精神傾向は、革命後のフランスおよび十九世紀ヨーロッパを近代社会建設に向けて突き動かした途方もない活力の裏面であり、「成長病（maladie de croissance）」とでも言うべきものの副作用であった――かつて両大戦間期のロマン主義再評価の機運の中で、論文「モンテーニュからジョレースまで」を著してこのように指摘したのは、当時『ウロープ』誌編集長を務め、やがて人民戦線支援と対独レジスタンスのために力を尽くしたジャン・ゲーノ（一八九〇～一九七八年）である（Guéhenno, 1936, 95-96=82-83）。ミシュレ論『永遠の福音』でも知られる彼が十九世紀フランスの経験のうちに認めたのは、伝統的な制度的宗教により定められてきた超越的な秩序からの切断を経て、ただ地上における自らの営為のみによって永遠の幸福を獲得すべく努める人間たちの姿であった。

この「新しい信仰」（106=97）、地上に内在的なものとなった精神的秩序へのこのような希求は、世紀前半を通し勢いを増していくばかりだったが、一八四八年以後に社会的共和国の夢が潰え去るとともに深い幻滅へと反転して、ルコント・ド・リールからマラルメに至るまでの詩人たちの隠遁者的身振りを生じさせる。しかし人間性へのこの信仰は死に絶えていたのではなく、やがてゾラやアナトール・フランス、そしてジョレスなどが、「新しい宗教の象徴を拾いあげるべく、人民の仄暗い集団のうちに再び身を投じる」（112=106）に至ったのだという。

ここでは、十九世紀前半の新たな文学的感性の形成が同時代の政治的・社会的変動との並行関係において捉えられており、ゲーノはとりわけシャトーブリアンを引き合いに出して、「この虚栄心に満ちた気で病む《マラッド・イマジネール》男の人生以上に、様々な事業や野心で一杯の人生はあまりなかった」（96=83-84）と確認することで、『ルネ』の著者のうちに「世紀病」と「成長病」双方のこの上ない体現者を見出す。そして、同じ世紀後半の文学が顕著に示すようになった幻滅と隠遁の相でさえも、政治参加《アンガジェ》する作家たちによって、そしてもちろんジョレスのような政治家たちによって取り組まれる新たな政治的・社会的秩序構築の企図との、逆説的な関係を保持していることを示唆するのである。[12]

ポール・ベニシュー（一九〇八～二〇〇一年）の壮大なロマン主義研究も、「聖別」された文学者たちによる新たな精神的権力の探求によって世紀前半を特徴づけ、世紀後半の「第二のロマン主義」のうちにも人間性への同じ信仰の残響を聞き取ろうとする点で、ゲーノの文学小史と軌を一にしている。ところでフランソワ・フュレは、ベニシューが世紀前半の文学者たちのもとに見出した聖別を世紀後半の「呪われた詩人」たちに結びつけるのではなく、一八八〇年代以降に進む非宗教性《ライシテ》の制度化の前史に位置づけていた（片岡、二〇一五a）。このような理解が示唆するのは、世紀前半において文学の言葉と政治および社会を語る言葉が曖昧に混ざり合う中で形成されてきた「宗教的なもの」の運命が、世紀後半になって――トクヴィルが指摘した「政治と文学の乖離」（髙山、二〇一一、三〇三）が進展する中で――明瞭な分離を示すという事実である。フローベールやボードレールは、あるいはランボーやマラルメは、決してジュール・フェリーやフェルディナン・ビュイッソンと同じやり方で新たな祭司職を探求したのではなかった。しかしそれでもなお、彼らすべては啓蒙の世紀においてすでに素描されつつあった「ライックな公共圏」（工藤、二〇一三、二四八）の内部で語っているのであり、既存の制度的宗教への、また文明の体現者であることを誇る共和国の道徳への態度の如何にかかわらず、彼らすべての営みはやはり、「ライシテへと向かう動き」（伊達、二〇一〇）の一環をなしている。世紀前半の全体を生きたシャトーブリアンを今日読むことは、共通の基盤のもとでのこうした分離の以前に立ち返ること、「文学的なもの」と「宗教的なもの」、さらにはそれと「政治的なもの」や「社会的なもの」とが密接に絡み合う状況に身を置き直すことである。そしてそのことは当然、近代の形成過程の全体的な再検討へと私たちを促す。

参照文献

Aureau, Bertrand, 2001, *Chateaubriand penseur de la Révolution*, Paris, Champion.
Barbéris, Pierre, 1973, *René de Chateaubriand : un nouveau roman*, Paris, Larousse.

——, 1974, *À la recherche d'une écriture : Chateaubriand*, Paris, Mame.
——, 1976, *Chateaubriand : une réaction au monde moderne*, Paris, Larousse.
ベニシュー、ポール、二〇一五、片岡大右・原大地・辻川慶子・古城毅訳『作家の聖別——フランス・ロマン主義1』水声社。
——、二〇一六（刊行予定）、片岡大右・原大地・辻川慶子・古城毅・杉本隆司訳『預言者の時代——フランス・ロマン主義2』水声社。
Berchet, Jean-Claude, 2012, *Chateaubriand*, Paris, Gallimard, coll. « Biographies ».
——, 1987, *Le Christ des barricades, 1789-1848*, Paris, Éd. du Cerf.
——, 1990, « Chateaubriand et le Christ des barricades », in *Bulletin de la Société Chateaubriand*, Châtenay-Malabry, nouvelle série, n° 33, pp. 41-50.
Bowman, Franck Paul, 1973, *Le Christ romantique*, Genève, Droz.
Chateaubriand, François-René de, 1826-1831, *Œuvres complètes*, Paris, Ladvocat, 31 vol. [OC]
——, 1969, *Voyage en Amérique*, dans *Œuvres romanesques et voyages*, éd. Maurice Regard, Paris, Gallimard, coll. « La Pléiade ». [VA]
——, 1977-, *Correspondance générale*, éd. Beatrix d'Andlau, Pierre Christophorov et Pierre Riberette, Paris, Gallimard. [Corr.]
——, 1978, *Essai sur les révolutions, Génie du christianisme*, éd. Maurice Regard, Paris, Gallimard, coll. « La Pléiade ». [ER/GC]
——, 1993, *Grands écrits politiques*, éd. Jean-Paul Clément, Paris, Imprimerie Nationale, 2 vol. [GEP]
——, 1996, *René*, dans *Atala – René – Aventures du dernier Abencérage*, éd. Jean-Claude Berchet, Paris, Flammarion, coll. « GF Flammarion ». [R]〔＝シャトーブリアン、一九五二、田辺貞之助訳『アタラ・ルネ』新潮文庫〕
——, 2003-2004, *Mémoires d'outre-tombe*, éd. Jean-Claude Berchet, Paris, Le Livre de Poche/Classiques Garnier, coll. « La Pochothèque », 2 vol. [MOT]
——, 2013, *Essai sur la littérature anglaise et considérations sur le génie des hommes, des temps et des révolutions*, éd. Sébastien Baudoin, Paris, Classiques Garnier, coll. « Société des Textes Français ». [ELA]
Clément, Jean-Paul (éd.), 1987, *Chateaubriand politique*, Paris, Hachette, coll. « Pluriel ».
伊達聖伸、二〇一〇、『ライシテ、道徳、宗教学——もうひとつの19世紀フランス宗教史』勁草書房。

Fumaroli, Marc, 2006, *Chateaubriand : Poésie et Terreur*, Paris, Gallimard, coll. « Tel ».
Gautier, Théophile, 2011, *Histoire du romantisme*, suivi de *Quarante portraits romantiques*, éd. Adrien Goetz, Paris, Gallimard, coll. « Folio classique ». 〔＝ゴーチエ、一九七七、渡辺一夫訳『青春の回想』冨山房百科文庫〕
Ginguené, Pierre-Louis, 1802, *Coup d'œil rapide sur le Génie du christianisme*, Paris, Imprimerie de La Décade philosophique, littéraire et politique.
Giraud, Victor, 1928, *Le christianisme de Chateaubriand*, Paris, Hachette, 2 vol.
Guéhenno, Jean, 1936, *La jeunesse de la France*, Paris, Grasset. 〔＝ゲーノー、一九五一、渡辺一夫訳・加藤周一解説『フランスの青春』みすず書房〕
Hugo, Victor, 1987, *Choses vues*, dans *Œuvres complètes : Histoire*, éd. Sheila Gaudon, Paris, Laffont.
稲垣直樹、一九九七、「フランソワ＝ルネ・ド・シャトーブリヤン」、『集英社世界文学大事典』第二巻。
Julliard, Jacques, 2001, « Chateaubriand et le socialisme », dans Jean-Paul Clément (éd.), *Chateaubriand visionnaire*, Paris, Éd. de Fallois, pp. 33-43.
——, 2012, « Portraits croisés : René et Benjamin, le conservateur libéral et le libéral conservateur », dans *Les gauches françaises : Histoire, politique et imaginaire, 1762-2012*, Paris, Flammarion.
片岡大右、二〇一二、『隠遁者、野生人、蛮人——反文明的形象の系譜と近代』知泉書館。
——、二〇一五a、「ポール・ベニシューとその時代（一）」、ベニシュー『作家の聖別』、前掲書、六五七〜六八〇頁。
——、二〇一五b、「一九五〇年前後の加藤周一——ロマン主義的風土の探求と日本的近代の展望（上）」、『慶應義塾大学日吉紀要　フランス語フランス文学』第六一号、十月、七一〜九九頁。
——Kataoka, Daisuke, 2007, « Chateaubriand, les sauvages américains et les esclaves noirs », in *Études de langue et littérature françaises*, Tokyo, Société japonaise de langue et littérature françaises, n° 91, pp. 20-34, septembre.
——, 2015, « Chateaubriand, disciple infidèle de Pascal », in *Revue d'histoire littéraire de la France*, Paris, PUF, n° 3, juillet-septembre, pp. 533-544.
工藤庸子、二〇一三、『近代ヨーロッパ宗教文化論——姦通小説、ナポレオン法典、政教分離』東京大学出版会。

Molé, Mathieu, 2005, *Souvenirs de jeunesse (1793-1803)*, Paris, Mercure de France, coll. « Le Temps retrouvé ».
パスカル、ブレーズ、二〇一五～二〇一六（予定）、塩川徹也訳『パンセ』岩波文庫、全三巻（参照に際しては、ブランシュヴィック版（B）と塩川版（S）の断章番号を併記する）。
Raynal, Paul de (éd.), 1884, *Les correspondants de J. Joubert, 1785-1822*, Paris, Calmann Lévy, 2e éd.
Regard, Maurice, 1978[a], « Avant-propos », dans Chateaubriand, *Essai sur les révolutions, Génie du christianisme, op. cit.*, pp. IX-XV.
——, 1978[b], « Notice [sur le *Génie du christianisme*] », dans Chateaubriand, *Essai sur les révolutions, Génie du christianisme, op. cit.*, pp. 1580-1614.
Sabran, Elzéar-Louis-Marie de, 1803, *Notes critiques, remarques et réflexions sur le Génie du christianisme*, Paris, L. Pelletier.
Sainte-Beuve, Charles-Augustin, 1948, *Chateaubriand et son groupe littéraire*, Paris, Garnier, 2 vol.
Tabet, Emmanuelle, 2002, *Chateaubriand et le XVIIe siècle*, Paris, Champion.
高山裕二、二〇一二、『トクヴィルの憂鬱――フランス・ロマン主義と〈世代〉の誕生』白水社。
Tocqueville, Alexis de, 2004, *Souvenirs*, dans *Œuvres*, Paris, Gallimard, coll. « La Pléiade », t. III.〔＝一九八八、喜安朗訳『フランス二月革命の日々――トクヴィル回想録』岩波文庫〕
宇野重規、二〇〇七、『トクヴィル　平等と不平等の理論家』講談社選書メチエ。
Voltaire, 1998, *Lettres philosophiques ou Lettres anglaises avec le texte complet des remarques sur les Pensées de Pascal*, éd. Raymond Naves, Paris, Bordas, coll. « Classiques Garnier ».
（なお引用は、既訳を参照する場合でも、おおむね私訳による）

図版出典

Un livre, un siècle : le bicentenaire du Génie du christianisme, Châtenay-Malabry, Maison de Chateaubriand, 2002, p. 82.
Ségolène Le Men, *La cathédrale illustrée de Hugo à Monet*, Paris, CNRS Éditions, 1998, pl. I (Chateaubriand, *Atala, René, Les aventures du dernier Abencerage, Les quatre Stuarts, Voyage en Italie et au Mont Blanc*, Paris, Morizot, vers 1840).

Chateaubriand : le voyageur et l'homme politique, Paris, Bibliothèque nationale, 1969, p. 171 (Lithographie annoncée dans le *Journal de la librairie* du 3 décembre 1831).

註

(1) おそらくは冬眠中の熊を示唆している（プリニウス『博物誌』第八篇第五四章を参照）。なお『アメリカ旅行記』では、冬ごもりする熊が「この隠者」と呼ばれる（VA, 799）。

(2) 以下の議論についてより詳しくは、片岡、二〇一二、第一部第I章、あるいはKataoka, 2015を参照（後者にはポール＝ロワイヤル版『パンセ』の近年の研究を反映させたほか、若干の修正を施している）。

(3) シャトーブリアンがこの「希望（espérance）」と「信（foi）」を比較し、「神から直接に流れ出る」後者を第一の美徳とする教会の教えにあえて逆らって、前者を称賛していることも付け加えておこう。希望は、「外部へと赴くべく、我々の内部から生まれる」のであって、「我々の一部分にすぎない」。そのことを認めつつも、彼は外部から訪れる対象への「服従」としての信よりも、そのような対象へと自らの限界を越えて赴くための動力たる「愛」としての希望のほうを、「我々の悲惨」に適ったものとして貴重に感じるのである（GC, 516-517）。希望というこの想像力の装置は、ここでは一種のキリスト教の詩学の鍵として提示されているにとどまるが、のちに見るようにやがて七月王政期のシャトーブリアンのもとで、独自の歴史哲学のうちに組み込まれることになる。

(4) 「〈純潔〉をめぐる章は、批評家たちを楽しませることだろう。著者はそれをいたるところに見つけるのだ」（Sabran, 1803, 15）。シャトーブリアンはこの書評をシュヴァリエ・ド・ブフレールによるものと信じたが、実際の著者は、その義理の息子にしてキュスティーヌ夫人（シャトーブリアンの当時の恋人）の弟、スタール夫人に献身的な思いを捧げたエルゼアール・ド・サブランである。なおスタール夫人も「純潔」の章を笑い、「可哀想なシャトーブリアン！　これはいけないわ」と述べたという（MOT, I, 639）。また彼の同郷の元友人ジャングネも辛辣な書評の中で同じ箇所を取り上げ、第一部第一篇第九章の表題（の一部）についても、「彼はいたってまじめに「詩的見地からの純潔の検討」と題している」として嘲笑した（Ginguené, 1802, 10）。『精髄』第二版は神の二つの定義のほか、表題のこの部分をも削除したし、指摘された他の多くの表現も、以後の諸版において削除されていった。なおシャトーブリアンは一八二七年刊のラヴォカ版全集第一四巻に『精髄』の書評をまとめ、この二つの書評をも収録する鷹揚さを示したが、純潔の章をめぐる一連の記述は省略されている。よほど悔しかったのだろう。

(5)『キリスト教精髄』のこうした側面については、片岡、二〇一二、第一部第Ⅲ章を参照。

(6) Bowman, 1973, chap. IV は、この発想の流布を、黒人奴隷制への対処という同時代的課題への反響を含めて検討している。なお、一八〇二年四月の『精髄』出版という出来事は、コンコルダートによるカトリック的フランスへの回帰のみならず、翌五月二十日に布告される黒人奴隷制と奴隷貿易の復活にも伴われていた。シャトーブリアンは一八〇二年の著作でサン゠ドマングの黒人蜂起を取り上げることで——「大言壮語によって、すべては失われた。哀れみの念さえもが、消えてしまったのだ。実際誰がいまなおあえて、黒人たちの大義を支持するだろうか、彼らの犯した罪のあとで?」(GC, 1000)——、また一八二二年のヴェローナ会議では全権大使として、フランスの利益のためにこの制度を擁護した(Kataoka, 2007)。なお、すでに触れた『精髄』の書評で、ジャングネは上記の一節に対し、以下のように応じている——「誰がだって? 理性と感性を備えたすべてのひと、人間性のすべての友が」(Ginguené, 1802, 75)。

(7)「出版の自由を得ることで、王党派はすべてを獲得したのである。この自由が存続する限り、王党派の勝利は保証されている。過去三十年というもの、つまり革命の開始以後ずっと、出版が真に自由であったときにはいつも、フランスは王党派となった。そして、革命の維持や再開を望むときにはいつも、出版の自由を抹消しなければならなかったのだ。革命は、この自由に対するクー・デタによってのみ救済されえたのだった」(OC, XXVI, 296、一八一九年十月十五日)。

(8) シャトーブリアンとのこの会話を振り返って、この国民詩人は同年五月、サント゠ブーヴに向かい次のように付け加えたという——「そう、手に入れたとも。しかし私は、手に入れるよりも夢見続けていたかったね」。そしてユゴー——共和政発足を時期尚早と見ていた——は、シャトーブリアン死去の報に接し、彼の部屋に駆けつけたことを記録した七月四日付の覚書で、以下のように回想している。「シャトーブリアン氏は共和国について何も、ただ次のことを除いては何も語ってはいなかった——それはあなたたちをより幸福にするのでしょうか?」(Hugo, 1987, 1062)。

(9) なお、一八二〇年代後半のシャトーブリアンは、啓蒙の光の発展の果実としてのこの近代人の自由を、自然人ないし野生人の、また古代人の自由との対比において度々強調した(ベニシュー、二〇一六、第三章)。とはいえその事実は、彼にあって野生的なものが文明的なもののうちに決定的に回収されてしまったことを意味しない（片岡、二〇一二、第二部第Ⅲ章、とりわけ第4～5節）。

（10）Aureau, 2001 は、社会解体的な個人主義に反対する一方、社会主義諸思想の自由殺し的側面への警戒を怠らなかったという点で、彼とピエール・ルルーの思想は「奇妙にも近い」と指摘している（319）。なおシャトーブリアンと社会主義については、Julliard, 2001 も参照のこと。

（11）もちろん、『キリスト教精髄』においてもすでに、この宗教と平等の結びつきは認められていた。しかしそこで「宗教は我々を怖いほどの平等へと立ち返らせる」（GC, 922）と言われるのは、ただ死後の世界、かの「完全なる平等の共和国」（925）との関係でのことにすぎない。現世の秩序との関係では、キリスト教が教義としたのは「世を大混乱に陥らせることなしに説きうる唯一の平等としての、精神的平等」（1071）であることが讃えられる。このように説かれる限りでの平等は、先に引いたナポレオンの国務院演説におけるのと同様、「富者が貧者に虐殺されるのを妨げる」ためのイデオロギー的機能を担う一概念でしかない。『精髄』においては結局のところ、重要なのは自由である――「福音の精髄はこの上なく自由に好都合なものだ」（*ibid.*）。

（12）ゲーノは敗戦直後の日本で渡辺一夫と加藤周一によって紹介され、実際両者はロマン主義を理解するに際して、彼の仕事に大きな影響を受けている。第二次大戦後の日本の文壇と大学的な文学研究の双方におけるフランス・ロマン主義の全般的な影の薄さを思えば、「『アタラ』と『ルネ』が繰り返し翻訳刊行され、その他の作品がときおり訳出される程度で、日本文学に特筆すべき影響は及ぼしていない」（稲垣、一九九七）のみならず大学においても熱心に読まれてはこなかったシャトーブリアンを相対的に重視し、ロマン主義の展開としてフランス的近代を捉える議論が、大学と文壇・論壇の交差する領域で一時なりとも取り上げられたという事実に立ち返ることには一定の意義があるだろう。こうした日本の文脈をたどり直す過程で「モンテーニュからジョレースまで」の内容を紹介したものとして、片岡、二〇一五bを参照。

第三章　モノに魅惑されたリベラル――ミシェル・シュヴァリエ

髙山裕二

一　あるサン＝シモン主義者の「転向」？

「われわれの時代はまったく反宗教的だったというわけではなく、本当のところは反キリスト教的だったのです」(Rodrigues, 1831: 5)。二十三歳で夭逝したサン＝シモン主義者の青年が語ったように、革命後フランスに生まれた世代は、新たに社会を統合する宗教を求めた。彼が信じたのは産業発展による貧困の解消であり、それを預言したサン＝シモン（一七六〇〜一八二五）の夢だった。師の教えを広めようと定期的に集会を開催、理系エリート校の卒業生を中心に当時の若者たちが魅了されていった。そのうち、「教父」と呼ばれる指導者を頂点にした位階制、教義や礼拝が作られた。しかし、この宗教の教義は既成宗教とは明確に異なっていた。

従来の宗教が価値を不当に貶めてきた「モノの復権」、これこそサン＝シモン主義思想の核心である。〈人間による人間の搾取〉を阻止するため、モノを増大・流通させることで「普遍的協同《アソシアシオン・ユニヴェルセル》」を組織化する必要がある！　モノをめぐる社会統合の最初の本格的な構想である。そこで、事物に神が宿るとまで言うサン＝シモン主義者は、いきおいモノを崇拝するまでになった。他方で、すべてを自由に任せたら産業は発展しない。彼らに独自なのは、教団に精神的権威が必要だったように、社会にも生産を再編、階層的に組織化する権威が不可欠だという発想にあった。

　ところで、教団は内部抗争を経て神秘的な様相を強め、煽動的な言動と奇抜な格好で醜聞を広めてゆく。そしてついに、当局の捜査の手が及び、指導者には重罪裁判所への出頭が命じられた（一八三二年八月二七日）。事実上の解散命令である。師サン＝シモンの死から七年、教会設立からわずか三年のことだ。その罪状は、二〇人以上の集会を禁じた刑法二九一条違反と、公共道徳および良俗違反だった。このとき、教父プロスペル・アンファンタン（一七九六～六四）とともにサント＝ペラジ監獄に収監された若き技術官僚《テクノクラート》がいた。

　フランス中西部リモージュのブルジョアの家に生まれたミシェル・シュヴァリエ（一八〇六～七五）は、最優秀の成績で入学した理工科学校《エコール・ポリテクニーク》とその上級学校である鉱山大学《エコール・デ・ミーヌ》を卒業後、鉱山局に入局するが、三〇年初夏にサン＝シモン主義に傾倒し始め、とくにアンファンタンを崇拝、教宣活動に尽力した。しかし逮捕、出所後はその熱が醒め、教団を去る。逆に政府に接近、各種委員会のメンバーに加えられ、コレージュ・ド・フランス政治経済学教授のポストまで昇りつめる。さらに第二帝政期には、ナポレオン三世のブレーンとして自由貿易化を推進。彼がかろうじてその名を歴史に残すのは、英仏通商条約締結の一方の立役者としてである。

　このテクノクラートは、しばしば言われるように「転向」したのだろうか。確かに彼は「エコノミスト（経済的自由主義者）」になる。しかし同時に、彼はある意味でサン＝シモン主義者であり続けたのではないか。本章で注目するのは、シュヴァリエがモノの増大のためには社会を組織化する権威、強力な執行機関が不可欠だとする発想を重視し続けたことである。[1] そもそも、サン＝シモン主義者がモノの増大（成長）を目指し、それがやがて絶対化され信仰のようになったとき――いくら経済の自由化を唱えようと――、それを推進する行政への権力集中には批判的でありえなかったのではないか。経済成長を志向する時代が、権力の分散を唱えたモンテスキューに由来するリベラリズムの系譜（Dijn, 2008）とは異なる新しいリベラル――新しい〈保守〉でもあったが――を誕生させたと言える。ただ、そうした「信仰」の上に築かれた自由と権威の調和は、高度成長期に見られる現象で、当時のフランスのような発展途上の国にのみ当てはまる議論ではないかという反論はありうるが――その後の行政介入の質の変化についても歴史的検証は必要だが――、ここではひとまず、それはシュヴァリエの政治経済思想に従えば、モノが人を魅惑する時代にはかなり共通して見られる現象だと言えることを明らかにしたい。

コレージュ・ド・フランス教授に就任する頃のシュヴァリエの石版画（1839年）。

　以下ではまず、サン＝シモン主義の宗教の同時代的意味と、その時期にシュヴァリエが発表した論説「地中海システム」を検討する。次に、アメリカ旅行の見聞をもとに書かれた『北アメリカについての書簡』と、コレージュ・ド・フランスの『経済学講義』をもとに、彼がサン＝シモン主義を経済的自由主義に合わせて変形させたことを明らかにする。最後に、英仏通商条約の交渉を中心に、第二帝政期における彼の自由貿易論と行政権力の大きな役割について検証する。

二　「地中海システム」の構想

サン＝シモン主義への回心

一八三〇年初夏、シュヴァリエはサン＝シモン主義に回心した。優秀な成績でエリート校を卒業した彼の野心は、鉱山局の官吏という職に飽き足らず、民間の職を探していた。ちょうどそのとき、北フランスを一緒に旅行した友人イザック・ペレールに、サン＝シモン主義の集会に誘われたのである(Walch, 1974: 14)。ペレールは後に兄弟で動産銀行《クレディ・モビリエ》を設立する人物だが、当時の若いインテリが教団の集会が開かれていたモンシニ街に集っていたのである。

しかし、シュヴァリエの「回心」を野心だけで説明するのは難しい。「教団」とその指導者に彼が熱狂したのは、これも同時代の多くの若者に典型的な、信仰への欲求があったからではないか。フランス革命後、それ以前から進行していた共同体的紐帯の弱体化とともに伝統的価値観が大きく動揺するなか、革命後に生まれた世代は新しい信仰を追い求めた。それは、自分が〈何者〉であるかという自己同一性と同時に、新たな社会統合とその精神的基礎の探求でもあった。サン＝シモン主義のように、そうした新たな価値の体系を「宗教」と呼ぶのは、今から見れば違和感があるが、その原義に立ち戻れば、ある意味で当然だったのかもしれない。サン＝シモン教会の説教師トランソンは、理系の俊英を集める理工科学校の後輩にこう語りかけた。

　あらゆる宗教に見られる根元《ママ》的で本質的な事実は、人間とかれらのまわりのものとの間に一つの結びつきをつくり出す考えを生じさせるということです。宗教という言葉の語源がまさしく示している通り、人間をかれ以外のものと結びつけること、ここにこそあらゆる宗教の目的があるのです（佐藤、一九八六、五七八から引用）。

もっとも、「すべては産業によって、すべては産業のために」（『産業』）と宣言し、精神権力を科学者へ世俗権力を産業者へ付与するよう説いたサン＝シモンの教えが、とくにテクノクラートの卵である若者たちの自尊心をくすぐったのは想像に難くない。

サン＝シモン主義は、オランド・ロドリーグ（夭折したウジェーヌの兄で数学博士、銀行家）が中心になって一八二五年のサン＝シモンの死後に作った雑誌『生産者《プロドュクトゥール》』を起源とするが、その思想が最初に体系的にまとめられたのは、バザールとアンファンタンという二人の指導者の講演会における教義解説だった。それを編んだサン＝シモン主義のバイブル『サン＝シモンの教義解説』（第一年度：

サン＝シモン主義の最高指導者アンファンタン。胸には「教父《ペール》（父）」の文字が見える。パリで銀行家の家に生まれるが父が破産。理工科学校を中退後、ワイン販売で生計を立て銀行家に転身したのち、共同でサン＝シモン教会を設立。

二八年十二月、第二年度：二九年十二月開講）には、こう書かれてある。「皆さん、人類が今日なすべく運命づけられている一般的進歩の方向」は、「モノの復権（la RÉHABILITATION DE LA MATIÈRE）にあります」（Enfantin, 1854: 404）。サン＝シモン主義が目指したのはモノの復権、具体的には、これを増大、流通させることで社会を統合させる「普遍的協同」を実現することだった。その産業信仰は、モノを崇拝する汎神論的宗教まで産み出したのである（Ibid: 423）。他方で、産業活動を自由に任せておけばモノが自然と増大するわけではない。そこで、師サン＝シモンとは違って相続財産の廃止を主張するサン＝シモン主義者たちは、それを国家に相続させるとともに、生産と分配を一元的に計画・管理する「社会機構」の必要を説いたのである（Ibid: 139ff）。

彼らは、指導者以外の信者を「使徒」と呼び、こうした教義を広めることをその使命とした。機関誌として新たに『グローブ』を買収し、アンファンタンはシュヴァリエをその編集長に抜擢した。それはシュヴァリにとって一つの転機だった。教父は、手紙でこう書く。「われわれの所に来給え、古臭いヴォルテール主義者のミシェル。……君は預言者（prophètes）になる素質を持っている」（シャルレティ、一九八六、一〇四）。シュヴァリエはこれ以後、教父をなかば狂信し、教団のためにほとんど休みなく働くことになる。

『グローブ』におけるサン＝シモン主義の具体的な主張は、そのサブタイトルのうちに宣言されている。「あらゆる社会制度は、もっとも数多く、もっとも貧しい階級の、道徳的、肉体的、知的条件の改善を目的としなければならない。出生によるあらゆる特権は例外なく廃絶されるだろう。各人の能力に応じて各人へ、各人の仕事に応じて各人の能力へ」。サン＝シモン主義者たちは、「普遍的協同」を通じた〈人間による人間の搾取〉の完全な廃絶を目指したが、それは、各人がみずからの労働を通じてその能力を発揮することによるとされた。

実践的サン＝シモン主義のマニフェスト

「まるで二つの世界が争っているようだ」。サン＝シモン主義者の一人、ジャン・レーノーがこう語ったほど、主に女性観をめぐる二人の教父の対立は激しく、一方の教父バザールの離教（一八三一年十一月）は教団に大きな亀裂をもたらした。だがシュヴァリエは教団に残った。そして教団が内部抗争で揺れるなか、彼が『グローブ』に翌年一月二十日から二月五日にかけて四回に分けて発表したのが、論説「地中海システム」である（それぞれを第一、第二、第三、第四論文と呼ぶ）。同論文は、政府に批判的な「過激派」との距離を明確にする実践的な内容を含み、後に花開く彼の思想の萌芽を宿している。

第一論文では、世界的な産業構想のヴィジョンが示される。シュヴァリエによれば、文明化は人類の摂理であるが、そのためには「平和」が必要である。というのも、この半世紀のあいだに文明化を生んだ製造業の発達は、平和による「信用」の創造によって可能になったからだ。信用（crédit）こそ、文明化すなわち産業化の生命である。戦争を唱える論客は、産業の信用という「この新しい社会の構成原理の存在」が理解できていない（Chevalier, 1832: 7-9）。逆に、銀行家の影響力の増大は戦争の芽を摘むことになるとシュヴァリエは強調する。加えて、これまで戦争への（好戦的な）「歪められた」想像力を掻き立ててきた教育の問題を指摘している。

第二論文では、協同のない自由を説く自由主義者と同時に、革命戦争を欲する共和主義者を批判している。ここでも、繁栄の機会をもたらす平和が強調されるが（Ibid: 22）、これは好戦的な面を以前は持っていた『グローブ』の方針の修正だった（シャルレティ、一九八六、一五八）。背景には、この時期に最高指導者となったアンファンタンのもとで、平和主義、それも東洋と西洋という「霊と肉という古くから敵対する二元論」の和解という展望が示されたことがある。そこで、シュヴァリエは第三論文で、真の平和を作り出す「積極的」方途として東西融合を説き、二つの世界を結びつける場として地中海を重視する。数千年間、物質と精神を代表する東西の戦場となってきた地中海は、今後は各民族が往き交う「広大なフォルム（公共広場）」にならなければならない。「地中海は東洋と西洋との婚姻の床になるだろう」（Chevalier, 1832: 29-31）。もっとも、シュヴァリエの構想は、永遠の生や無限といった要素をサン＝シモン主義の宗教に新たに加えたアンファンタンと同じような意味では、東方《オリエント》に「霊」を求めるものでは必ずしもなかったことは、のちのアメリカ旅行でも明らかになるだろう。

最後に第四論文で提示されるのは、きわめて現実的なプランである。各個人、人種、民族、階級がそれぞれの法則に合わせてその境遇を改善し、「普遍的協同」に向かうこと。そのために、産業を通じて東西を結びつけること。具体的には、二つの手段が紐帯をなす。それは、相対的には物質的な手段である《交通》と、精神的な手段である《銀行》である（Ibid: 35）。これは、『生産者《プロドュクトゥール》』で示されたサン＝シモン主義の三原則――信用の創造、交通手段の発達、技術的・専門的教育の創設――に即した提案だった。鉄道と銀行は、ヒトとモノ（カネ）を流通させる、まさに産業の生命である。そのなかでも、シュヴァリエは鉄道網の発達を重視し――銀行はそのために必要な資金を安定的に調達する機関として必要とされる――、生涯その拡大に尽力するだろう。鉄道については技術的コストばかりが指摘されがちだが、それがもたらす政治的・精神的側面に注目すべきだという。それは、民族や都市を超えて関係を築きあげるがゆえに、「モノの次元において、鉄道は普遍的協同のもっとも完全な象徴である」（Ibid: 36）。さらに「鉄道は人間存在の諸条件を変える」と述べ、路線網や資金調達に関する具体的な計画を同論の最後で示している。この実践的サン＝シモン主義者の綱領を発展させていくことがシュヴァリエのその後の課題となるだろう（藤田、一九七六、四三、四八）。

他面、シュヴァリエはその二カ月後の『グローブ』最終号で（資金難のため廃刊）、「集権、すなわち統一と無政府のあいだに中間はない」と明言し、新しい行政のあり方を提案している（Enfantin, 1832: 89）。その「新しい権威」は産業的性格を持つもので――政治とはよく言って「行政」にほかならない――、生産と分配を調整するものだという。「そこで、安価な政府という格言に反して、もっとも節約型の政府はもっとも出費しない政府ではなく、もっとも良く出費する政府だということが理解されることになるだろう」（Ibid: 94）。こう語るサン＝シモン主義者は、産業・経済を自由に委ねればいいという考えの持ち主ではなかった。そして、この信念は以後も彼の思想中で変奏されながら固持されるだろう。

四月十九日、『グローブ』の休刊が公告されたが、翌日の最終号でこれは活動の終わりでないと宣言された。「父」は書いている。「私は語ってきた。今は行動を欲する。しかし、しばらく休養と沈黙の時間が欲しい」。エミール・バローは、この休養と沈黙を世界救済の夜明けと称賛した。「私は予言する。いつの日か、諸君に呼び戻され、この船はまた現れるであろう。……なぜなら、神の「救世主」と諸国民の王を乗せているからだ」。シュヴァリエの言葉は、これに比べれば穏やかだった。「われわれが黙っても、政治的議論から議会主義的幻影は消え去るであろう。労働のための社会再編の問題が主要な問題となるであろう」（シャルレティ、一九八六、一六七〜九）。ここでサン＝シモンの弟子が、議会（主義）を敵視していたことは覚えておこう。

その後、サン＝シモン主義者たちはメニルモンタン街で四〇人の使徒による修道士のような規律生活を始め、ますます遁世的・神秘的な集団行動を見せるようになる。そこで当局による捜査の手が及び、上述のようにシュヴァリエを含む主要メンバーが逮捕、裁判になった。裁判は教団にとって格好の宣伝の場となったが、有罪判決が出ると、投獄されたアンファンタンは教父の座の放棄を宣言、シュヴァリエは教団の制服を脱いだ。一八三三年八月、特赦によって釈放されたシュヴァリエの「父」に対する熱狂は醒めていた。結局、彼の狂信は若気の至りとしか説明できないのだろうか（Walch, 1974: 110）。確かに彼はこれ以後、神秘的な要素が剥奪されたサン＝シモン主義を実践していくが、それ以前を若者一般に見られる過ちとみなすのは正確ではない。前述のように、シュヴァリエは「新しい信仰」を求めた同世代のように、社会を統合する宗教を求め、モノを増大させることで社会は統合されると信じ続けたのではないか。

離教後、シュヴァリエの行動は迅速だった。釈放と前後して政府高官と接触、当時農商工大臣だったアドルフ・ティエールに接近する。そして、アメリカ合衆国の交通制度を調査する必要を説き、彼の斡旋でアメリカ視察調査団の一員に加わることに成功した。同年十月アメリカに発ち（イギリスを経由）、数度の延長を経て、滞在は二年後の十一月まで及んだ。シュヴァリエは、アメリカの産業社会を観察し、そこでサン゠シモンのユートピを連想しながらも（鹿島、二〇〇〇、七二）、経済的自由主義の特徴を色濃くしていくことになる。ちょうど同じ頃、「私は獄中で東洋が目を覚ますのを聞いた」と語ったアンファンタンは、彼のもとに残った弟子たちとともに、教団そして世界に融和をもたらす「母」を求めて東方《オリエント》へと旅立った。

三　アメリカ旅行と経済のデモクラシーの発見

魅了する蒸気機関

シュヴァリエは、アメリカ見聞を書簡という体裁の論説にまとめ、紙上に逐次掲載し（渡米前、『ジュルナル・デ・デバ』紙の論説委員になっていた）、後に著書『北アメリカについての書簡』（一八三六年）（以下

『書簡』と略す）にまとめ刊行した。以下では、『書簡』に現れるシュヴァリエのアメリカ観それ自体よりも、彼のサン＝シモン主義との連続と断絶に注目する。

今度は、地中海に代わって東西融合の舞台として浮上するアメリカ（Chevalier, 1836: Introduction）。その意味で、同じく大きな使命を担っているアメリカだが、それは精神と物質の結節点であるとしても、シュヴァリエが新世界でまず圧倒されたのは物質のほうであり、人間が自然を開発することで増大させていたモノの量＝力に絶えず魅了されることになる。それを象徴するのは、視察の目的でもあった鉄道だった。当時、北部の工業と南部の原料、そして西部を結ぶ輸送手段として運河とともに鉄道が発達、アメリカの産業化を促していたが、その動因となったのは、鉄道や河川の上を疾駆する蒸気機関に対する人びとの情熱であったという。

「アメリカにおいて、鉄道は一つの流行であり情熱であり、普遍的な関心事である」（Ibid: I. 115）。フランス人は理論においてこの上なく大胆で、政治の実験では世界を震撼させたとしても、モノの発達に関してはこの上なく臆病である。わが国では鉄道について話されるが、ここでは作られている（Ibid: I. 1）。確かに鉄道への情熱は、狂気じみた投機熱を持つアメリカ人の気質と関わるかもしれない。彼らは経済活動に強い興奮を求める（Ibid: II. 164-7）。しかし、これはある国民の特性だけに由来するのではなく、蒸気機関という機械が人間にその力を印象づけ、われわれが感銘を受けることから生じるのではないか。蒸気機関ほど、人間の力の偉大さを鼓舞させるものがあるだろうか、シュヴァリエはそう自問する（Ibid: I. 19, 222-3）。そして、こうも語る。時代の不信仰に染まるか、さもなければ機械を利用する術を知り、その価値を信じるかどちらかだ（Ibid: I. 224）。フランスで見ることのなかった蒸気機関に魅了されることで、鉄道そして機械へのある種の信仰はアメリカ人だけでなく、『書簡』の著者のものとなる。[2]その背景には、『グローブ』以来のモノや産業への信仰があっただろう。「私にとって、神とは、空間や時間における普遍的存在である」。シュヴァリエは同誌でこう続けた。「私はますます全人類、全世界の発展のうちにそれを感じる。私は産業や科学にそれを感じる」（Walch, 1974: 110）。

ともあれ、シュヴァリエの目には、アメリカでは「地中海システム」の構想が、とくに原料を短時間で輸送する鉄道の発達を通じて実現されつつあったのである。ただ、東西融合のもう一つの手段、資金不足を補う銀行については、合衆国の大量の資金需要によって銀行網の発達が促されてはいたものの、当時は中央銀行にあたる「第二合衆国銀行」に対抗したジャクソン大統領の時代であり、全国的な信用制度の確立には道半ばだった。

自治と「デモクラシー」

「言葉の真の意味での政府＝統治は存在しない」（Chevalier, 1836: I. 61）。シュヴァリエは『書簡』を通じてアメリカ合衆国の繁栄をもたらしている自治の（共和的）精神を評価している。その意味は、アメリカ人が行政に頼らずみずから生計を立てていることにあった。誰もが労働をする習慣を持ち、実際に労働の権利はどの権利よりも優先される（Ibid: II. 115,8）。またこのことはカネの絶対化につながる。誰もが労働する社会では、カネこそ労働の目的であり成果だからだ。それゆえ、アメリカ人の行動の根本にはカネがあるのは必然である（Ibid: II. 133,143）。

こうして労働を基礎に置く社会では、「政治」の意味もヨーロッパとは異なってくる。政治は彼らの商売の延長でしかなく、広大な領地への侵出を意味するのだ。その際に、中心的な役割を担うのは銀行だろう。そして政治は新しい資本に占められるようになり、旧利害が権力の座からすべり落ちてゆくのは「摂理」で、旧世界でも旧利害（貴族層）は新利害と和解せざるをえない。すべての思想が商売、カネへ向かうとき、〈第四の力〉とされる「金融権力」が政治の舞台に現れることになる、そうシュヴァリエは言明する（Ibid: I. 106-12）。

『書簡』の著者によれば、アメリカ人はみな致富の情熱に苛まれている。それは財産を貯め込む喜びからではなく、富は力をあらわし、自然を支配する原動力だからだ（Ibid: II. 159）。そのため、アメリカには貧困問題は存在しない（Ibid: I. 158）、この点で――ロンドンやパリもサンクトペテルブルクのように貴族的であるのに対して――「アメリカ社会は、言葉ではなく事実として、本質的・根本的にデモクラシーである」（Ibid: I. 309）。ここでは、『書簡』のデモクラシー論――彼の評価するプロテスタンティズムや結社の役割を含めて――を詳述することはできないが、一つ注意したいのは、そこで著者がデモクラシーとして評価するのは基本的に経済における（機会の）平等と自治だということである。政治のデモクラシー――民衆に媚びるジャーナリズム、優れた人物のいる上院と対比された下院、猟官制をめぐる選挙不正、さらに代議制が多数の手に落ちて「専制の手段」になるという指摘等々――に対する批判的な指摘は随所に見られるが、経済のデモクラシーは基本的に高く評価される。加えて、統治技術を持つ集団としてのアリストクラシーは強国であるために今後も肝要だと指摘しながら、自由と権威はどちらも必要だと明記している（Ibid: II. 382-3）。

効率と集権——「エコノミスト」へ

シュヴァリエは、アメリカ合衆国における行政の不在を指摘し、自治を称賛した。それは「労働の自由」の発見であって、前述のように非効率な行政の不在を意味した。このことは、強い権力自体の否定ではない。『書簡』でも、モノの増大のために権威的な行政あるいは集権の必要を主張する点で、サン＝シモン主義に忠実であったと言えるのではないか。そもそも、「政治は生産の科学である」と語ったサン＝シモンにとって、産業社会に必要なのは従来のような人の統治ではなく、経済性の原則によってモノを支配する行政機能だった——彼の場合は、自動調整された国家が到来するというユートピア的性格が強かったが（Musso, 1999:73-6）。

「商業には集権化作用（centralisateur）がある」。こう記すシュヴァリエは、フランスにおける（行政の非効率な）集権は自由の敵だとする一方で、商業がもたらす集権化作用は無批判に受け容れる。古代ローマは広大な領土を幾世紀もかけて統一したが、アメリカは鉄道と蒸気機関の発達によって、ヨーロッパ人から見れば途方もなく広い領土を統一かつ維持することが可能である。こうして、今日産業化のおかげで、カエサルが片田舎を管理するよりも容易に、世界を管理する（administrer）ことが可能になった（Ibid: I. 143-5）。アメリカでも、教育・鉄道・銀行など全国に関わる分野については「有効な集権の芽」が成長しているという（Ibid: II. 373-4）。また、新世界にカエサル（軍事的権威）は存在しないが、権威がないわけではなく、宗教や世論（多数者）のほかに、政治的には各州で（そうした分野の行政規則を委員の裁量で作る）各種委員会が第二の権威として現れ始めていることも、シュヴァリエは好意的に見通している（Ibid: II. 214-5）。

さらに、自治の文化がないフランスには、両階級（ブルジョアジーとプロレタリアート）を超越する「至上の調停権力」が必要だ、そうシュヴァリエは断じる。ただ、それは文明の必要から生まれる新しい王権でなければならず、人民の代表としてしか今後は存続しえない。かつてナポレオンが、立法議会は人民の代表では決してなく、皇帝ただ一人が代表者だと語ったことに触れ、彼はそうあるべきだったとシュヴァリエは強調する（Ibid: II. 293-5）。この記述は、彼が後にナポレオン三世を支持する理由を示しているだろう。また、フランス革命が広めた権力への過剰な不信を振り払い、王権を復権させねばならないが、その一方で、新しい王権はスペインやロシアのような排他的な権力とは違って、その特権は限定的でなければならないとも付け加えている（Ibid: II. 300,302）。これは、イギリスに比べれば後進国だったフランスにのみ適用すべき議論のようにここでは見えるが——フランスでは結社も「階層的」であるべきだとされる——、注目したいのは、産業と——集権制と階級制からなるという——権威は背反しない、むしろ二つの混成を強調する発想それ自体である（Ibid: II. 386）。こうしたサン＝シモン主義的発想が、それとは無縁の自治の国アメリカ社会の観察のなかで宣言される事実にこそ注意すべきだろう。

他方で、サン＝シモン主義にとって、あらゆる社会の目的は最大多数の貧困階級の境遇を改善することだった。第二八書簡では、そのためにフランスで必要とされる四つの行政措置が提起される。一、産業教育システム、二、信用機構の創設、三、完全な交通手段システムの実現、四、無数の法や規則の改正（Chevalier, 1836: II. 235-6）。これらのうち前三者は、もともと『生産者』で示されたサン＝シモン主義の原則を繰り返したものである。この点でアメリカはフランスに比べて圧倒的に先進的であり、新世界の労働者たちは豊かである。そもそもアメリカには貧困問題はなく、「無産者階級《プロレタリアート》」なるものは存在しない（Ibid: II. 359）。そう書くシュヴァリエは、ヨーロッパでも、モノの増大がその種の階級を消滅させるのは事の必然だと喝破する。

しかし、ここには二つの問題がある。一つは、モノの増大は少なからず――シュヴァリエ自身が示唆するように――アメリカに特殊な状況に依存していたことである。もう一つは、モノの増大が、結果的に貧困を解決することが自明の前提とされていることである。『書簡』の著者自身、際限のない競争は国内全体で見れば利益を上げることがあっても弱者である大量の労働者はその代償を払うことがあり、必需品産業への規制は必要であると、革命後のフランスを例に語っているが（Ibid: II. 206-7）、それで貧困が解消されるわけではなく、その積極的な改善策も提起されない。そもそも彼の議論に即して言えば、モノの総量を増大させる競争なら肯定されるのではないか。またシュヴァリエは、競争は給料を下げることがあることを認めながら、それがアメリカの労働者の境遇を悪化させない最大の要因は、余剰労働力を吸収する西部の存在にあるとする。この観点から、ヨーロッパにおける「西部」、フランスであればアルジェリアの存在が正当化される（Ibid: I. 237-8）。こうした問題に注目するとき、シュヴァリエがサン＝シモン主義から（おそらくは無意識のうちに）乖離しているのは確かである。要するに彼にとって、「産業の発展がますます主要な目的となる」一方、労働者の境遇改善はそれに従属する「一つの結果」になりつつあったのである（Walch, 1974: 256）。

かくして、アメリカ旅行は「エコノミスト（経済的自由主義者）」シュヴァリエ誕生の契機となったと言える。『書簡』刊行から一年ほどのち、『デバ』紙に過去への公的な絶縁状を掲載し、アンファンタンを「催眠術士」とまで呼ぶのには、それなりの理由があっただろう（シャルレティ、一九八六、二五三）。ただ、それにもかかわらず、彼はサン゠シモン主義者であり続けたのであり、本章の関心から重要なのは、新世界は彼のなかで単なる経済の自由が実現された地ではなく、自由と権威の「婚姻の床」を論じる場として機能したという事実である。

四　コレージュ・ド・フランス政治経済学講義

「低価格」至上主義と国家介入

『北アメリカについての書簡』の刊行と時を同じくして、シュヴァリエは首相モレ伯の推薦で国務院主任審理官に任命される。また、一八三八年からは国務院参事官に就任、ほかにも政府の各種委員会メンバーに加えられた。さらに『デバ』紙への寄稿を続けながら、ペレールの創設した鉄道会社の技術顧問を兼務した。このとき、先の絶縁状を公開したシュヴァリエに、「君の冷酷な器用さの末路はどうだ」と激怒するかつての同志がいたのも不思議ではない。

学問の世界でも輝かしいポストを得る。一八四〇年十一月、『書簡』とその二年後に刊行された『フランスにおける物質的利益』の貢献が認められ――政界の後見人ティエールの推しもあって――、コレージュ・ド・フランス政治経済学教授に任命された。この講座の初代担当者は、古典派経済学の信奉者ジャン＝バティスト・セー（一七六七～一八三二）である。シュヴァリエも講義を通じて、アメリカで得た知見を（応用面の強い）自由主義経済学《エコノミー・ポリティーク》として定式化することになるが、それはいわゆる古典派経済学者のものと同じではなかったことに注意したい。四一年度の講義は、『経済学講義』第一巻（一八四二年）、次年度は第二巻（一八四四年）としてそれぞれ刊行されているので（五〇年に刊行された信用制度・貨幣論の第三巻は講義録の形式をとっていない）、ここではそれらを参考にしてシュヴァリエ経済学の要点とともに彼のサン＝シモン主義の変遷を簡単に整理してみよう。

　最初の講義でシュヴァリエはまず、経済学とは「物質的利益の科学」であると喝破する（Chevalier, 1842: 34)。そして、最大多数の階級の精神的・知的・物理的な境遇の改善が時代の問題である以上、経済学は今日もっとも重要な役割を担う学問だと説く（Ibid: 36,49,2)。これに対して精神主義者たちはモノへの偏重だとすぐに非難するが、それはまったく的外れである。なぜなら、産業は知性によるモノの支配だからだ。蒸気機関の発明と応用を見れば、それは明らかである。むしろ、機械の発明によって人間は物質的束縛から解放されるではないか、こうシュヴァリエは反論する（Ibid: 10-2,29)。

　またシュヴァリエは、自由は経済学あるいはその最重要な構成要素である産業と不可分だと主張する。彼によれば、自由とは、各人が自分の能力を発揮できることであるが、その手段は産業のほかにない——それを否定すれば能力を発揮する手段は戦争しかなくなる（Ibid: 13,38)。こうして経済学、続いて自由を定義した後、その学問の目的である生産の増大の方法が論じられる。具体的には、機械の導入は労働の負担を軽減するとともに物価を低下、消費を増大させることで、生産力を増大させる。無限の競争は、社会に敵対関係を生み、人間の尊厳を奪う傾向があることが示唆されてはいるものの、機械が同じ結果を生む可能性は注目されない（Ibid: 139-44,17）。また一般的な手段として、あのサン＝シモン主義の三原則、交通手段・信用制度・職業教育の改善が繰り返されるが（Ibid: 192）、シュヴァリエにとって、その根本目的は「低価格」だった（上野、一九九五、一八七）。労働能率が社会の進歩、繁栄にとって最重要であって（Walch, 1974: 274-5）、機械の導入も、この観点から首肯されるのである。「低価格、それは平等という政治的原理のある種の産業的変形である」（Chevalier, 1844: 6）という『経済学講義』第二巻の言葉には、彼の目指すべき経済のデモクラシーが集約的に表現されていよう。シュヴァリエにおいて、サン＝シモン主義は少なくとも変形したと言わざるをえない。「富の分配に気を配る必要はない。それの増大にだけ気を配ればいい」、これはひどい！　シュヴァリエの講義録を読んで、「父」はそう叫んだという（シャルレティ、一九八六、二八五）。

他面、その第二巻では、産業への国家介入の必要が強調される。この面でシュヴァリエはサン＝シモン主義者であり続ける。彼によれば、公共事業とは公益に関わる大事業を意味するが、産業が全国に広がる現代において、国家による公共事業は繁栄の手段として不可欠である（Ibid: 66-7）。平等原理が支配的になると、すべての人が労働をするようになり、公共事業は国家の仕事になる。そのとき、国家の干渉は権利ではなく義務になる——私企業の参入を拒むものではまったくないが。右記の三原則実行のためには、今後ますます国家介入が必要になるという（Ibid: 70,79）。講義では、無限競争に対する懸念とともに競合する各階級の利害を協同させる必要性が提起され、後年も労使協調の意義は繰り返すが、(3)その本旨は後退する一方、産業発展とそれを目的とした国家介入の必要性それ自体が強調されることになる。ちょうどこの頃（一八四二年六月）、フランスの議会では鉄道の国家・民間共同建設が決定されていた。

とはいえ、ここで改めて注意したいのは、シュヴァリエの国家介入論は、フランスが後進国だったからではない、少なくともそれだけが理由ではないことである。それはある意味で、彼の政治経済思想の必然的な結果だったことが見落とされてはならない。例えば、国家不介入を主張する人間は英国を例に挙げるが、イギリスで国家介入が不適切であるのには理由があるとシュヴァリエは語る。それはイギリスが経済的に先進国だからではなく、国内的には「寡頭制の国」だからだ。イギリスでは、祖国愛と知識において抜きん出た貴族のあいだで権力が分割されており、彼らが公共事業の主体になりうるし、その場合に国家が介入することは彼らの特権の侵害にもなる（Ibid: 80-82）。こう説明するフランスの経済学者において、「低価格」至上主義に象徴される経済的自由主義と国家介入は、産業の発展につながるかぎりで矛盾しなかった。

政界進出と自由貿易

シュヴァリエは単なるエコノミストに飽き足らず、政界にも進出する。政治活動の開始は早く、一八三七年に遡る。代議士選挙に三度立候補し、いずれも落選するが、四五年一月、アヴェロン県で初当選した。この頃、シュヴァリエが最重要の政策課題に掲げていたのは自由貿易である。彼の経済的自由主義は以後、自由貿易論を主軸に展開することになる。

一八三〇、四〇年代のフランスでは、保護主義勢力が圧倒的で、議会に対する圧力で保護主義政策を維持させていた。これに対して、ボルドーのような貿易都市やリヨンのような商業都市を中心に自由貿易派が拡大したのを背景として、四一年『エコノミスト』誌が創刊、四六年バスチアを中心に「自由貿易協会」が結成され、経済的自由主義が喧伝されるようになる。シュヴァリエもその一員として国内外で活動する。同じ頃、エジプトから帰国して社会産業計画を練っていた「父」も、鉄道会社三社の理事に収まり、労使和解に向けた実践を始めていた。

シュヴァリエは議員に当選した年、南仏ロデーヴの富裕な商人の娘エンマ・フルニエと結婚するが、まもなく挫折を味わうことになる。一八四六年春、シュヴァリエが『デバ』紙で関税の引き下げを主張したのに対して、製鉄会社社長ファランソワ・カブロが保護主義の論陣を張り、地元で自由貿易反対運動を展開。この運動が功を奏して、カブロが同年八月の選挙でシュヴァリエに勝利したのである。輸送費が莫大で、とてもイギリス鉄鋼業に対抗できない、自分たちの既得権益を守るために自由貿易論をそう批判した対立候補だったが、消費者保護を叫ぶ自由貿易論者に対するカブロの言葉は、意味深長である。「消費者たるにはまず生産者でなければならぬ」(上野、一九九五、九八に引用)。さらにシュヴァリエは、苦汁を嘗めることになる。

二月革命と追放

「いずれ精算の日が来るだろう」。「父」がそう記してからひと月足らずで二月革命が勃発。この革命は、政界進出に失敗したシュヴァリエに追い打ちをかけるものだった。一八四八年四月七日、臨時政府の出した法令によって、コレージュ・ド・フランスの政治経済学を含む講座が閉鎖されたのである。

奇しくも、このとき教育省の要職にあったのはカルノー、レイノー、シャルトンという、三人のサン＝シモン主義者、シュヴァリエの旧友だった。

講座停止には伏線があった。シュヴァリエのルイ・ブラン批判である。革命後、共和国臨時政府は、社会主義共和派のブランを委員長とする「労働者のための政府委員会」、いわゆる「リュクサンブール委員会」と「国立作業所」の設置を決定した。ブランは自身の構想する「労働の組織」――彼が一八三九年に刊行した『労働の組織』は当時ベストセラーで流行語でもあった――、および「社会的作業場」の理想を実現できる地位に就いた。そして、これを実現しようとしたちょうどそのとき、シュヴァリエが『デバ』紙に「公開状」を立て続けに発表――すでに四四、四五年にもブランと論争していた――、それは実現不可能であるばかりか、自由や正義に反すると論難したのである。同年、それは『労働の組織に関する公開状』として刊行された。

同書でシュヴァリエは、ブランの提唱する報酬の絶対的平等は労働意欲を削ぐだけで（Chevalier, 1848: 29-31）、労働者のあいだに残るのは「極貧の平等」だけだと痛烈に批判した（Ibid: 44）。民衆の進歩、あるいは豊かさは生産の増大が前提であり、飢えていては自由ではない、というシュヴァリエの言葉は重い。また、〈能力に応じて生産し、欲求に応じて消費する〉というブランの主張は、能力のある人間は苦しんで労働し、欲求のある人間は欲求のままにその果実を得ることになり、甚だ正義に反する「恐ろしい圧制《ティラニー》」だと切り捨てた（Ibid: 51）。

こうしてブランを激しく批判したこともあって、シュヴァリエは前述のように追放されたが、その直前にあった四月の普通選挙でブルジョア共和派が圧勝、揺り戻しが起こる。そして、六月には国立作業所の閉鎖が発表された。このとき、作業所に収容された失業者の数は、当初に比べて四倍近くに膨れ上がっていた。シュヴァリエの議論の正しさを歴史の事実が証明したかのようである。さらに、労働者が蜂起するが武力によって鎮圧、八月にルイ・ブランはベルギーに逃れ、さらに強制退去にあってイギリスへと亡命した。

五　第二帝政期の自由貿易論――社会的〈保守〉の敗北

万博＝「商品のオリンピック」の視察

シュヴァリエの運命を大きく変えたのは、意外な人物の登場だった。六月暴動の弾圧を経て、同年十二月大統領に就任した、ルイ＝ナポレオンである。シュヴァリエは教授職に復帰、ナポレオンの登場を大歓迎した。というのも、彼の提唱する自由貿易を実現するには強力な執行権力が必要だと以前から考えていたからだ。実際、ルイが一八五一年十二月にクーデタを起こすと、シュヴァリエはチュイルリ宮に参内して支持を宣誓、翌月、農商工省担当の国務院参事官に任命された。こうした彼の政治的態度は、相変わらずサン＝シモン主義者の旧友に変節と非難されたが、それは己のサン＝シモン主義者としての信念に忠実なことでもあった。この年、独裁の脅威が増すことに〈希望〉を抱き、「われわれの今生きている時代は大事件の予兆に満ちている」と書いたとされるのはほかでもない、「正統的」サン＝シモン主義者のアンファンタンだった（シャルレティ、一九八六、三一八）。

同じ頃、シュヴァリエは別に大きな経験をする。一八五一年にロンドンで開催された第一回万国博覧会の視察である。彼はフランス政府の代表団には選ばれなかったが、『デバ』紙の特派員として万博の視察に訪れ、アメリカで魅了された蒸気機関に劣らず、イギリスの産業機械の存在感に圧倒された。巨大な鋼鉄の機械に対する眼差しは、「近代人の宗教的な物神（フェティッシュ）」に対するそれだった。「万博は商品という物神の霊場である」というベンヤミンの言葉は、まさにシュヴァリエ自身のものでもあった[4]。他方でシュヴァリエは、フランスがイギリスに比べて産業発展でこれほど遅れをとった理由を得心する。わが国の蒸気機関も、その性能は英国のそれに匹敵するとしても、鉄鋼業は大きな遅れをとっており、その元凶は原材料を高騰させる保護主義政策にある、逆に両国が自由貿易を行なえば共栄できる、そうシュヴァリエは確信した[5]。

同年、国民議会に提出された原材料輸入禁止の廃止や関税改正の法案は否決されていた。こうしたなか、シュヴァリエはこの夏には執筆に着手し翌年刊行された『保護体制という名で知られる通商体制の検討』（一八五二年）で、保護貿易体制を全面的に批判した。以下では、シュヴァリエの自由貿易論とその交渉を通観しながら、自由貿易と行政権力の連繫を確認する。

自由貿易と地域統合

同書でシュヴァリエはまず、問題は産業や労働を保護するかどうかではなく、いかに保護するかにあると指摘する。これまで政府は、特殊利益（既得権益）を保護し、それが保護体制と呼ばれてきた。

しかし、産業の代表者のほとんどが自分たちの個別利益の保護を目指すなか、政府は社会全体の利益を促進することを目的としなければならない（Chevalier, 1853: 2-3）。そこでシュヴァリエが保護主義を批判するのは、経済的な面だけではない。それが人類のいわば精神史的な観点からなされるところに、彼の独自な自由貿易論の特色がある。二点紹介しよう。

一点は、フランス革命の視点。シュヴァリエによれば、八九年の革命の意義は、自由と正義という二つの原理を産業に導入したところにある。まず、『保護体制という名で知られる通商体制の検討』の第二、三章で、保護体制がいかに自由、すなわち「労働と産業の自由」に反しているかが指摘される。例えば、「多くの産業の日々の糧」と呼ばれる石炭のような原材料に対する高関税によって、産業者はより安価で製品を作りうる自由を奪われている。また消費者も、外国では安く手にはいる商品を、保護体制のもとで高い値段で買わされている。どちらも、人間の当然の権利である自由を奪っている（Ibid: 9-10）。これに対して、保護主義者たちは、重要なのは政治的自由で、ほかは自由と呼ぶに値しないと、アリストテレスのような古代の偉人のように語る。「彼らの話す言葉は古代ローマの貴族の使った言葉である」（Ibid: 18）。しかし、産業を軽蔑した古代ではない現代の文明では、「市民的自由」が尊重されなければならない。そこでシュヴァリエはこう結論する。「民主主義原理の勝利が成し遂げられた国では、ほかのどの国よりも労働と産業の自由は存在理由をもつ」（Ibid: 21）。

次に、法の下の平等という「正義」に照らしてはどうか。これについても、同書の第四、五章で、保護体制は一部の産業者を不当に優遇することで、権利の極端な不平等状態を生んでいると指摘される。それは、彼らに「特権」を与えることにほかならないが、それこそフランス革命が廃止したものではないか(Ibid: 24, 34)。そう言ってシュヴァリエは、保護体制は完全に「反革命」だと断じる。暴政や不公正は、物質的(経済的な)形態をとりうるのだ——。

もう一点は、人間観に関わる認識論的視点。人間ほど「社交的(sociable)」存在はなく、人間には個人性(personnalité)と同時に——アリストテレスが述べたように——、社交性(sociabilité)という面がある、そう著者は書く。すなわち、人間は自分の利益と同時に同胞の利益を求める存在である、と(Ibid: 39-40)。この社交性は、あらゆる協同を通じて現れ、国家の利益そして文明の利益につながるはずである。それにもかかわらず、保護体制はその排他的な愛国主義によって、人類の連帯を妨げている。もっとも、人間が自らの利益を越えて人類の利益に跳躍するわけではない。人間は個人の利益を追求する存在であることに変わりなく、また保護体制がなくなるからといって国民の利益や連帯の重要性が失われるわけではない。ただ、他国に敵意をもつことなく自国を愛することは可能だとシュヴァリエは言う。そのためには、保護主義あるいは(他国に敵対的な)封建的(時代錯誤の)軍事体制を解体しなければならない。同書末尾で彼はこう述べる。

真の愛国主義《パトリオティズム》は、商業の自由を弁護するが、保護主義者たちの愛国主義は道を誤った愛国主義であり、あるいは偽の愛国主義である(Ibid: 295)。

自由貿易体制を確立することは、個人にとっても国家にとっても、自分の利益になるだけでなく他人の利益にもなる。事実、「ヨーロッパは、各国の独立した国民性を排除しないようなかたちの統合に明らかに向かっている」(Ibid: 39-40)。フランスはこの現実をしっかりと認識すべきである。このヨーロッパの連帯も人類の連帯とともに、サン゠シモン（主義）的構想を繰り返したものだ。他方で、シュヴァリエの自由貿易論に独自なのは、「個人の責任」を同時に強調する点に求められる。責任から分離された連帯、社会統合は自由に敵対的であり、その種の協同は共産主義になる、それは「あらゆる種類の堕落」だと喝破するのである（Ibid: 57)。

「経済クーデタ」

シュヴァリエは、このように保護主義を批判する一方で、みずから自由貿易交渉に乗り出すことになるが、その過程には、彼のサン゠シモン主義者としての宿命が見え隠れする。もともと（少なくとも当初は)、皇帝自身が自由貿易を積極的に支持したわけではなかった。そこでシュヴァリエは、イギリスの自由貿易論者と交流を図り、英国政府に自由貿易条約の締結を働きかける一方、国内では強力な執行権力を通じてこれを推し進めようと企てたのである。

イギリスの著名な自由貿易論者、リチャード・コブデン（一八〇四〜六五）と初めて出会ったのは、一八四六年八月十八日、自由貿易協会のパーティーの席上だった。コブデン゠シュヴァリエ条約と呼ばれる通商条約を両政府に締結させることになる両雄は以後、書簡を交わしながら友情をはぐくむことになる。最初の好機は、クリミア戦争が終わりにさしかかった一八五六年に訪れる。平和交渉を通じて、両国友好の手段として自由貿易化を主張しようとシュヴァリエは考えたのである――英国内の好戦的な世論高揚のなかでその戦争に反対したコブデンは、盟友ジョン・ブライトと同様「自由貿易主義者であると同時に平和主義者でもあった」（ファイジズ、二〇一五、二三〇）。同年二月二日、コブデンに宛てた手紙はフランス経済学者の問題意識をよくあらわしている。

西洋の二つの大国は、この機会を利用して商業のつながりで結びつかなければなりません。繰り返し申しあげますが、フランスにどれほど有利な条件であっても、わが国が自由貿易の道に本気で完全にはいるには、一つの強国と条約を締結するほかありません。立法議会は、そのことすべてについてあまりに見識がなく、また何人かの輸出入禁止派に牛耳られているので、その問題の審議が付託されてもまったくの障害でしかなく、議会に付託しない唯一の方法は条約を締結することです。憲法は明白に、この権利を政府に認めています。（Walch, 1975: 73）

経済の自由化を推進するには、行政の強い指導力で交渉し条約を締結するしかない。逆に、議会はその障害でしかないというシュヴァリエの言葉には、議会の軽視あるいは敵意さえ滲み出ている。同年、議会に再び上程された輸出入禁止制度廃止法案が否決されると、シュヴァリエはいよいよ秘密交渉を進める以外に保護貿易体制打倒の手立てはないと決意する。そこで、このフランスの経済学者は秘密裏に経済上の「クーデタ」の準備を進めてゆく。

一八五九年十月、シュヴァリエは渡英しコブデンに会うとともに政府高官と接触、同月今度は皇帝に初めてコブデンを紹介した。ナポレオン三世自身は、自由貿易化それ自体への関心よりも、イギリスという強国との協調を優先し、またそれによって労働者の福祉が改善されることを期待した

英仏通商条約（1860年）について議論する
ブライト、コブデン、シュヴァリエ（左から）。

(Dunham, 1971:63)。フランス国内では――ここで詳しく論じる紙幅は残されていないが――[6]、政権内部でも保護貿易派の強い抵抗があったものの、激しい論争の末、皇帝が年明けに〈競争なくして繁栄なし〉と公報に発表することで、通商条約締結の方針が決まった。こうして皇帝と一部の閣僚、それにシュヴァリエしか知らされずに交渉が進められた「経済クーデタ」は成就した。伝統的な社会的〈保守〉に対して、経済的にリベラルな新しい〈保守〉が勝利したのである。まもなく、シュヴァリエは上院議員に任命された。

完全な自由貿易化ではなかったとはいえ、英仏通商条約を端緒に、その後ヨーロッパ各国間で通商条約が締結された意義は大きい。条約は行政権主導で締結にこぎつけたが、経済的にリベラルな政策は行政権力を強めこそすれ、弱めることが目的ではなかった。そもそも、自由貿易の方針を発表したナポレオン三世の公開書簡には、大規模な公共事業に着手することが明記されていた。もちろん、これ自体は条約への民衆の支持を取り付けるための懐柔策だったが、関税撤廃・軽減によって競争を促進する一方で、その競争を駆動するのはつねに政府であり、国家自体が産業者として振舞うというサン＝シモン（主義）的理念がその基底にはあった。

ところで、皇帝はシュヴァリエの助言を容れて独断で条約締結を決断したわけではない。実際は製鉄・鉄道・金融等各分野の大企業が自由貿易派を支持し、皇帝は事前に少数巨大資本と連繋を模索していた。条約締結前後、大資本と中小資本の格差が増大しつつあるなか、彼は労働者に対しては公共事業や社会保障政策の施行を公約する一方、大資本の要請に応えるかたちで自由貿易に舵を切ったのである。これは第二帝政史の観点から「自由帝政」への転換期とされる（中木、一九七五、一八三～一九二）。しかし、このとき「イギリスに対抗しうる生産力構築」という課題が達成されることで、強力な行政権力はその歴史的役割を終え、「専制的」帝政から「議会的」帝政へ移行した、というほど問題は単純ではないだろう――その結果はともかく、大企業との連繋は強大な行政権力の維持を企図していた。ボナパルティズムそれ自体の分析は別の機会に譲らなければならないが、少なくとも本章で確認したのは、自由貿易化の立役者となったシュヴァリエの思想において、国民の生産力の増大と経済のリベラル化は矛盾せず、これを推進するのは強力な執行権力だったということである。

「経済クーデタ」の歴史的意味は、モノの一元的な生産・管理を企てたマルクス主義の登場以前に、強力な行政権力に否定的であるよりは――成長を促進するかぎりで――肯定的なリベラルが誕生したことにある。モノとその増大（成長）が絶対的な価値になったとき、権力がこれを促進するならいくら強力であっても否定する理由はなくなっていた。

六　裏切られた平和主義？――サン＝シモンのもう一つの夢の行方

晩年、アンファンタンは二つの世界を融合する夢をスエズ運河の建設に託したが、その計画から外されると、パリ＝地中海鉄道公社の最高理事のポストに収まった。そして『人間の科学』（一八五八年）で新たに教理を発表、それをナポレオン一世に捧げるとともに皇帝に謹呈すると、幻滅する弟子もいた。しかし、シャルレティによれば、これは変節でも不思議なことでもまったくない。なぜなら、「彼はボナパルティストだった」からだ（シャルレティ、一九八六、三二九〜三三〇）。サン＝シモン主義において、生産の増大と貧困問題の解消が目的だったが、そのためには強い執行権力が必要だと観念された。この理念から出発しながら、経済的自由主義の要素を取り入れていったのがシュヴァリエだった。「父」と仲違いしつつも関係は保ったシュヴァリエは、時代に即応するかたちで、サン＝シモンの産業主義の夢を実践したと言えるかもしれない。彼のなかで〈最貧困者の境遇改善〉という目的が徐々に後景に退いていったことは本章でも確認したが、その目的達成にもまずはモノを増やさなければならないというのはサン＝シモン主義の理念であり、彼はそれに忠実だったと言える（逆にその目的自体を前面に出すのはフィリップ・ビュシェ、ピエール・ルルー、ジョルジュ・サンドら、広い意味での「社会主義的」旧サン＝シモン主義者である）。しかるに、師のもう一つの夢、ヨーロッパそして世界平和の夢についてはどうだろうか。

一八七〇年七月、フランスはプロイセンとの無謀な戦争に突き進むことになる。その際、上院で宣戦布告の決議が採択されたが、一人だけ反対票を投じた議員がいた。ミシェル・シュヴァリエである。孤高のエコノミストは第二帝政と運命を共にすることを拒んだ。皇帝のブレーンとして働き、望めばより高い地位や名誉を得ることも可能だったが、彼はもともと帝政の社交会に熱心ではなく、それどころか、そこに集う人たちを歯に衣着せずに批判したことで知られる（Walch, 1974:78, 81）。むろん、政府に弾圧された人間が政権の中枢まで昇りつめたその野心は否定できないが、皇帝を支持したのも、あくまで自身の信念を実現するためだった。

敗戦後は政界を離れ、経済活動に専念したシュヴァリエ。とりわけ、英仏をつなぐ鉄道建設に意欲を燃やし、一八七五年にはそのために協会を設立するなど、七九年に死去するまで活動を続けた。それは「地中海システム」以来の構想の実現と言うことができるが、そこには同時に、英仏友好が平和には不可欠だという平和主義が貫かれていた。モノ、生産の増大への彼の信仰の背景には、それが封建制の軍事中心の時代から商業中心の時代への移行を文明化として積極的に捉える思想があった。こうした時代認識だけなら、多くの「近代」思想家に見られるが、シュヴァリエの場合は、実際に軍隊を防衛専属にして平時は公共事業に役立てるというような具体的構想を備え、それを実現しようとしたところに特色がある（Walch, 1974:330）。

シュヴァリエの自由貿易の構想はその後、二度の世界大戦を経て、ある面では今日まさに実現されようとしている。また鉄道の夢も、二十世紀末になって英仏海峡トンネルが開通し、成就した。しかし、自由貿易による各国共栄の前提と考えられた平和についてはどうだろうか。シュヴァリエの死後、ヨーロッパは本格的に帝国主義の時代に突入し、モノをめぐる競争と軍備の拡大や戦争が切り離せなくなる。このことは、シュヴァリエの実践的サン＝シモン主義が裏切られたことを意味するだろうか。少なくとも、その原因がこのエコノミストの思想自体にまったくなかったわけではなかろう。植民地追認はもとより、モノとその増大（成長）に対する実直な信仰と並んで、それを実現する権力集中の必要を説くような思想は、平和主義を純粋に謳うことはできても、モノをめぐる争奪戦において自己増殖する行政権力に無批判でしかありえなかったのではないか。

　忘れられたエコノミストの道程を辿ることで、モノが溢れる経済成長期の幸福の裏に透けて見えるのは、経済成長を主導する行政権力だけが社会を統合する役割を担う時代到来の予兆である。それはかえって、伝統的な制度宗教が担保してきた超越的な秩序に代位すべく、フランス革命後の「預言者たち」が唱えた社会的信仰《クロワイヤンス》＝信頼の意味を改めて浮かび上がらせている。

参照文献

シャルレティ、セバスティアン、一九八六、沢崎浩平・小杉隆芳訳『サン＝シモン主義の歴史――1825―1864』法政大学出版局。

Chevalier, Michel, 1832, *Système de la méditerranée*, Au bureau du Globe.

――, 1836, *Lettres sur l'Amérique du Nord*, t. 1-2, Gosselin.

――, 1842, *Cours d'économie politique fait au Collège de France*, t. 1, Capelle.

――, 1844, *Cours d'économie politique fait au Collège de France*, t. 2, Capelle.

——, 1848, *Lettres sur l'organisation du travail*, Capelle.
——, 1853, *Examen du système commercial connu sous le nom de système protecteur*, 2ème édition, Guillaumin.
Dijn, A. de, 2008, *French Political Thought from Montesquieu to Tocqueville: Liberty in a Levelled Society?*, Cambridge University Press.
Dunham, A. L., 1971, *The Anglo-French. Treaty of Commerce of 1860 and the Progress of the Industrial Revolution in France*, Octagon Books.
Enfantin, Barthélemy Prosper, 1832, *Religion Saint-Simonienne: La prophétie. Articles extraits du Globe du 19 février au 20 avril*, Imprimérie d'Éverat.
——, 1854, *Doctrine Saint-Simonienne: exposition*, Librairie nouvelle.
ファイジズ、オーランドー、二〇一五、染谷徹訳『クリミア戦争』（上）、白水社。
藤田その子、一九七六、「ミシェル・シュヴァリエ小論——フランス産業革命期における「実践的サン・シモン主義」の意義」『西洋史学』一〇一、四〇〜五五頁。
鹿島茂、二〇〇〇、『絶景、パリ万国博覧会——サン＝シモンの鉄の夢』小学館文庫（原著一九九二年刊行）。
松本礼二、一九八一、「フランス思想史におけるアメリカ問題（下）」『思想』六八三、一一七〜一四〇頁。
Musso, Pierre, 1999, *Saint-Simon et le saint-simonisme*, PUF.
中木康夫、一九七五、『フランス政治史』（上）、未来社。
Rodrigues, E., 1831, *Lettres sur la religion et la politique, 1829*, bureau de l'organisateur.
佐藤茂行、一九八六、「サン・シモン教について——サン・シモン主義と宗教的社会主義」『經濟學研究』三五（四）、五七一〜五八六頁。
次田健作、一九七七、「ミッシェル・シュヴァリエの経済思想の形成について」秀村選三ほか編『近代経済の歴史的基盤』ミネルヴァ書房、三八七〜四〇〇頁。
上野喬、一九九五、『ミシェル・シュヴァリエ研究』木鐸社。
Walch, Jean, 1974, *Michel Chevalier économiste saint-simonien 1806-1879*, Service de reproduction des thèses de l'université.

註

（1） シュヴァリエについては、同時代人の伝記的論評の後、二十世紀にはいってからも断続的に研究はなされてきたが、(Walch, 1974) がシュヴァリエ思想研究の一応の到達点だと言える（それまでの研究史については（上野、一九九五、第一章）がある）。同書では、シュヴァリエがサン＝シモン主義から転向したのではなく「実践的」サン＝シモン主義に移行し、離教後もサン＝シモン主義をいかに実現しようとしたかを論証する一方で、後述するように、その経済的自由主義によってアンファンタンのような（社会主義的？）サン＝シモン主義と乖離していく点も的確に指摘している。しかし、そのことでかえってシュヴァリエの（経済的自由主義とも異なる）サン＝シモン主義者としての独自性が不明確になっている。この点は､国内でサン＝シモン主義者としてのシュヴァリエの思想を検討した先駆的な業績である（藤田、一九七六）や（鹿島、二〇〇〇）も同様である。これに対して本章では、権威による社会の組織化、具体的には強力な執行権力への執着にシュヴァリエのサン＝シモン主義者としての特徴が一貫して見られることを明確にする。なお、シュヴァリエの経済思想についてまとまった考察をした稀少な論文集である（上野、一九九五）は、サン＝シモン主義のような主義は彼にとっては「衣装に過ぎなかった」と指摘し（同書、八三頁）、彼の思想形成におけるその重要性を看過している。なお、アメリカ観についてシュヴァリエをトクヴィルと比較した（松本、一九八一、一二三〜三八）がある。

（2）「シュヴァリエは、機械の有益性を理解した最初のフランス人だったと同時に、鋼鉄のマッスの発するアウラに捕らえられた最初のフランス人でもあった」（鹿島、二〇〇〇、八〇）。こう断言する鹿島茂氏によれば、それはモノを物神として崇拝する「近代的な玩物喪志」の始まりだった。

（3） シュヴァリエは、主に労使協調のような多様な協同の必要を主張している。例えば、(Chevalier, 1848: Lettre XIV)。ここに（次田、一九七七）は、「幻想的なサン・シモン的観念の痕跡」を見ようとする。ただそれは多くの場合、生産を増大させるという観点からだった。

（4） シュヴァリエのロンドン万博に対する印象、その後一八五五年パリ万博までに彼自身が構想する万博理念については（鹿島茂、二〇〇〇）、とくに第三、四章を参照されたい。

（5）『保護体制という名で知られる通商体制の検討』第二版（一八五三年）に付録された「ロンドン書簡」（Chevalier, 1853: 327-366）を参照。

（6）英国内の意見対立を含め、交渉の推移については（Dunham, 1971）、とくに第三～五章に詳しい。

鼎談　シャルリ以後の新たなフランス学に向けて　前篇

宇野重規・伊達聖伸・髙山裕二

地震と社会

宇野　前作『社会統合と宗教的なもの』（白水社、二〇一一年七月）を今回読み直してみて、あらためて思ったのは東日本大震災を強く意識しているということです。三・一一と現代社会という点を随分強調していて、とくに村上春樹を引用して、日本社会は自分たちが安定していると思っていたけど基盤自体が崩れかかっている、さらにいえば、日本社会自体がフィジカルに壊れかかっているだけでなくて、精神的な意味でも非常に分裂してきていて、もう一度、日本社会を支えている価値が何なのかを問い直すべきだと説いています。今までの戦後システムが揺らいでいるという問題意識ですね。

それが〈宗教的なもの〉というテーマと直接つながっていました。〈宗教的なもの〉とやや曖昧な言い方をしたのは、「宗教」というと日本人には間口が狭くて、なんとなく構えてしまう。そうではなくて〈宗教的なもの〉なんだということです。宗教とは区別されるけれども、なんらかの意味で人間の精神性につながっているものですね。そうした精神性に対する問題意識は日本人にはもともと強くあります。

もうひとつ前作で重要だったのは「社会統合」という視角を導入したことです。これもやはり時代の趨勢でした。それ以前、「統合」という言葉は、やや否定的なニュアンスをもつ言葉でした。人々を上からまとめあげて、秩序をつくっていくという側面が強調されました。だからこそ、「統合が過剰だ」とか、「そこからどうやって逃げ、どのように自由を獲得するか」と言われたわけです。

この点でも東日本大震災は大きな転機でした。社会秩序は所与ではない、秩序や統合は自分たちでつくっていかないと解体してしまう。それまでの〈秩序の過剰〉から〈秩序の過小〉への関心の移行、もしくは秩序の空洞化への危機意識が生まれてきたのです。統合という言葉を必ずしもネガティブな意味で使わず、むしろこれからどうやって新しい社会統合を構想するのか。〈宗教的なもの〉と「統合」と、新たな問題設定がふたつ合流して前作『社会統合と宗教的なもの』という本になったわけです。

髙山　この本の母体となった「現代フランス政治哲学研究会」は二〇〇七年に始まりました。会を重ねるうちに結果的に「社会統合」という言葉に行き着いたわけですが、これは「格差」に揺れた当時の空気を色濃く反映していたと思います。

日本は一九七〇年代「一億総中流」と言われましたが、九〇年代になると「実は八〇年代後半のバブル期からすでに格差が広がりつつあった」という議論が出てくる。そして、この問題をより鮮明にしたのが二〇〇〇年代に入ってからの新自由主義路線です。ここに至って格差は深刻な社会問題となり、社会学や経済学なんかでは「社会的排除から社会的包摂へ」というスローガンが出てきます。

これに対して政治学でも「統合」ということを問題にすべきということで、私が知っているかぎりでは齋藤純一先生がハーバーマスやロールズを参照しながら統合という課題を、あえてこれまでリベラルは敬遠してきたけれど議論し始めた(齋藤純一編『社会統合』岩波書店、二〇〇九年)。そういう関心を前作では引き継いだというのが私の認識です。

宇野　リベラリストである齋藤さんは、この社会の秩序過剰、ないしはシステム化された管理社会に対して、どうやって自由を確立していくかという関心がもともと強かったはずです。それが二〇〇〇年代以降、秩序からの自由というだけでは駄目で、リベラルの側こそ社会統合を語らなければならないという問題意識をはっきりさせます。

これは世界的な潮流とも合致しています。とりわけロールズとハーバーマスの二人の変化は面白い。彼らは本来世俗の思想家であって、宗教を語らなかった。その彼らが九〇年代以降、宗教を語ろうとするわけです。ロールズは最後まで明示的ではなかったけれども、ハーバーマスはよりはっきりと宗教を語ろうとします。

ハーバーマスにとって、コミュニケーション的理性によって秩序をつくっていくうえで、やはり宗教

宇野氏

は必要だと気づいたわけです。理性的対話だけでは秩序はつくれない。理性からこぼれ落ちる情念とか宗教を取り込んでいかないと、リベラル・デモクラシーの秩序は維持できないという認識が強くなって、積極的に宗教を語るようになります。

　コミュニケーション的理性とはいっても、重要なのは理性だけではない。むしろ、情念や宗教を取り入れる必要がある。このことは、ある意味で、西洋中心主義という批判に対するハーバーマスの回答でもあります。イスラムの人たちもまた、その信仰をもったまま対話の場に入ることが可能になる。理性的対話というと、どうしても理性中心主義的で、西洋中心主義的なイメージが先行したのが、宗教に焦点を当てることで、そこからこぼれ落ちる人をもう一度対話のコミュニケーションの回路に迎えることができます。

　ただ留保が必要な面もあります。ハーバーマスの場合、宗教といっても原理主義は駄目なわけで、他の宗教との対話に開かれている宗教である必要があります。そのような意味でいうと、宗教の全面的受容ではなくて選択的な受容です。そうではあるけれども、やはり宗教を取り入れようとしたのは、齋藤さんの問題意識と通じるところがあります。

　齋藤さんも理性と情念というテーマを論じるようになりますが、ハーバーマスらの議論と基本的に連動しているのだと思います。西洋のリベラル・デモクラシーはあまりに理性中心主義的で、西洋中心主義的だった。それを乗り越えるためには、宗教や情念を取り入れ、狭い意味での理性的対話から排除される人々を取り入れなければならない。そのことによってはじめて、リベラル・デモクラシーの秩序はみずからを建て直すことができる。そういう大きな流れがあって、社会統合も積極的に議論されるようになったわけです。

伊達　宇野さんの話を受けて言えば、宗教学では「宗教」概念の西洋近代性が批判されてきました。遡れば一九六〇年代のW・C・スミスが嚆矢ですが、サイードのオリエンタリズム批判の受容が八〇年代にあり、とりわけ九〇年代以降、宗教概念批判が非常に活発になる。

フーコーの影響も見逃せません。彼の近代批判には、自由と解放をもたらすはずのものから新たな管理が帰結するというアイロニーがあります。宗教に引きつけて言えば、宗教からの解放をもたらしたはずの国民国家の世俗性にも、〈宗教的なもの〉がつきまとうという論点につながります。私は宗教学からフランスのライシテにアプローチするようになったわけですが、その経緯の時代性が政治学の動向とも連動していたのだと、興味深くお話を伺いました。

方向感覚の喪失

宇野　さて、以上のように前作を振り返ったうえで、これからどういうふうに考えるべきか。まずはこの間の変化を考える必要があります。

先ほど、震災と同時にあらわになった戦後システムの危機といいましたが、その後の展開は、私たちの予測とは少し違うものでした。あの当時、民主党政権の迷走もあって、地震によって日本社会が根底からぐらついているということが私たちの問題意識にありました。ところが、第二次安倍政権が結果的に安定し、アベノミクスなるものがとりあえず「成功」したということで、なんとなく日本人が自信を回復してしまったのです。

それどころか、中国の台頭もあって、むしろヘイトスピーチとか在特会のような団体が目につくようになります。あたかも日本社会は十分に統合ができている、むしろ「統合を邪魔するものを追い出せ」みたいな方向に世論の動きが変わっていった。

これを、はたして日本人が本当に自信を回復したとみるべきか、それともヘイトスピーチにみられるように、自信がないからこそ、排除によって自分たちを支えようとしているとみるべきか。私は自信がないからこその排外主義だと思いますが、少なくとも表面的にみる限り、日本社会は自信を回復しているような印象を受ける。そういう意味で変わった。

もうひとつはフランスとの距離感です。前作では十九世紀フランスと現代日本には通じるものがあると言いましたが、シャルリ・エブド事件の結果、むしろ日本とフランスには知的な断絶面が目立つようになりました。

シャルリ事件に対する、日本とフランスの世論は見事なコントラストをなしています。フランスでは表現の自由や信教の自由を再確認することによって、テロを行なった人たちの関係者やイスラム系移民を排除するのではなく、しかしシャルリの人たちも追悼しようとします。いわば、理念を通じてもう一度団結を確認する機運が高まったのに対し、日本は「表現の自由といっても、限界がある。イスラムの神を冒瀆するのはいかがなものか」という声が支配的でした。

こうして見ると、日本は宙ぶらりんだと思うんですね。西欧的な理念を核にもう一度社会を建て直そうとするフランスに比べると、いい悪いはともかく、理念への価値的コミットメントは弱い。かといって、西欧的な理念の支配に抵抗する側に共感するわけでもない。イスラムの原理主義の立場からする現在のリベラル・デモクラシーへの異議申し立てに連帯し、テロという手段はともかく異議申し立てをしていこうという方向に行くかというと、そういうわけにもいかない。

リベラル・デモクラシーの価値をあらためて確認するわけでもなく、逆にリベラル・デモクラシーに対抗する側に回るわけでもなく、なんとなく微妙な位置にいる。だから日本とフランスと距離ができてしまった。今回こういう形で本を出すということになると、十九世紀フランス、あるいは現代フランスと日本をどうつなぐのかということが大きなテーマになりますね。

伊達　「イスラム国」や過激派にはもちろん共感できないが、シャルリのような形の「表現の自由」原理主義もどうなのかという感覚が日本社会に広がっているというのは同感です。やはりプリンシプルに立脚したリベラル・デモクラシーが機能していないことが「宙ぶらりん」の原因ではないでしょうか。

私も今回の『共和国か宗教か、それとも』でシャルリ以後ということと日本社会の右傾化を意識しました。状況の打開は難しいけれども、そのヒントになりうるものが十九世紀から二十世紀初頭にかけてのフランスから得られないかという問題意識です。

リベラルな価値、とりわけ人権の観念は西洋近代という歴史的・地域的に限定された文脈で生まれた普遍性かもしれないが、日本社会でも大事にしなければならない。猫も杓子もグローバル化を唱える時代だけれども、こちらのグローバル・スタンダードが疎かになっていないか。

西洋のリベラリズムが宗教にオープンになるという場合、宗教を選別するハーバーマス流の論理が有力になりがちですね。それはよく理解できます。ただ、そのような包摂は排除に支えられています。アガンベンあたりがそのメカニズムに注意を向けていますね。

包摂と排除が一体であることを自覚したうえで、排除の側面のネガティヴな帰結を修正する繊細さをもったリベラルで包摂的な社会を目指すことが課題ではないでしょうか。現実には困難ですが。

宇野　最近こういう話をするとき必ず言及する本があるんです。ジャーナリストのクリスチャン・カリルという人が『すべては1979年から始まった』（北川知子訳、草思社、二〇一五年）という本を書いています。

同書によれば、一九七九年は非常に重要な年です。一方でサッチャー政権が誕生し、中国では鄧小平が改革開放政策を本格化させる。ユーラシアの東と西で新自由主義的な市場化を予告する動きが出てくるわけです。

他方、この七九年というのはイランでホメイニ革命が起こる。さらにソ連のアフガニスタン侵攻の結果として、今日につながるイスラム原理主義のテロ組織が活発になります。つまり七九年はそれまでの社会主義や〈社会民主主義的なもの〉がだんだん崩れて、〈市場か宗教か〉という時代に突入する。それがクリスチャン・カリルの図式です。

さっきの「宙ぶらりん」ではないが、それでは日本はどっちを選んだのだろうかと思うわけです。すくなくとも宗教原理主義ではない。かといって、新自由主義的な市場化といえば、サッチャーや鄧小平とも違うところがあって、結局、日本は何を選んだのかわからない。

これは髙山さんが今回取り上げたミシェル・シュヴァリエとつながる部分もあると思いますが、日本社会はある種の〈豊かさ〉を選んだのかなという気がします。バブル社会に向かう時代の気分がそれです。日本では必ずしも新自由主義が明確に争点化されたわけではありません。中曽根政権の国鉄民営化や小泉政権の郵政民営化が目立ちますが、いまだ明確に新自由主義を掲げる政党はなく、政党の対立軸が新自由主義かソーシャルかに収斂することもありません。

日本は新自由主義的な方向を明確に選択するというより、むしろあの当時、「豊かになっているからいいではないか」みたいな方向に行ってしまったと思います。だから〈市場か宗教か〉という現代を二分化する選択肢ではなくて、〈豊かさ〉を選んでしまった。

その一九八〇年代から今日まで日本は果たして変わったのか、あるいは変わっていないのか。結局、個人の自由や所有権、あるいは公正な競争という新自由主義的な理念にコミットするわけではなく、かといって宗教原理主義に走るわけでもなく、とりあえず「日本が豊かならばいいではないか」と思っているという意味では、今もあまり変わっていない。

かつてに比べ、経済的にははるかに悪い状態であるだけに、八〇年代の日本ならいい気になっている余地もあったのかもしれないが、今はその余地がないにもかかわらず、「いいではないか」となってしまう。

　少子化も低成長も八〇年代には始まっていたわけで、ちゃんとした対策を講じないままで今日まで来てしまったわけです。なのに、とりあえず少しでも景気がよくなるとほっとしてしまう。一番の問題点からは目をそむけ、社会全体がどこに向かっているのかはよく分からないという方向喪失感は変わってない。

伊達氏

シャルリ後の〈私〉と宗教

髙山　白水社から今年三月『シャルリ・エブド事件を考える』という本が刊行されました。私はそこで「問題は宗教か？——私化する時代の社会統合」というエッセイを寄稿しました。

　そこでも書いたんですが、事件の実行犯の略歴を見ると、この事件が宗教問題には単純化できず、同じような境遇なら誰でも事件を起こしうると思いました。主犯のクアシ兄弟も食料品店を襲ったクリバリもいわゆる貧困地区の出身です。社会の網の目からこぼれ落ちた存在という意味で、担当弁護士は彼らを「共和国のロスト・チルドレン」と呼びました。

　事件の原因を宗教に還元できないなと思ったもうひとつは、彼らが宗教に対して乏しい理解しかもっておらず、もともと深い信仰心をもっていた形跡がないことです。むしろ、彼らはこの世界における自らの居場所を性急に求めて過激派思想に身を投じ、ある種の全能感に浸されていった。これが洗脳によるものなのかはよく分かりませんが、〈私〉意識が一方的に増殖して、そこに他者が入る余地がなくなってしまった。

こうした〈私〉の一方的な、あるいは赤裸々な露出は、今世界中で噴出していますが、「社会」の分断に起因する面があります。これをどうやって堰き止めていくのか。公私の境界を設定することはなにより必要ですが、同時にリベラルな社会を保守するためにこそ公私をつなぐ社会統合の論理は重要です。

日本では、あの事件を受けて、宗教の存在が問題の本質だと単純化される傾向がありますが、宗教が果たしてきたアイデンティティの確認や社会的機能自体にも目を向けるべきではないでしょうか。一九七〇年代後半以後の世界的な宗教復興の運動も、退潮する社会主義に代替するという面がありました。

宇野　今年亡くなったリスク社会論のベックに『〈私〉だけの神』（鈴木直訳、岩波書店、二〇一一年）という本がありますね。そこで彼は一人ひとりのアイデンティティを支えてくれるものとしての〈My宗教〉みたいなものの復興という話をしています。

これまでのベックのリスク社会論や再帰的近代をめぐる議論とこの本がどういう関係になるのか、なぜ彼が最後に宗教の話に行ったのか。あの本自体が彼自身の揺らぎをあらわしているような本でした。

今日の宗教復興は、基本的にはもともとの共同体が崩壊し、都市化するなかで、グローバルな移動も進み、根なし草になった個人が自らのアイデンティティを支えるものとして、何か精神的なものを求めるという文脈で起きています。そのときに〈My宗教〉みたいなものが出てくる。

そこでたまたまイスラム教が選ばれることはあっても、それは歴史的に形成されてきたイスラム教団とは区別されるべきでしょう。むしろ現代のヨーロッパに孤立して生きる移民や移民二世、三世のアイデンティティの問題からアプローチするのが正しいと思います。また、アラブ世界にも社会主義はあったわけで、社会主義革命を目指す路線が決定的に後退したということはものすごく大きい。

だから原理主義の復興というのも、非常に確信に満ちていて絶対的に見えるけれど、本当にそれは強い信念をもっているかというと、実は疑問なわけです。本当に強い信念をもっているなら、他者との共存や棲み分けを考えることもできる。それができないということは、彼らの価値がきわめて脆弱で不安定である証拠です。とりあえず自分を固定するための急進化なのですね。確信をもっているわけではなくて、むしろ流動化の結果です。そういう意味で原理主義は、ありとあらゆるものがみずからの正統性を問い直されてしまう再帰的近代の、まさに産物ととらえることもできる。

高山氏

ただ、宗教の問題を完全に排除して、すべてを現代に生きる孤独な個人のアイデンティティの問題に還元してしまっていいのか、という問いは残ります。ここでは、宗教の問題が根本的に問い直されていると言えます。今日問い直されているのは、宗教というものが本当に〈私〉にとってのプライベート・マターであり、かつ個人の心の問題なのかということです。

今回のテーマとも関わるけど、宗教というのは必ずしも個人の心の問題ではなくて、〈社会的なもの〉であって、人々をつなぐものです。必ずしも内面だけの問題ではなくて、外面的な行為とか、人との関係性においてこそ宗教は重要な意味をもつ。それなのに、社会的側面や外面的側面を否定して宗教心の問題に限定するのは、それこそ西洋近代的なバイアスになってしまう。とくにそのバイアスがきついのがフランスであって、やはり、宗教とはそういうものなのか、もう一度考えないといけない。

伊達　宗教をどうとらえ直せばよいかという課題は、ライシテの揺らぎと連動しています。現代のフランスでは、ライシテの危機と再強化の必要性が声高に叫ばれています。これはシャルリ以前からの動向ですが、ライシテをめぐる議論には共和国が脅かされているという危機感が現われています。

シャルリの事件の直後フランスでの発言を控えていたトッドが『シャルリとは誰か』(*Qui est Charlie ?*)という本を出しました。その結論部分で彼は今後の二つのシナリオを提示しています。

ひとつは衝突です。フランスとイスラムが対決姿勢を強めるというシナリオですが、トッドが見るところ、ムスリムはすでにフランス社会に適応し、十分に混じり合っている。だから、もしそんな馬鹿げた戦いをしてもムスリムの数は減らない。むしろフランス社会に同化を遂げたムスリムを疎外し、穏健ムスリムを過激化してしまう。出口なし、です。

ふたつ目のシナリオは、共和国の本義へ還れ、ということです。自由で平等な個人を前提としつつ、イスラムとの調整を図り、共生社会を目指しなさいということです。理念を貫くことで徐々に融合を図っていくというシナリオで、フランスにおいてそれは現実に起こっていることでもある。

このまま世代交代を繰り返していけば、宗教的な懐疑主義や自由思想が優勢になるだろうし、男女平等の価値観も浸透する。だから長期的には第一のシナリオではなく、第二のシナリオをとって歓待の姿勢、オープンな姿勢を見せるのがより効果的なわけです。トッドは「私たちはかつてライシテが勝利した時代にカトリックに与えたものをイスラムにも与えるべきだ」という趣旨の主張をしています。

今回私が取り上げたジョレスも、実は二十世紀初頭に似たようなことを言っています。カトリックを主たる対象として政教分離を敢行する状況のなかで、カトリックを排斥するようなライシテではなく、その枠組みのなかでカトリックが生きられるようなライシテの形にしないといけないと主張するわけです。そうやって時間をかけていけば、やがてカトリックもライシテの価値観に馴染んでくるはずだと。トッドのふたつのシナリオと通じるメッセージです。

そしてこれは、谷川稔さんが『十字架と三色旗』(山川出版社、一九九七年)の岩波現代文庫版(二〇一五年)に付論として収められたテキストのなかで、「展望は必ずしも明るくない。だが絶望するにはあたらない」と述べていることにもつながります。

宇野　もう一度転換期が来ているんじゃないでしょうか。日本に即していえば、リベラリストが宗教やいろいろな情念を取り入れつつ社会統合をあえて語ろうとしている。とはいえ、取り込んでいい情念とそうではない情念があり、社会統合もただあればいいというものではない。リベラル・デモクラシーにふさわしい社会統合、そういう意味でいうと三段階目に入ったんだと思います。

だから社会統合が必要だとあえて強調する必要は、いまや少なくなったわけです。もうそういうコンセンサスはできたと思う。社会統合は必要だけど、しかし何が何でも統合というとまた統合過剰になってしまう。今の社会は基本的には不安定化しているけれど、秩序過剰への方向が強まると、それに対するカウンターが必要になります。(続)

Ⅱ　共和国の聖人たち

関連年表２

1840	ルイ・ナポレオンがブローニュで決起・終身刑 シュヴァリエがコレージュ・ド・フランスの政治経済学教授に任命 ナポレオンの遺骨がパリに
1846	ルイ・ナポレオンが脱獄してイギリスに亡命
1848	二月革命、五月事件、六月暴動、ルイ・ナポレオンが大統領に
1849	ユゴーが国際平和会議議長に
1850	ユゴーが議会で政教分離を提唱、ファルー法
1851	ルイ・ナポレオンのクーデタ（1852年に皇帝に即位）
1852	ペレール兄弟が動産銀行を設立
1853	オスマンがセーヌ県知事に
1860	コブデン＝シュヴァリエ条約
1864	第一インター
1867	パリ万博
1870	プロイセンに宣戦、ナポレオン三世失脚 ユゴーが帰国して『懲罰詩集』刊行
1871	ヴェルサイユでドイツ帝国建国宣言、パリ・コミューン
1881	フェリー法（公立初等教育無償）
1882	フェリー法（義務・ライシテ）
1885	ユゴー死去・国葬
1886	ブーランジェが陸相に
1889	第二インター
1894	ドレフュス事件（1906年まで）
1898	ゾラが「私は告発する」発表
1899	ワルデック＝ルソー内閣、社会主義者ミルラン入閣
1902	コンブ内閣
1903	ジョレスが下院副議長に
1904	修道会教育禁止法、ヴァチカンとの国交断絶
1905	統一社会党（SFIO）結党、政教分離法
1914	ジョレス暗殺、第一次世界大戦
1925	モースが『贈与論』を発表

第四章　「普遍史」とオリエント――ジュール・ミシュレ

杉本隆司

一　「歴史の世紀」の宗教性

「歴史家ではないミシュレ」

「ミシュレを最大の歴史家だと言ってはならない。彼は年代記作家であり、記憶の作家《メモリアリスト》なのだ。彼は歴史家ではない人々のなかで最大な者の一人……と言わねばならない」(Péguy, 1992: 1182=1957: 369)。詩人シャルル・ペギーは晩年にミシュレをこう評した。だが彼が生涯賛辞を惜しまなかったミシュレを歴史家ではなく年代記作家と呼ぶのは奇妙に映るかもしれない。ドレフュス事件に挫折したペギーにとって、歴史上の事件を均質な時間に「記載」する実証主義の歴史家に対し、ベルクソン流の生命の持続を歴史まで広げ、出来事を「記憶《メモワール》」として復活させたのが天才ミシュレであった。実際にはミシュレはベルクソン哲学と直接には無縁であり、彼を実証史学の対極におくのも現在では留保がいるだろう。だが「歴史家ではないミシュレ」というペギーの指摘はミシュレの歴史学に常につきまとう神秘主義的な一面を衝いている。

ジュール・ミシュレ（一七九八〜一八七四）は、「歴史学」という学問がまだ成立を見ない十九世紀前半に『世界史序説』*Introduction à l'histoire universelle* という作品でその実質的なキャリアを開始した。ただ〝世界史〟と言っても、それは原題が示す通り、古くは中世の教父たちから十七世紀の『世界史論』*Discours sur l'histoire universelle* のボシュエにいたる伝統的なキリスト教「普遍史《イストワール・ユニヴェルセル》」の響きを帯びている。普遍史とは人類史を聖書の枠組みで描く神の救済史であり、十八世紀啓蒙を挟んだ十九世紀のミシュレの思想にそれが直接表れているわけではない。だが地上のあらゆる民族の出来事を事実の集積ではなく一つの「全体史」に収め、そこに歴史の方向性を読み取るその発想は、ミシュレに限らずこの時代の思想家たちも共有したものだった。たとえば彼と同い年の社会学の創始者オーギュスト・コントが「大ボシュエ」に敬意を払ったのも、「全体史」というミシュレと同様の関心からであった（『実証哲学講義』第四七講）。

しかし、「歴史の創始者」（L・フェーヴル）のほうのその後の歩みは、世界史というより〝歴史家ミシュレ〟の名を不動にする国民史の仕事へと向う。ライフワーク『フランス史』（全一七巻、一八三三〜六七年）に代表されるその作品は、その後のフランスのナショナル・アイデンティティの形成に大きな影響を与えたことはよく知られている。すでに完結したその膨大な作品群を前にした現代の我々には、初期の『世界史序説』（一八三一年、以下『序説』）は歴史学と哲学が融合した半ば神学的な作品の印象を受けるに違いない。おそらく「歴史哲学」という呼称が無難なところだが、それさえも現代ではどこか宗教的な（つまり前学問的な）響きを帯びた言葉に感じるだろう。

十九世紀は「歴史の世紀」と呼ばれるほど多くの歴史書が著されたが、ナショナリズムの高揚、厳密な史料批判の要請からヨーロッパ規模で世界史への関心が低下した時期であり（前川、一九八八：六四）、ミシュレの関心の移動も同時代の動向と連動しているように見える。しかしその作品群を改めて眺めるなら、彼が決して世界史＝普遍史への関心を放棄したのではないことがわかる。たとえば『序説』の内容を深化させた晩年の『人類の聖書』（一八六四年）はその代表的な作品といえる。また彼自身、『序説』序文でこの書に「『フランス史序説』という題をつけることも十分に可能だった」と述べているように、「フランス史」と「世界史」を互換的に考えていたミシュレにとって、その後の国民史の作品も世界史の構想と不可分だった——『フランス史』自体が『序説』の一部だったとさえと考えることもできるだろう。現代では世界史（学問）と普遍史（宗教）は別物と考えられているが、ミシュレの歴史学のなかで初期の『序説』と晩年の『人類の聖書』を結ぶ「普遍史」——あるいはその言葉のキリスト教的な響きを避けるなら——「宗教史」の構想はどのような位置を占めていたのだろうか。まずは彼の歴史学の宗教性に注目してみたい。

ポスト革命期の宗教と政治

今日では「反教権主義者」として知られるミシュレだが、その著作に散見される「宗教的なもの」への関心についてはこれまでも指摘されてきた。彼は『民衆』（一八四六年）でフランスや革命自体を「新しい宗教」と呼び、翌年の『フランス革命史』では革命期の連盟祭に「真の信仰」を見出している。これらは単なるレトリックではなく、ミシュレはキリスト教に代わる十九世紀の新しい宗教を革命フランスの精神的な紐帯として歴史的に描き出そうとした。また聖ルイやジャンヌ・ダルクの「受難」を描く『フランス史』の壮大な叙述も一種の聖性の歴史として捉えることも可能だろう（真野、二〇〇八：一三四）。カトリック＝王権体制が崩壊する大革命から二月革命に至るフランスの社会情況を無視しては、おそらく彼の歴史学のこうした宗教的性格を理解することはできない。「歴史」と「宗教」を語ることは、なおも社会体制が流動的だったこの時代の政治的立場を左右する主要な争点の一つだったからである。

ミシュレ

　新たな社会秩序の構築の鍵はキリスト教の再建か、新宗教の創設か？　ポスト革命期に提起されたこの問いに対して、宗教史家M・デプランは前者の思想の始祖としてド・メーストル（カトリック）を、後者のそれとしてサン＝シモン（実証主義）を挙げている（Despland, 1999 : 45-52）。この二つの思想潮流は社会の存立を前者が教会の権威に、後者が科学の権威に求める点で相違はあるが、人民主権論への批判とそれが破壊した「精神的権威」の再建という立場を共有していた。〝十九世紀の新たな精神的権威の復興〟の歴史的証明のために、カトリック陣営が組み上げた世界史が伝統的な普遍史に基づいていたのはもちろん、「新キリスト教」を唱えたサン＝シモンとその弟子たちや人類教の創始者コントが古代から近代の科学史の考察に力を入れた理由も精神的権威の歴史的普遍性というテーマに関わっている（Bénichou, [1977]2004: 677-753）。

しかし第三の潮流として、十八世紀の反教権主義と革命期の共和派イデオローグの流れを汲む広い意味でのリベラル派の系譜（スタール夫人、コンスタン、ギゾー、クザン）がある。帝政期から王政復古期まで多くの困難を経験した彼らは、大革命の歴史的意義を再確認しつつ世俗権力の宗教権力への従属を批判し、政治的・宗教的自由の擁護のためにいわば世俗の宗教史を構築しようとした（Harpaz, 1968: 51-60）。今では彼らの歴史学・文明史を「宗教史」と呼ぶのはやはり違和感があるだろうが、この三つの思想潮流はキリスト教への立場は違っても宗教自体は否定せず、社会と宗教、民衆と教会、自由と権威といった歴史的関心を共有していた。「精神的権威」の問題は復古王政とカトリックの再国教化という同時代の政治的な次元に加え、そうした権威の起源・到来を正当化する歴史的な次元とも結びついており、その理論闘争の場こそ広い意味での宗教史だったからである。

以下ではまず、『序説』に結実する若きミシュレの思想を醸成した知的環境に触れるために、王政復古期の宗教史研究の動向を概観する。これまでもヴィーコの歴史哲学のミシュレへの影響は多く論じられてきたが、ここではもう少し広い当時の思想状況、特にドイツの神話学研究を介したオリエント学の隆盛を視野に収めることにしたい。ボシュエやヴィーコの世界史と十九世紀のそれが決定的に異なるのはオリエントの知見の西欧への流入にあり、その受容の仕方にカトリックとリベラル派では政治的な相違がみられたからである。議論の後半では、『序説』のオリエントの位置づけを中心にその影響を検討する。予想されるように基本的にはミシュレはリベラル派の流れにあったといえるが、多少の態度の振幅もそこには含まれている。そして教会批判を鮮明にしていくその後のミシュレの思想的変化を晩年の『人類の聖書』に読み取りながら、彼の歴史学における世界史＝普遍史の構想がもつ政治的な意味について考えてみたい。

二　オリエンタル・ルネサンス

オリエントとドイツ・ロマン主義

宗教学者H・キッペンベルクは「同時に歴史哲学でないような本来の意味における歴史記述はあり得ない」という歴史家H・ホワイトの考えが、M・ミュラーからデュルケムに至る十九世紀の宗教史の記述にも妥当すると述べている（キッペンベルク、二〇〇五）。ここでいう宗教史とは諸宗教の変遷を描く際に動員される、その思想家の宗教哲学に基づく固有の歴史認識である。たとえば中世までキリスト教の作家たちは聖書を根拠に異教を排除しつつ普遍史（教会史）自体を人類史として描いてきた。この前提は十八世紀啓蒙期に決定的に崩壊していくが（岡崎、二〇〇〇）、キッペンベルクによれば神学に代わる（ないし受け継ぐ）十九世紀の新たな宗教哲学の一つが当時ヨーロッパを席捲したオリエント学である。

主に英仏の植民地主義の思想的起源を辿ったサイードの『オリエンタリズム』（一九七八年）は研究対象から外しているが、当時フランスの知識人に大きな影響を与えたのがドイツの神話学・文献学研究である（Schwab, 1950 : 277-308）。クザンやギゾーがフランスにドイツ観念論を導入した同じ頃、ゲレスの『アジア世界神話史』の仏訳（一八一九年）を皮切りに、仏学士院入りを果したクロイツァーの『古代民族の象徴学と神話学』仏訳（全一〇巻、一八二五〜五一年、以下『象徴学』）、そしてこの二人に師事したエドガー・キネ（一八〇三〜七五）によるヘルダー『人類史の哲学考』仏訳（一八二七年）が刊行される。これらの特徴は「印欧語族」論から人類単一言語仮説を唱えたイギリスの言語学者W・ジョーンズ（一七四六〜九四）を踏襲し、人類史の原初をアジア（インド）におき、そこに民族と学問の統一が保たれた高度文明を想定する点にあった。

この思想はヘブライムズとヘレニズムの伝統を徐々に揺るがし、学者だけでなく作家や詩人が関与する当時最大の思想的源泉へと成長する。ここにかつてのルネサンスが中世を終わらせたように古典時代の刷新を使命とした「オリエンタル・ルネサンス」（キネ『諸宗教精髄』一八四二年）と呼ばれる思想運動が誕生する。キネはこの書で「西洋化したオリエントの言語を辿ることは一歩ずつゲルマン民族の移動を辿ること」と同じであり、ドイツの言語や神話はその遠い「アジアの天分の残響」を留めていると論じた（Quinet, 1842: 78-90）。こうした考えが当時流行した理由の一つは、未開＝自然状態の言語・宗教起源の分析からキリスト教批判を展開した十八世紀啓蒙[(1)]に対して、それを論駁する強力な反証がそこに見出されたからである。

この思想の最初の伝播者となったFr・シュレーゲル（一七七二〜一八二九）は一八〇八年の有名な論文で、サンスクリット語が西欧語の祖語だとするジョーンズを踏まえ「諸民族の歴史においてアジアの住民とヨーロッパ人は一つの家族の構成員」だと主張した（シュレーゲル、一九八四）。それによれば、粗野な叫びや自然の模倣から進化を認める十八世紀感覚論の複数言語発生説は誤りであり、人類はその発祥地インドで「純粋な思想世界の最高の概念」をすでに獲得していたとされる。この議論は一見するとヘブライ語＝神与言語説を放棄したキリスト教批判に見えるが、かつてのジョーンズやデュペロンの関心と同様、シュレーゲルの論証も最新の言語学を利用して神与言語をサンスクリット語という「異質な他者へと偽装」（エーコ、一九九五：一五七）させ、創世記の物語を史実の寓話《アレゴリー》として裏づける作業であった。実際、シュレーゲルはこの直後にカトリックに改宗し、かつてのギリシア研究に由来する共和政賛美からオリエント研究に入れ込む一八〇〇年以降、君主政の擁護へと旋回している（山本、一九九〇：四〇一）。

十九世紀初頭、シュレーゲル兄弟に限らずシェリング、ゲレス、ブレンターノ、A・ミュラーらも当時瀕死の状態だったカトリックに急速に接近している。フランスのロマン主義者が啓蒙主義＝哲学に反発して伝統的な神的啓示に依拠したのに対し、神学と哲学がさほど離れていなかったドイツで彼らが向かった先が思弁哲学であった（Reardon, 1985: 117-8）。その一人シェリングによれば、無限なるもの（神）は有限な歴史的形態（教会）を介して地上に顕れる。「有限において無限なるものを直観することに向かう宗教の理念は主として存在のうちに表現されるほかはない。……このような象徴的直観は生ける芸術作品としての教会である」（シェリング、一九六七：一一四）。教会や聖人像を偶像崇拝として唾棄する啓蒙理神論やカルヴィニズムに対し、ロマン主義者はむしろこうした感覚的媒介のうちに神の象徴・アレゴリーを見て取ったのである。

確かにゲーテやハイネら古典派の作家たちはシュレーゲルのオリエント研究に「カトリックの陰謀」

を嗅ぎとり、最終的にはそれと一線を画している（ハイネ、一九六五）。しかし、新教の極端な個人主義への嫌悪、カトリック教会の権威への傾倒と古典主義の破棄により、啓蒙主義のルーツであるルネサンスと宗教改革が破壊した中世キリスト教世界への回帰がこの世代の多くの心を捉えたのである。十八世紀末のオリエント文化への視線の転換はこうした文脈と結びつき、単一言語＝民族仮説、宗教の原始啓示説、人類の堕落史観《デカダンス》、つまりシェンクのいう「ロマン主義とカトリシズムの同盟」を生み出すことになった（シェンク、一九七五）。かつてカール・シュミットがこの思想風景を「政治的ロマン主義」として描き出したように、政治的にもこの同盟は十八世紀啓蒙と自由主義の批判と連動して展開されていく。次にドイツ神話学のフランスへの流入に伴うこの政治的側面を追うことにしたい。

エクシュタイン男爵とフランス・ロマン主義

帝政期のスタール夫人『ドイツ論』（一八一三年）を除けば、ドイツ思想の本格的なフランスへの導入は王政復古期にはじまる。当時のフランスは、ノアの大洪水を地質学から〝証明〟したキヴィエがラマルクの進化説を批判し、パリ文科大学《ソルボンヌ》の哲学史講座に登壇したロワイエ＝コラールがスコットランド哲学を武器に十八世紀感覚論を一掃すると、イデオローグ思想から離れていた若者たちはすでに反啓蒙の方向に動き出していた。

　こうした状況でドイツ神話学のフランス導入に尽力したのが雑誌『カトリック』の主幹フェルディナン・エクシュタイン男爵（一七九〇～一八六一）である。デンマーク出身の彼の知的遍歴をみると、この時代のドイツ語圏知識人の典型的な道程を示しているのがわかる（Burtin, 1931）。多くのロマン主義者が集ったハイデルベルク大学で、のちに『象徴学』(一八一〇〜一二年)で知られる神話学者Fr・クロイツァー(一七七一〜一八五八)に師事したのち、彼もまた一八〇九年に「ナザレ派[2]」の芸術家らと共にローマでカトリックに改宗している。当時クロイツァーの大学の同僚で文献学者のH・ノォスが自身の教え子でもあったエクシュタインの改宗に激怒し、自著『アンチ象徴学』(一八二四年)でクロイツァーの書に潜在するカトリシズムを告発[3]したように、神話学研究が彼の改宗の契機となったとみて間違いない。そしてこのローマ滞在で知ったフンボルトの仲介で、エクシュタインは当時ウィーンにいたシュレーゲルの門を叩くのである。

百日天下の際にベルギーでの反仏活動がルイ十八世に認められ、彼はマルセイユ地域の警察署長に任命される。程なく行政閑職を手に入れてパリに出ると、学会の専門誌から自身の『カトリック』を含む一般誌まで精力的に寄稿し持論を展開した。「私は古代インドの神秘的な暗がりに入ってゆくとに喜びを見出した。……野生的、野蛮的、文明的などの民族もその言語や習俗、法が深い検討に付される資格を持つ。諸民族の家族はどのように分割し、枝分かれしたのか?」(Eckstein, 1829 : t.14, 337)。だが遺憾にも今日のカトリックはこの大問題に答える新たな歴史哲学を欠いている。もはやボシュエの普遍史では不十分であり、現代のオリエント研究から「創世記の第一編が含意する崇高な真理」を明らかにしなければならない。

あらゆる原始信仰、特に人類の発祥地に最も近いアジアの教義のなかには、カトリシズム以前のカトリシズムとでも呼びうる伝承から明かされる真理の土台が存在する。……これは古代全体を通じて自然宗教の名で称えられてきたが、ここから曖昧な理神論のようなものと解してはならぬ。それは教義、秘儀、儀礼、崇拝、そして来世を備えた本源的・実定的な一つの教義である。確かにこの教義は偶像崇拝の蒙昧さで毀損されたが、この暗闇を通じてもなお認識可能であり、人類の没落に由来する神の子の責務の基礎を成すものである（ibid., 1826: t.3, 171-2. 強調イタリック、以下同）。

キリスト教以前に神の教義が「楽園」インドに実在したとするこの議論は彼以前からカトリックの護教論の一つとなっていたものだが、特にエクシュタインがその普及役として狙いをつけたのが「詩神《ミューズ》」の詩人たちである。ロマン主義文学を「民衆の神秘主義、十七世紀のドイツ神智学、そしてギリシア・ローマの芸術的伝統とは無縁な土着のポエジー」と定義しているように、彼は古典主義に対する歴史と文学の共闘をこの疑似創世記史学から引き出そうとしていた。のちに『東方詩集』（一八二九年）を出す王党派の若きカトリック詩人ユゴーはこの呼びかけに応答した一人だった。「貴方が『白旗』を盛り上げていこうと尽力されている論文の数々といつも私は同じ路線にあります。……さっそくこれらのすばらしい論文をラマルチーヌに送ります。たぶん彼も満足を覚えることでしょう」（一八二四年十一月二十八日、エクシュタイン宛書簡）。

王党派の機関紙『白旗』の同じ寄稿者であり、『宗教無関心論』の成功でカトリック思想家としての地位を確立していたラムネも、イエス以前の「オリエントのモニュメントのなかにすでに人間の原初的堕落と救い主への待望があった新たな証拠」（一八二四年一月十六日、エクシュタイン宛書簡）の発見に期待を寄せた。明らかにこの頃のラムネは、科学による教会攻撃への反撃として当時最新の言語学からカトリック再生の糸口を引きだそうとしていた。その五年後に出された自著では「言語の比較研究と民族の起原に関する研究はあらゆる点で聖書に語られている原初の事実へ導くもの」とのべ、それを解明する任務は「教会に負わされた果たすべき崇高な使命である」と断言している（Lamennais, 1829: 278-80）。

一八三〇年にラムネが雑誌『未来』を創刊するとエクシュタインもそれに積極的に協力した。一八二〇年代後半以降のエクシュタインの人脈を辿ると、そのほかにバランシュ、モンタランベール、ヴィニー、オザナムらカトリック文士たちを中心に知己を広げ、三〇年代にはレカミエ夫人のサロンに出入りし、ミシュレ、ミツケヴィッチ、リトレ、ルナンらとも顔をあわせている。ユゴーと出会う一八二三年から死去する六一年のこの期間こそシュワブによればまさに「オリエントの果実がカトリックの環境に植えつけられた時期」（Schwab, 1950 : 287）だったのである。

オリエント宗教史論争

王政復古期にはフランスの東洋学の中心となるアジア協会がパリにも創設され、シルヴェストル・ド・サシ（一七五八～一八三八）やアベル＝レミュザ（一七八八～一八三二）ら専門の東洋学者がすでに活躍していた。しかし、ロマン主義者やカトリック党派への一般誌を介した影響の点ではエクシュタインのほうが大きく、彼自身も意識的にそうした戦略をとっていた（Burtin, 1931: 354）。だがオリエント学の名声が過熱するにつれて、その〝インド＝キリスト教〟論に対する批判も独仏両国で現れてくる。

周知のように世界精神が東洋からゲルマン的キリスト教世界へ向かうヘーゲルの世界史の構図は、原初民族の空間的移動をそのまま歴史のステージに反映させるヘルダー以来のオリエント学の影響を確かに受けている。しかし、最初の宗教形態は精神と自然が一体化したものであり、この埋没性から精神が離脱する自由の獲得過程がヘーゲルの宗教史だとすれば（『宗教哲学講義』）、原初宗教（オリエント宗教）は決して自然から解放された完全な宗教（キリスト教）ではありえない。ロマン主義者たちは「原始的な啓示」から悪への堕落を再び正当化し始めたが、それは善悪の区別がない意識の未分化な状態に善の意識を持ち込む誤謬だからである。それゆえヘーゲルは原初の人間が最高善を有していたとする考えは「全くばかげた」ものであり、原初には楽園ではなく「動物の園」があったと主張する（ヘーゲル、二〇〇一：一三六）。

一八二〇年代の講義を基にした『歴史哲学講義』では、こうした「宗教的な起源神話」がフランスに流入している現状について語られている。「フランスの宗教哲学者ラムネ司祭は真の宗教の基準を打ちたてようとして、普遍的なカトリックこそが最高の真正な宗教であると堂々たる論陣を張っています……。一方、エクシュタイン男爵はドイツから借用した自然哲学の観念とFr・シュレーゲル流の手法を用いて（いずれも軽薄なものですが）、自分の主宰する雑誌『カトリック』で原始カトリックを擁護しています」（同、一九九四：一〇四〜五）。親ギリシアと表裏をなすヘーゲルのオリエント蔑視（アジア的専制）はオリエンタリズムの文脈でたびたび批判されてきた。しかしドロワも指摘するように、そうした態度は彼のロマン主義批判の文脈で改めて読み直す必要があるだろう（ドロワ、二〇〇二：

一二三；神山、二〇一二）。

ヘーゲルの批判をフランスでさらに戦闘的に展開したのがバンジャマン・コンスタン（一七六七〜一八三〇）である。王政復古期のフランスでドイツ神話学に精通した数少ない思想家だった彼は、自著『宗教論』（第一巻、一八二四年）を批判したエクシュタインへの反論に乗り出した。インドのカースト宗教の中に「古代カトリシズム」を探し出し、人類の宗教が原初から聖職団（彼が皮肉る「古代イエズス会組織」）に支配されていたとするエクシュタインに対し、逆にコンスタンは宗教の起源を司祭制度のないフェティシズム状態に設定し、その後の宗教史の展開を聖職団なきギリシア宗教と、聖職カーストを採用したオリエント宗教の分裂・闘争史として描きだす。

強要された宗教と自由な宗教という二つの宗教のうちどちらが最良の宗教だろうか？　インド、エチオピア、エジプト、ペルシアはこの前者の宗教の事例を提供している。どんな進歩も知性には禁じられており、前進はどれも罪であり、刷新は冒瀆である……。次に聖職的不動性と比べて自由で進歩的なギリシアを考察しよう。粗野なフェティシズムから出発した宗教感情は程なく多神教に到達し、野蛮のあらゆる残滓から多神教を解放し、改善し、純化していった（Constant, [1824-1831]1999: 566）。

要するにあまたの民族のうち唯一彼らだけが司祭の権力から自由だったのである（ibid.,: 205）。

他方、オリエントの宗教には自由を否定する共通の特徴がある。人間の生来的堕落を説くインドの原罪教義、インドのブラーフマー・ビシュヌ・シヴァの三位一体教義、世界滅亡の黙示録的教義とカースト位階制、エジプトや中国の処女懐胎神話、そして地上の罪を金銭で贖うバラモンの贖宥状の認可等々――。このようにコンスタンはインド＝キリスト教論を逆手にとって革命後の世界になおも残存する聖職団（カトリック教会）こそオリエントのカースト宗教の末裔だと指弾する。宗教形態（聖職団）からの民衆の宗教感情の離脱に「進歩」を見出す彼にとって、宗教改革とフランス革命は人間の政治的・宗教的自由が獲得される歴史的過程であり、その起源はオリエント宗教ではなくあくまでギリシアの自由宗教にあったとするのである。

百頁にも及ぶ反論書でこれに再び応答したエクシュタインは、歴史の動因として宗教感情ではなく「教会が歩む歴史的行動」を対置させる。宗教とは社会秩序の基礎をなす教会の観念と不可分であり、権威の源泉を民衆の漠たる感情に求めることはできない。なぜなら「我々の教義は人間からではなく教会から由来する」からである。

はたして権威を行使する役目が大衆のうちにあるだろうか？……大衆以上に非理性的なものが、デモクラシー以上に専制的なものがあるだろうか？……コンスタン氏の意図は異教の聖職団への攻撃が教会まで跳ね返って打撃を与えることにある。……だが歴史家たちはこの同じ聖職団が諸民族を引き上げ、開明させた点を忘れるべきでない。この団体が行使した支配がなければ、東洋も西洋も、決していかなる技芸も文明も手に入れることは出来なかったのである（Eckstein, 1827: 40-1）。

聖職団こそ文明史の主体だとすることの主張は当然、十九世紀の公教育の指導的担い手こそカトリック教会だとする論理へと導かれていく。公教育から教会を排除する「たちの悪いプロテスタンティズムと結託した自由主義」への批判をその後もエクシュタインは歴史家たちに訴えていくことだろう。コンスタン（自由主義）とエクシュタイン（カトリック）のこの論争は、オリエント宗教史が当時の政治的・宗教的立場を左右する一つのアリーナであったことを示している。次節では王政復古期のこうした知的環境のなかで思索活動を開始する若きミシュレの世界史＝普遍史の構想を、その政治的な側面も念頭に置きながら検討することにしたい。

三　ミシュレの世界史＝宗教史

七月革命と『世界史序説』

前節では古代宗教史に関する論争に触れたが、公教育権を教会の手にというエクシュタインの主張には実は「教育の自由」をめぐる王政復古期の政治論争が反映している。革命期には宗教からの教育の「自由」が求められたが、帝政期の教育機関《ウニヴェルシテ》による世俗教育の独占《モノポル》以来、逆に聖職者たちは「教育の自由」を掲げて宗教教育の復権を声高に主張していたからである。これにより教会側が「自由」を政府に要求するという奇妙な状況が現れることになったが、リベラル派のリーダー・コンスタンが死去する一八三〇年前後から、カトリック・王党派vs自由主義・共和派という王政復古期の比較的単純な構図から「自由」に対する人々の思想的立場が流動化していく。

文学界では、ユゴーをはじめロマン主義保守派詩人の偶像だった外相シャトーブリアンが一八二四年に罷免され、翌年のシャルル十世の戴冠でユルトラ反動が頂点に達すると、王党派のロマン主義者たちは次第にリベラル派と接触していった。思想界でもカトリック内部で三〇年代前半に「神と自由」の標語を掲げた『未来』紙上でラムネ派が宗教・教育の自由の要求から公認宗教体制《コンコルダート》自体を批判するに及び、それを弾劾した教皇庁と袂を分かつと、この「リベラル・カトリック」にサン＝シモン教団の権威主義から離れた元「使徒」たちが思想的に接近している。こうした離散と衆合を重ねた緩やかな思想の連合体は、かつて「自由」を唱えていたはずの純理派《ドクトリネール》が保守・体制側にまわると「ブルジョワ立憲王政」と教会への批判を軸に、立場の違いを超えて思想的に四八年の二月革命を準備することになる。

その意味で大革命以来はじめて民衆が蜂起した七月革命（一八三〇年）はこの時代の「自由」の意味の拡大と流動化を生んだ最初の大きな契機であった。そしてこの「七月」の衝撃を学問にまで押し広げ、歴史における「自由」の勝利を謳って論壇に登場したのが若きミシュレである。七月革命の翌年に出された『序説』はいわばその最初の宣言書である。

近年、運命が世界と学問を支配しているように見えた。それは哲学と歴史の中に悠然と身を置いていた。だが自由は社会において異議を唱えた。今や学問においても自由が声を上げるべき時である。もしこの序説がその目的を実現できるなら、歴史は永遠の抗議、自由の漸進的な勝利として姿を現すであろう（Michelet, 1831: 5=1993: 11〔以下 Michelet からの引用は M. で示す〕）。

だがこの小著の目的は七月革命史の叙述ではなく、歴史の先端に位置するこの「七月」の来歴を人類史の起源まで遡り、自由の勝利を世界史という壮大なレベルで跡付けることにあった。ミシュレの関心はあくまで人類の「全体史」にある。「世界と共に一つの戦いが始まった。それは世界が続く限り終わらない戦いである。つまり人間の自然に対する、精神の物質に対する、自由の運命に対する戦いである。歴史とは果てしないこの闘争を物語る以外の何物でもない」（ibid.: 5=10-1）。ミシュレによれば、この歴史の闘争の出発点に位置するのが人類の発祥地インドである。自然・物質・運命の前に自由が屈しているこの地から、オリエント諸国、ギリシア・ローマを介して中世キリスト教、近代の西欧各国を辿るにつれて、人類は自然と運命の圧制から解放されると共に、都市、産業、法といった文明も徐々に樹立され、最終的に世界史の終局に現れた「七月」のフランスが「今後人類という船の水先案内人」に指名される。

世界史を自由の展開過程として描くこの構図はヘーゲルの歴史哲学を思わせる。だがヘーゲルに対するミシュレのそこでの態度は概して厳しい。ミシュレによれば、ヘーゲルはシェリングの汎神論を批判したが、それは「人間的自由の聖なる隠れ家を荒らし、歴史を化石にするため」（ibid.: 35=41〔ただし初版には Hegel の文字はない〕）だったという。ここでの批判は、しかしヘーゲル自身というより、直接にはそのフランスの導入者クザンに向けられたものだった。歴史を自由と運命の闘争史として描く『序説』全体が、実は当時歴史の運命論を説いていたクザンへの批判を念頭に置いていたからである（Viallaneix, 1971: 217-225)。

いずれにしても、地図上の空間的な差異を原初民族の東西の移動に合わせた時間的順序に置き換えるオリエント学の論理がそこには見て取れる。人類の起源をアジアに置く発想は、ギリシア・ローマをヨーロッパの起源においた『学問統一論』（一八二五年）では見られないものであり、この変化はヘルダーの仏訳者となるキネと出会った一八二五年から『序説』までの六年間のミシュレのドイツ思想の受容と並行しているのがわかる。(4) 二八年夏には、ハイデルベルクに留学していたキネを頼りにドイツを訪れ、彼が師事していたクロイツァーをはじめ、A・シュレーゲル、ティーク、そしてミシュレがのちに「ドイツ最大の天才」と呼ぶヨーゼフ・ゲレスら多くの知識人の知遇を得ている（ケーギ、二〇〇四)。

フランスが世界史の中心に置かれた『序説』ではドイツに対する評価は辛いとはいえ、一八二六年春先の「アイデア日記」はすでにミシュレの世界史の構想の多少の変化を伝えている。「人類史の統一論。もしも神が無限なるものであり、無限に先を見通す賢明なるものであるなら、世界史は一つの体系となる。もっぱらオリエントから出発することとなろう……アジアから発し、そしてアジアへと戻らねばならぬ智慧の光」（M.,1959: 237 = 2014: 250-1)。キネと出会う以前から民族の特性をその言語史から導こうとしていたミシュレは、ヴィーコへの関心と共にドイツの学識にもその糸口を見出したようにみえる（グリムとクロイツァーへの関心はのちに『フランス法の起源』を生む)。これらのアイデアの結晶が『序説』だとすれば、彼が強調する「七月」の影響はいったん脇におき、宗教史の観点からそれを改めて読み返す必要がある。

自由思想家ミシュレ？

『序説』のミシュレは、このようにオリエント学の構図に自身の祖国愛を加味した独自の「自由」の歴史哲学を展開した。だがそこでの「自由」の意味は、物質、自然、運命からの自由ではあっても、決して宗教からの自由ではなかった。ミシュレはむしろ世界史の神の足跡と人間的自由の展開を重ねて考えているからである。彼は最初の神の出現を自然に圧倒されたインドの絶望のなかに設定する。「自然に圧倒された人間は闘う気力を失い無条件降伏する。……そして自らの存在をすべてそこに委ね、暗く絶望的な安逸と共に、神〔Dieu〕が一切であり、一切が神であること、そして自分自身はこの唯一の実体の偶発事であり、一現象にすぎないことを認める。……人間は西方へと走り去り、ペルシアへの長い旅と人間の自由の漸進的解放を開始する」(M.,1831: 8 =1993 : 13)。その後この神はペルシアでその聖なる姿《イマージュ》が「偶像」となり、エジプト、イスラエル、ギリシア、ローマへと向かうにつれて、この物質化した神々〔偶像崇拝〕からの精神の離脱・純化の過程が先述の文明史とパラレルに描かれていく。

確かにミシュレの詩的な叙述は常に明瞭というわけではない。だが物質や自然に対する精神の闘争のうちに自由が現れるとすれば、ミシュレのいう自由とは原初の神の示現を表しているようにみえる。たとえばイスラエルの神も「自由」の名で言い換えられている。「人間の自由はペルシアがインドの偶像を破壊したようにエジプトの金の仔牛を呪った。唯一の神には唯一の神殿が要るのだ」(ibid.: 二=16)。ミシュレにとってあらゆる時代の民族の神はどれも原初の神（自由）のいわば物質を纏った象徴であり、『序説』に限って言えば彼がヴィーコの歴史哲学を引き合いにだすのもこの神の「摂理」[5]の問題にかかわっていた。そうだとすれば、物質から完全に解放された（脱象徴化[6]された）原初の神がその本来の姿を現す宗教が何かは明らかだろう。

世界の英雄的原理、自由は長いことサタンの名のもとに運命と一体化し、呪われてきたが、自らの真の名のもとに姿を現した。人間は次第にアジアの自然的世界観から訣別し、産業と検討によって自由に属する一つの世界を自らのために作った。自分の子供を選別する継母にして排他的な神である運命という自然＝神から人間は離れていった。それは人間と人間を区別せず、社会の面でも、宗教の面でも、万人に向けて分け隔てない愛と慈父のごとき懐を啓いてくれる純粋な神、魂の神に到達するためであった（ibid.: 26-7=33）。

ミシュレにとって、インドの原初の神（自由）がオリエントの長旅を終え、西洋にその姿を現す宗教こそ〝愛の宗教〟キリスト教なのである。ここには当時広まっていたインド＝キリスト教論の響きが感じられる。[7] 中世において教皇と皇帝が戴冠する司教階級（神の帝国）と封建階級（人の帝国）が互いに対峙する「見事なシステム」が築かれ、宗教精神が世俗の権力を支配する「中世の長期にわたる奇跡」が実現された。ほどなくこの神は「神なき自由」の国イギリスではなく、十九世紀のフランスで「自由のなかの平等と秩序」を実現する「社会的な神」への最後の一歩を歩むだろう（ibid.: 68=77)。若きミシュレのキリスト教へのオマージュは、ゲルマン民族が侵入したローマの廃墟に突如降り立った彼自身の一種の信仰告白めいた文章でおそらく頂点に達する。

私は自由が破壊したコロセウムの中央部に立つ木製の十字架に喜んで口づけした。壁の中でライオンやヒョウに若々しいキリスト教信仰が現れた時、なんと強くその十字架を抱きしめねばならなかったことか！　だが未来がどうであれ、今日もなお日増しに孤独なあの十字架は宗教的魂の唯一の避難所ではないのか？　祭壇はその栄誉を失い、人類は徐々にそこから離れている。だがお願いだから言ってほしい、もし知っているならもう一つの祭壇が建てられたのではないかと（ibid.: 22=28)。

一八四〇年代から教育の自由をめぐりイエズス会との闘争に入っていたミシュレは、『フランス史』の一八六九年の有名な序文で、この熱烈な信仰に満ちた若き日の文章を弁明した。当時「カトリック制度のさもしい模倣」をしていたサン＝シモン教団の集会で説教師が「十字架を倒せ！」と叫ぶ光景にショックを受け、その若さゆえの高揚感から書かれたものだったと。それは「七月と自由から、また聖職者たちへの勝利から霊感を受けた私の小著〔『序説』〕のなかでは、ほとんど機能しない文章である。……私は敵に優しくすることの危険をあまり感じていなかったのである」(M.,[1869]1971: 16=2010: 33)。だがこの時代のミシュレのキリスト教への共感は単なる若さゆえの無自覚な態度だったのだろうか。

『序説』が出版されると、運命論として批判されたクザン派、そして自由に対する物質優位の嫌疑をかけられたサン＝シモン派（「産業汎神論」）を除けば、概ね言論界に好評をもって迎えられた（Fauquet, 1990: 160-5）。特に「ボシュエの改訂版」としていち早く賛辞を呈したのがカトリック陣営であった。サント＝バルブ高校以来、教師ミシュレの知遇を得たラムネ派のモンタランベールからこの「称賛に値する小著」を知ったエクシュタインは、『未来』紙上でクザンの運命論と十八世紀の懐疑主義を退けた気鋭の歴史哲学者としてこのヴィーコの弟子を激励した（Eckstein, [1831] 1971: 302-6）。これに対し、三カ月後に出した『ローマ史』の献本状でミシュレのほうも各雑誌が『序説』に向ける「小心者の敵意」を黙らせるにはエクシュタインの賛同が必要だとして、その書評を自ら依頼している。一八三三年に『フランス史』（第一～二巻）が出るとエクシュタインはその執筆を買って出て『ヨーロッパ評論』に五回にわたり書評を掲載し、個人的にも何度かミシュレを自宅に招いたようだ（Le Guillou, 2003: 265-78）。

確かにエクシュタインを含むカトリックの論壇はいつまでも「真のキリスト者」に脱皮しないミシュレにいらだちを示し、『序説』以降の著作の評価も厳しさを増している(8)。その点で晩年に反カトリックの一貫性を誇示したように、ミシュレは十八世紀の進歩思想と大革命の息子であり続けた。しかし、「自由」の意味の流動化が始まった二〇年代前半に彼が表明した、世界史における神の摂理としての自由の展開、そして七月革命に現れた「自由のなかの平等と秩序」という『序説』のテーマは、デレも指摘するように、神と自由の両立を説くラムネ派や当時の「リベラル・カトリック」に近い立場にいたことを示しているようにみえる（Derré, 1962: 584-97; Fauquet, 1990: 169-70）。その後、教皇庁からの破門以降、腐敗した教会に対する批判を一段と強めていくラムネと、反教権主義の旗色を鮮明にしていくミシュレが一様に民衆に関心を寄せていくのはおそらく偶然ではないだろう。

四　フランスという宗教の歴史

『人類の聖書』の宗教史

「それで私がカトリックだと結論づけるだって！　それ以上馬鹿げたことがあろうか！」。先の『フランス史』序文のこの叫びは、若きミシュレを「熱烈なカトリック」と揶揄したプルードンのような人々に向けたものだったのか、今ではもちろん知る由もない（バルト、一九七四：二五五）。ただミシュレがそこで弁明の必要を感じたのは『序説』だけでなく、その多くは『フランス史』第二巻（一八三三年）の最終章に向けられていた。彼はそこで民衆の保護・解放者たる中世の教会の役割とそのゴシック芸術を称賛し、キリスト教の不滅を説いていたからである。『序説』の宗教史認識と同様、その芸術史もゴシック建築のなかにインドと中世キリスト教という「世界の両端にある普遍的、つまりカトリッ、ク、な傾向」を「同一物の無限の反復」として認め、その間に位置する異教のギリシア芸術（そしてゴシック以降のルネサンス様式）を退廃《デカダンス》として論じていた（M.,[1833]1971: 712-27=2010: 397-429）。

だが四〇年代からキネと共に教会批判を開始したミシュレは中世史の叙述に「欠陥」を認め、一八五二年以降の版ではこれらの主張をほとんど削除した。さらに二月革命前夜に刊行された『フランス革命史』では大革命とカトリシズムの永遠の対立が宣言され、一八四〇年の講義から生まれた『フランス史』第七巻「ルネサンス」(一八五五年)では、『序説』で闘争相手とされていた「自然」の復権と、中世史で貶められたルネサンス様式の再評価が説かれるに至る。「自然に対する優しさと善意こそルネサンスの真の意味である。自由思想家の党派は人間的かつ共感的な党派なのだ」(M.,[1855]1971: 253=2010: 215)。「自然」の復権は『民衆』(一八四六年)でも、そのユダヤ=キリスト教的偏見に対置される形ですでに表明されたものだった。この一連の変化に見られるのは我々のよく知る「自由思想家」ミシュレの姿だ。では彼の世界史の構想にはどのような変化が見られたのか。晩年の著作『人類の聖書』(一八六四年)を手掛かりにこの点を見ていこう。[9]

一八三一年の『序説』のキーワードの一つが自然と人間の「闘争」だったとすれば、『人類の聖書』のそれは「和解」である。ミシュレによれば、オリエント研究の進展の成果は古代民族の不一致ではなく一致にあり、各民族がそれぞれ一節ずつ書き込んでいるような人類に共通する一冊の聖書がある。「本書の中に否定的なものは何一つない。……これは一見そうと思われるような宗教の歴史ではない。宗教史を他と切り離して単体で書くことはもはやできない」(M.,1864: iii =2001: 13)。宗教史は家庭、法、産業といった精神活動の全てを包含した精神史の一部にすぎず、宗教はこの精神活動の原因ではなく結果にすぎない。人間の精神活動(心情)という原因から宗教(信仰)という結果がいかに生まれたのかを問うのがこの書の主題であり、狭隘な宗教史ではその課題に応えられないのである。十九世紀も後半になると、この書でも利用されているルナンやM・ミュラーら専門の宗教史研究が登場するが、「全体史」というミシュレの方針は初期からの一貫した態度であり、ここでもあくまで広い意味での宗教史＝世界史として検討していこう。

『序説』の時と同様、ミシュレは世界史の出発点をインド（＝アーリア人）におき、ペルシア、ギリシアという「光の民」から、そこから分岐した「薄明の民」エジプト、シリア、フリュギア、ユダヤ、そして中世ヨーロッパへと考察を進める。インドから西洋へという構図はビュルヌフをはじめ、名前の挙がっているクロイツァー、A・シュレーゲルなどドイツの学識に対する変わらぬ信頼も示しているようにみえる。ミシュレによれば、十八世紀のジョーンズやデュペロンの功績に帰される古代アジアの発見は同時に「ヨーロッパの母」の発見、「アジアとヨーロッパの完璧な一致」を示すものであった。「インドは、ギリシア、ローマ、近代ヨーロッパにとって人種、思想、言語の主要かつ支配的な源泉だった。さらにはセム族の動き、つまりユダヤ＝アラブの影響はいかに考慮すべきものであったとしても副次的」（ibid.:15=30）であり、「我々の正当な祖先は光の民、アーリア人である」（ibid.:25=38）と主張される。セムの系譜とインド＝ゲルマンの系譜を分離するこうした主張には確かにこの時代の反ユダヤ主義の思想的土壌が垣間見える（工藤、二〇〇三：三一〇〜四三）。啓蒙思想以来、キリスト教批判は異教主義の相対的復興を伴い、程度の差はあれ常に〝アーリア神話〟につきまとわれてきた（ポリアコフ、一九八五）。

やはりサイードがいうようにミシュレは盟友キネと共にこうした「ヨーロッパのロマン主義的共同事業」（サイード、一九九三：三一八）に何の疑いもない多くの協力者の一人だったのだろうか？　しかし、ティエリのような人種理論から距離をとってきたミシュレが東洋学者に負っているものは厳密にいえば史料だけであり、もはや彼らの思想ではない。彼はインドの経典『ラーマーヤナ』の中からバラモンの支配カーストに抵抗する〝自由な精神〟に注目する。最初の宗教は「心の必要から生まれた」ものであり、宗教が専制的・非生産的となったのはのちに聖職者組織が煩わしい掟で縛り上げたからにすぎない。「最初はまず神々が結果だったこと、人間の魂の産物だったことをはっきり証明するのが非常に重要である。さもないと天から降りてきて神々に好きなように支配させると、彼らは歴史を抑圧し、のみ込み曇らせてしまう。以上がまことに明晰かつ信頼できる近代的方法である」(M.,1864: 64=2001: 65)。人間が歴史を作るというヴィーコの近代的方法を示唆しつつ、ミシュレはその主人公である民衆をインドの中に探し求める。「『ラーマーヤナ』は、バラモンや戦士だけでなく商人たち＝ヴァイシュヤにも向けられている。ヴァイシュヤは語源学によればもともとは民衆を意味していた無限に数の多いカーストだった」(ibid.:52=58)。それゆえ神の慈悲から外れるものは奴隷や動物といった「弱い素朴なものたち」を含めて誰もおらず、「カースト廃止に力強く寄与した」『ラーマーヤナ』こそ自由な精神の胎動が初めてみられた書であったとされるのである。

　ミシュレのインドの叙述はこの時代の多くの東洋研究に支えられているとはいえ、しかしそれは彼独自の解釈が施されたものだった。同様の解釈はインドにつづき「光の民」の系譜とされるペルシア、そしてギリシアにも適用されていく。特に注目されるのは、これまでミシュレにおいてキリスト教との繋がりが強調されてきたインドが、ここではギリシアという「光の民」と密接な関係に置かれている点である。十八世紀末の〝オリエントの発見〟がヘレニズム文化の刷新を呼び、古典主義からロマン主義への大きな転換の契機だったとすれば、インドとギリシアの結合というミシュレの構想はいくつかの点で「オリエンタル・ルネサンス」の構図とは異質である。つまり『人類の聖書』は、オリエントとヘレニズムの結合という体裁を取って、実はカトリック＝ロマン主義に抗して古典主義の再生（「ヘレニズム・ルネサンス」の発見者ミシュレ！）にその主題が置かれていたのではないのか。最後にギリシアとコンスタンへのミシュレの評価を一瞥して、この点を確認しておきたい。

古代ギリシアから革命フランスへ

『人類の聖書』において、インドの『ラーマーヤナ』に息づいていた自由な精神が「世界を救う精神」としてはっきりと姿を表す場――かつては中世キリスト教に置かれていた――がギリシアである。「薄明の民」フェニキアやバビロニアの偶像崇拝の侵入を撃退し、アジアに対するヨーロッパの永遠の勝利をもたらしたこの生命力こそ、「ギリシアが二千年後、鉛のような長い年月の後にその微かな影と遥かな反響だけでルネサンスをうみ出す」力となるものである（ibid.:133=115）。それは中世を粉砕するルネサンスの遠因であり、ギリシアの自由にほかならない。「インドの内的魂は、外見は聖職者の桎梏が極めて強かったにもかかわらず、ドグマに抗して自由をいかに保持し続けたことか。だがこの自由はさらにどれだけ多くギリシアに存在したことか！　ギリシアにはこういう桎梏は何一つなく、絶えず自らの手で自らを幾度も作り上げてきたのである」（ibid.:168-69=142）。ギリシアがインドよりも自由に恵まれていたのは、「ギリシアにはどんな時代も、現実には正規の聖職団は存在しなかった」（ibid.:159=134）からである。

『序説』と違い、ここでは「自由」の意味が聖職団（教会）からの自由に変化しているのがわかる。そしてここで引かれるのが王政復古期にカトリック＝オリエント宗教史を糾弾したコンスタンの『宗教論』なのである。「しばしば浅薄なコンスタンの書はここでは力強く大きな注目に値する」（ibid.）。ミシュレが「浅薄」と呼ぶのは、時に過剰なコンスタンの戦闘的態度がオリエントの習俗の一切を「あまりにも単純に宗教的欺瞞のせいにした」（M.,1994: 356）ためである。ミシュレにとってもはや闘争の時代は終わり、諸宗教は調和しながら一つの聖書へと和解の段階に入らねばならないのだ。しかし彼の批判は決してコンスタンへの本質的な批判を意味しない。両者にとって歴史と宗教は、人間が意識的存在である限りで自己の外部に現在とは違う場を人間に想像させる点で実は同じ理由（＝自由）から存在する。コンスタンがギリシアにみた聖職権威からの民衆の解放という自由の宗教史を、「光の民」はもちろん「薄明の民」を含めた全世界の宗教伝承まで拡張しようとするミシュレはむしろ『宗教論』の思想に忠実でさえある。「まだ私が若いころに経験した、ギリシアの起源に関する自由と神権政治の間の、真実と偽りの学識の間の記憶すべき決闘はここに決着した」[10]（M.,1864: 157=132）。

その後、このインド＝ギリシアの自由はローマに引き継がれ、この後継者はオリエントにも門戸を開き、人類全体の祖国となった。「最初のストア主義者ゼノンはすでに世界の普遍の国《シテ・ウニベルセル》についてこう述べていた。「愛がシテを救う神である」と。愛、つまり相互の友情であり、人間の友愛である。当初から明確に聖なる三位一体が出現していたのだ。魂の自由―平等の自由（それは奴隷まで及ぶ）―愛（万人の万人に対する）である」（ibid.:419=347）。この古代のトリニティは、キリスト教的中世を粉砕し、ルネサンスと革命への希望をつなぐ「インドから八九年〔大革命〕までの光の奔流」となって十九世紀フランスへと流れ込んでゆく――。

『人類の聖書』は中世の叙述で終わっているが、それ以降の宗教史はいわばミシュレ自身によってすでに書かれていた。なぜなら彼にとって、『フランス史』は「フランスという一つの宗教」（『民衆』）の歴史だったからである。ペギーが見て取ったように、ミシュレの歴史学をその後の歴史学から際立たせているもの――と同時に実証史家たちが切り捨てたもの――こそ、十九世紀の世俗の共和国を背後で支える宗教史、新たな普遍史の構想だったのである。

参照文献

Aeschimann, Willy, 1986, *La pensée d'Edgar Quinet : étude sur la formation de ses idées*, Anthropos.

バルト、ロラン、一九七四年、藤本治訳『ミシュレ』みすず書房。

Bénichou, Paul, [1973]2004, *Le sacre de l'écrivain*, in *Romantismes français I*, Gallimard.〔＝二〇一五、片岡・原・辻川・古城訳『作家の聖別』水声社〕

――, [1977]2004, *Le temps des prophètes*, in *ibid.*

Burtin, Nicolas, 1931, *Le baron d'Eckstein: un semeur d'idées au temps de la restauration*, Paris.

Constant, Benjamin, [1824-1831]1999, *De la Religion*, Actes Sud.

Derré, J-R, 1962, *Lamennais ses amis et le mouvement des idées à l'époque romantique : 1824-1834*, Klincksieck.

Despland, Michel, 1999, *L'émergence des sciences de la religion : la Monarchie de Juillet*, L'Harmattan.

ドロワ、ロジェ＝ポル、二〇〇二、島田裕巳・田桐正彦訳『虚無の信仰』トランスビュー。

Eckstein, Ferdinand, 1826-29, *Le Catholique*, Paris.

――, 1827, *Réponse de M. le Baron d'Eckstein aux attaques dirigées contre lui par M. Benjamin Constant, dans son ouvrage intitulé: De la*

Religion: Extrait du Catholique, Paris.
——, [1831] 1971, « L'Avenir, 1er mai 1831 », in *Œuvres complètes de Jules Michelet*, t.2, Flammarion.
エーコ、ウンベルト、一九九五、上村忠男・廣石正和訳『完全言語の探求』平凡社。
Fauquet, Éric, 1990, *Michelet, ou La gloire du professeur d'histoire*, Éditions du Cerf.
Harpaz, Éphraïm, 1968, *L'Ecole libérale sous la Restauration*, Droz.
ヘーゲル、G・W、一九九四、長谷川宏訳『歴史哲学講義』岩波文庫。
——、二〇〇一、山崎純訳『宗教哲学講義』創文社。
ハイネ、ハインリヒ、一九六五、山崎章甫訳『ドイツ・ロマン派』未来社。
飯塚勝久、一九九五、『フランス歴史哲学の発見』未来社
神山伸弘（研究代表）、二〇一二、『ヘーゲルとオリエント―ヘーゲル世界史哲学にオリエント世界像を結ばせた文化接触資料とその世界像の反歴史性』科研費成果報告書。
ケーギ、ヴェルナー、二〇〇四、西澤龍生訳『ミシュレとグリム』論創社。
キッペンベルク、ハンス、二〇〇五、月本・渡辺・久保田訳『宗教史の発見』岩波書店。
工藤庸子、二〇〇三、『ヨーロッパ文明批判序説』東京大学出版会。
Lamennais, Félicité de, 1829, *Des progrès de la Révolution et de la guerre contre l'Église*, Paris.
Le Guillou, Louis, 2003, *Le "Bron" d'Eckstein et ses contemporains*, Honoré Champion.
前川貞次郎、一九八八、『歴史を考える』ミネルヴァ書房。
真野倫平、二〇〇八、『死の歴史学――ミシュレ『フランス史』を読む』藤原書店。
Michelet, Jules, 1831, *Introduction à l'histoire universelle*, Paris.〔＝一九九三、大野一道編訳『世界史入門』藤原書店〕
——, [1833]1971, « APPENDICE - version primitive du chapitre VIII », in *Œuvres complètes*, t.4, Flammarion.〔＝二〇一〇、立川孝一訳「芸術の原理としての受難」立川孝一・真野倫平編『フランス史Ⅰ』藤原書店〕
——, [1855]1971, « Histoire de France au seizième siècle », in *ibid.*, t.7, Flammarion〔＝二〇一〇、大野一道編『フランス史Ⅲ』藤原書店〕

――, 1864, *Bible de l'humanité*, Paris.〔＝二〇〇一、大野一道訳『人類の聖書』藤原書店〕
――, [1869]1971, « Préface de 1869 », in *Œuvres complètes*, t.4, Flammarion.〔＝二〇一〇、大野・立川訳「一八六九年の序文」
　立川孝一・真野倫平編『フランス史Ｉ』藤原書店〕
――, 1959, *Écrits de Jeunesse*, Gallimard〔＝二〇一四、大野一道編訳『全体史の誕生』藤原書店〕
――, 1994, « Note de Michelet sur le baron d'Eckstein », in *Correspondance générale*, Honoré Champion.
岡崎勝世、二〇〇〇、『キリスト教世界史から科学的世界史へ』勁草書房。
Péguy, Charles, [1917]1992, *Clio, Dialogue de l'histoire et l'âme païenne, in Œuvres en prose completes*, t.3, Gallimard〔＝一九七七、山
　崎庸一郎訳『歴史との対話』中央出版社〕
Pénisson, Pierre, 1988, « Michelet, Quinet et l'Allemagne », in *Revue de synthèse*, IVe S. n°2.
ポリアコフ、レオン、一九八五、アーリア主義研究会訳『アーリア神話』法政大学出版局。
Quinet, Edgar, 1842, *Du génie des religions*, Paris.
Reardon, Bernard, 1985, *Religion in the age of romanticism : studies in early nineteenth century thought*, Cambridge University Press.
ローズ、マーガレット、一九九二、長田・池田・長野訳『失われた美学』法政大学出版局。
サイード、エドワード、一九九三、今沢紀子訳『オリエンタリズム』（上）平凡社。
坂本さやか、二〇一〇、「ミシュレの理論的言説における象徴の問題」明治学院大学文学会『明學佛文論叢』四三号。
Schwab, Raymond, 1950, *La Renaissance orientale*, Payot.
シェリング、フリードリヒ、一九六七、勝田守一訳『学問論』岩波文庫。
シェンク、H・G、一九七五、生松敬三・塚本明子訳『ロマン主義の精神』みすず書房。
シュレーゲル、フリードリヒ、一九八四、「インド人の言語と英知について」薗田宗人・深見茂編訳『ドイツ・ロマン派全集九
　――無限への憧憬』国書刊行会。
薗田宗人、一九八四、「無限への憧憬」薗田宗人・深見茂編訳、前掲書所収。
杉本隆司、二〇〇九、「古代宗教史と民衆―コンスタンとミシュレ」日仏哲学会『フランス哲学・思想研究』一四号。
――、二〇一〇、「ド・ブロスの宗教起源論と言語起源の問題」日本宗教学会『宗教研究』八四巻三六四号。

Viallaneix, Paul, 1971, « INTRODUCTION », in *Œuvres complètes de Jules Michelet*, t.2, Flammarion.
山本定祐、一九九〇、「解説」前川道介編『ドイツ・ロマン派全集一二――シュレーゲル兄弟』国書刊行会。

註

（1）十八世紀思想の言語・宗教起源論とキリスト教批判の論理については（杉本、二〇一〇）を参照。

（2）ロマン派の象徴主義に依拠したこのキリスト教芸術集団は、一八三〇年代に七月革命のドイツへの流入を阻止するプロイセンの反動的文化政策の強力な庇護を受けることになる。その象徴芸術論は、それゆえサン＝シモン思想を武器に当時の反動体制を批判していたハイネやヘーゲル左派、フォイエルバッハ、マルクスら唯物論者の標的となった（ローズ、一九九二）。シェリングの象徴論がドイツ・カトリシズムに浸透し、ロマン主義が反仏反動体制と結託していることに気づいたキネも、三〇年代後半から政治的には激烈なドイツ批判者に変貌している（Aeschimann, 1986: 250-64; Pénisson, 1988）。

（3）この時代のドイツの新文学運動を最初に「ロマン主義」と形容したのがこのフォスである。ブレンターノ、ゲレス、アルニムらハイデルベルクのカトリック勢力に批判的だったフォスは、嘲笑的に彼らを「完全なるロマン主義にして新米の神秘主義者たち」と呼んだことに由来する（薗田、一九八四：三七六）。それゆえこの名称は、元来はローマ派に対する蔑称だった。

（4）ミシュレの一八二五年以降の「読書ノート」には再読も含め、スタール夫人『ドイツ論』、ヘルダー『人類史の哲学考』、クロイツァー『象徴学』、コンスタン『宗教論』、〔エクシュタイン〕『カトリック』、シュレーゲル『インド人の言語と叡智』、ヘーレン、ゲーテ、ヘーゲルの名前が見える（M., 1959: 321-31=2014: 278-89）。ケーギは、これらの読書やドイツ旅行の知遇を含め、ミシュレが自身のドイツ理解を「ゲーテの敵対者〔ロマン主義者〕たちの学派において学んだ」（ケーギ、二〇〇四：三二一）と指摘している。

（5）「ボシュエは世界史を狭い枠組みに押し込めたが、人類の発展に不動の標石を敷いた。ヴォルテールはその発展を否定し、歴史を盲目の偶然に委ねて風の前の塵のように吹き飛ばした。イタリアの哲学者〔ヴィーコ〕の著作で、あらゆる時代のあらゆる民族の神、摂理 Providence がはじめて歴史上に現れた」(M., op.cit.: 151=85)。

(6) ミシュレは、象徴主義《サンボリスム》(インド)から詩へ、詩から散文(フランス)への文体のこの脱象徴化の過程をデモクラシーの史的到来と連動させている(M., op.cit.: 56=64)。この認識はカトリックと距離を置く同時代の自由主義文学の傾向と一致するが(Bénichou, [1973]2004: chap.5 ; [1977]2004: 927)、象徴主義はミシュレが自負する自身の歴史学の方法でもあり、象徴主義を「危険かつ豊饒な原理」(『ヴィーコ選集』「序文」一八三五年)と呼ぶ彼の態度は両義的である(Despland 1999: 282-4; 295-8)。ヴィーコとの関連でその豊饒さの面を論じたものとしては(坂本、二〇一〇)を参照。

(7) おそらくミシュレはこの時すでに、のちにコレージュ・ド・フランスの同僚となる東洋学者ウジェーヌ・ビュルヌフ(一八〇一～五二)を介してこの考えに触れていた。後で触れる『フランス史』第二巻最終章のインド論は二七年のビュルヌフ論文を典拠に挙げており、その第八巻では「天才的考証家〔ビュルヌフ〕がインドのキリスト教を我々に明らかにした」(M., [1855]1971: 275=2010: 237)と述べている。

(8) ミシュレを含むフランス歴史哲学全般に対する晩年のエクシュタインの厳しい評価は(飯塚、一九九五:一〇五～一一七)を参照。

(9) 以下の文章は(杉本、二〇〇九)の一部に加筆したものである。

(10) この「決闘」とは二〇年代半ばのコンスタンとエクシュタインのあの論争を指している。ミシュレはこの件について後段(ibid.:443=369)でも触れており、その回想記も残している(M., 1994)。

第五章　詩人が「神」になる時――ヴィクトル・ユゴー

数森寛子

一　詩人の使命

作家の聖別

ヴィクトル・ユゴー（一八〇二～一八八五）は自らが民衆の精神的な導き手であるという信念をごく若い時期から生涯にわたって揺るぎなく持ち続けていた作家である。その思想によれば、詩人とは、過去の時代における預言者に比べられる存在であり、神の声を聞きとりそれを民衆に伝えるという崇高な使命に奉仕する、人間と神との仲介者なのである。

これがまさに、ポール・ベニシューがフランス・ロマン主義の本質として指摘した、「詩人の聖職」と呼ばれる理念の根本にある発想である。ベニシューによれば、カトリック教会の権威が衰退した十八世紀には、聖職者の代替となるべき世俗の精神的権力が要請された。この時代に著しく地位を向上させたのが哲学者でありかつ政論家でもある文人たちであり、彼らは人類の賛美を信条とし、人間主義的信仰を掲げたのだった。しかしその後、フランス革命を経た時代には、反革命の思想の中から

「詩人の精神的責務《ミニステール》」という理念が生まれ、精神的権力の担い手は哲学者たちから詩人へと移り変わる。そして十九世紀へと引き継がれたこの理念が、天上からの霊感を受け民衆を導くことを詩人の聖務とする、「作家の聖別」の思想として噴出するまさにその時に、ロマン主義時代が到来するのである。ベニシューが強調するのは、この作家が過激王党派詩人として文学的キャリアを開始している点である。後にユゴーは自由主義的傾向を強めていくのだが、「他の誰よりもこの聖別の理念に養われて生きてきた」。詩人を聖別することができたのは、唯一、キリスト教的王政主義の理論だったからである（ベニシュー、二〇一五、四二九）。キリスト教的で反革命的な主題群を扱うことによってのみ、近代の詩人は、王や民衆に呼びかけ彼らの導き手とならんとした聖書の詩人たちに自らを重ねあわせ、選ばれた特権的な人間としての自意識を獲得し、詩人としての使命を形成することができたのである。

時代とともにユゴーと制度的宗教としてのカトリックとの関係は変化し続ける。しかし、その過程にあっても、「詩人の使命」という思想は、発展し、より明確化されこそすれ、決して失われることはなかった。本章では、王党派詩人として出発し自由主義へと接近していく初期の時代から、第二帝政期と重なる亡命期において、ユゴーがフランス国内のカトリックに対していかなる立場を選択したのかを確認したい。またそれと並行して、「はてしなく宗教に似ていながら、あくまで宗教と一線を画す精神的な営み」（宇野、二〇一一、一一）としての「宗教的なもの」を、詩人がどのように模索し、いかなる方法で表明したのかを考えてみたいと思う。

考察にあたっては、ユゴーの文学的営みと、政治家としての発言の両方に目を向ける必要があるだろう。ユゴーにとって、この二つの領域は決して互いに独立して存在するものではないのだが、思想の表現手段として両者の性質は大きく異なっているからである。もちろん、この作家のスケールを十分に理解するには、その人生に起こった出来事と、彼が生き抜いた世紀全体の足取りとを詳細に追っていく必要がある。だがここでは敢えて、いくつかの鍵となる作品と演説を取り上げることで、亡命先からフランスへと帰還したユゴーが国民の絶大な支持を獲得し、老年期には共和国の「聖人」とも呼びうる位置を占めるに至った理由を考える糸口を探りたいと思う。

初期ユゴーとカトリック

ユゴーの出発点において、キリスト教的な主題の詩への取り組みが「詩人の使命」の形成に不可欠に作用したことは確かである。しかし、既存の宗教としてのキリスト教が、ユゴーの思想における詩人の宗教的使命の基盤をなしているのかといえば、決してそうではない。それでは初期のユゴーと制度的宗教としてのカトリックとの関係は実際どのようなものであったのだろうか。

ナポレオン軍の将軍であった父とヴァンデ地方出身の母親との間に生まれたヴィクトルは、父親の転勤や両親の離婚問題によって、フランス各地とパリ、スペインを行き来していたため、正規の教育課程を修了したことは一度もなかったのだが、幼いころから一貫して聖職者、あるいは元聖職者から教育を受けたことがわかっている。

一方で、彼が熱心な信仰心をもっていたのかと言えばそのような形跡は見つからず、宗教に対してはほぼ無関心であったと言えるようだ。主に母親のもとで育てられたヴィクトルは、当初より過激王党派であった彼女の影響を強くうけていたのだが、青年期におけるユゴーの思想は、一八一九年の終わりから二〇年初頭にかけて、ヴォルテール的王党主義からキリスト教的王党主義へと移行する。しかし、それは「転向」と呼びうるものではなく、ユゴーがカトリック王党派的主題の詩を制作していた二〇年から二二年にかけての時期においても、彼のカトリシズムはあくまで「文学的なカトリシズム」にとどまり続けるのである(Venzac, 1955: 633)。このことは、実生活において詩人がキリスト教との接点を持たなかったことを意味するわけではない。とりわけこの時期に、彼は複数のカトリック聖職者と親密に交流しているのだが、それが信仰の実践へとつながることはなかったのである。たとえば、二一年の母の死をきっかけに、告解僧としてラムネを紹介されたユゴーは、彼のもとをしばしば訪れ、数年間にわたる文通を行うようになる。だがそれは親しい友人としての付き合いであったという(VHRA: 352)。

ここで一つ、ユゴーとカトリックとの関係を端的に表すエピソードを紹介しておきたい。この翌年、ヴィクトルは幼なじみのアデル・フーシェと結婚する。ところが、式の直前に大きな問題が持ち上がることになるのである。ユゴーの両親は、革命期に教会で式を行わない民事婚によって結婚しており、三男のヴィクトルには洗礼を受けさせていなかったのだ。王政復古時代に宗教婚を行うための手続きを進めるヴィクトルは、出生証明書と洗礼証明書を送るように頼む手紙を父親に送り、その返信ではじめて、彼は自分が洗礼を受けていないことを知るのである。

追伸の中で父親はヴィクトルに、「母親に付き添われ、父親がいない時に、自分は外国で洗礼を受けた、けれどもどこで受けたのかはわからない」と申し立てれば、聖職者が、夜の遅い時間に、騒ぎを起こすこともなく新たに洗礼をしてくれるはずであり、その後すぐに初聖体拝領を済ませてしまえばよいだろうと助言しているのだが（COR: 475）、これに対してヴィクトルは次のような返信を送っている。

〔出生地の〕ブザンソンで洗礼を受けていないとしても、私は確かに洗礼を受けたのです。それに、この歳になって洗礼式をやり直すのがどれほど厄介なことかおわかりでしょう。私の友人の高名なラムネ氏は、私が異国（イタリア）で洗礼を受けたと証言し、この断言に加えて、お父様もそう断言してくだされば、それで事足りるだろうと請け合ってくれました。どれほど重要な理由によって、私がこの簡単な証明書を送っていただきたいと望んでいるのかおわかりでしょう（COR: 479）。

ヴィクトルがどのような手段でこの洗礼証明書問題を解決したのかは謎のままである。[1] だが最終的にヴィクトルは父親に対して、後は彼の同意書が届けば「民事的手続き」を済ませることができる、そして「お父様が今日送ってくださった書類で宗教的手続きも事足りるでしょう」と返信を書き送っている。

ユゴーの同時代人の中には、これと同じような問題に直面するケースが少なくなかったことが推測されるのだが、手紙のやり取りからは、彼にとって「キリスト教徒になるための儀式」（COR: 463）は、自己のアイデンティティの根幹をなすものではなく、結婚のための「民事的手続き」と並んで要求された、より手間のかかる「宗教的手続き」にすぎなかったという印象を受ける。結婚式の準備が開始されたのは、ちょうど彼が王党派詩人としてルイ十八世から年金を受けることが決定された直後であったから、このことが世間に知られれば些か厄介なことになっただろう。それというのも、ユゴー自身がそうであったように、実際には王党主義者であってもカトリックの信仰をもっているとは限らないのだが、王政復古下においては「王党主義」であることと「カトリック」であることが、「必然の関係」として捉えられていたからである（Venzac, 1955: 449-463, 616）。

一方で、この時代には、「宗教を信じる人間 homme religieux」とみなされるためには、信仰の実践は必ずしも必要とされてはいなかったこともまた事実である（Venzac, 1955: 509-512.）。ユゴーは、カトリック教徒ではないままにキリスト教的王党主義者であったことになるが、決して彼だけが例外だったわけではないのだろう。十八歳のユゴーをキリスト教的主題へと向かわせたのは、第一にシャトーブリアンの作品であり、次いで、彼にとっての精神的な拠り所となったラムネとの出会いであった。しかし、当初より彼は、シャトーブリアンとその作品を、信仰の実践と結びつけて受容していたわけではなかった。そして、ユゴーがラムネを通じてキリスト教について学んだとすれば、それは王政復古下において衰退したカトリックの現状であったのだ。

芸術の宗教へ

ユゴーによる詩人の使命の思想が最初に表明されるのは『オード集』（一八二二年）においてである。オードとは中世に始まる王家の威光や治下の偉業を称える詩の形式のひとつであるが、ユゴーは初版の序文の中で「かつて原初の詩人の霊感が、原初の諸民族の前に現されたのは、このオードという形式のもとであった」とし、それゆえ自らの時代の「出来事を聖別するために」この形式を選んだのだと説明している(PI: 55)。

この詩集に収められた詩の中で、幼くして革命の犠牲となったルイ十七世は神の子キリストと同じように主のもとに迎えられ、ベリー公が暗殺された後に誕生した息子のボルドー公は人々の罪を贖うため神によって授けられた子とされる。こうした詩は王家の人物と聖書の人物の比較を通じて王政の価値の称揚に貢献するものであったと言える。

とはいえ、詩人の聖職は王権擁護を最終的な目的としたわけではなかった。二四年の序文によれば、現代性をもつ文学とは、旧社会の廃墟のただなかから立ち現れてくるであろう「宗教的で君主政的な社会の前触れとなる表現」(PI: 60)に他ならず、「詩人は、神の言葉以外の、いかなる言葉の木霊にも決してならない」(PI: 62)。これは詩人が預言者として語ることの明確な宣言である。

この後のユゴーは、一八二七年を境として急速に自由主義的傾向を強めていくのだが、それに伴い彼の著作の中には、「自由」がキーワードとして頻繁に現れることになる。こうした思想的な転換を最も明確に示す表明の一つは、三〇年に出版された戯曲『エルナニ』の序文に見出される。そこでユゴーは、「ロマン主義は、幾度も間違って定義されてきたが、……文学における自由主義にすぎない」とし、間もなく「文学的な自由主義が政治的な自由主義と同じくらい普及することになるだろう」と明言するのである。後に書かれたテキストの中では、作家自身、一八二七年以降の自らの思想的立ち位置を「自由主義者」として定義しているのだが、ユゴーが掲げる「自由主義」は、文学の領域に主眼を置いたものであり、必ずしも明確な政治思想を伴っていたわけではないことを注記しておきたい。

実際、この時代のユゴーは政治の問題にはほとんど関心を向けてはいなかった（Robert : 16）。だが彼は、「ナポレオンによって残された偉大な過去の記憶に対しては以前より敏感になり、自由主義的言論のすべてをそれに結びつけていた」のである（Ibid.）。ユゴーに特徴的であるのは、自由主義を、政治的あるいは文学的なユルトラに取って代わるべき新しい時代の思想として捉える点にある。ユルトラが社会であれ文学であれ、旧体制を再建することしかできないのに対し、自由主義はユルトラが積み上げたものすべてを崩壊させる力を持つと考えるユゴーは、この両者を父親たちの時代とその息子たちの時代に比べ、アンシャン・レジームと革命以降の時代に対応させるのだ。ユゴーは、自由こそが十九世紀の原則であるとし、「文学的な自由主義」という言葉によって、「ミラボーが自由を作り出し、ナポレオンが力を与えた十九世紀のフランス」（Ibid.）にふさわしい文学、「新しい民衆のための、新しい文学」（Ibid.）を生み出す文学的創造の自由を作家の正当な権利として主張したのである。

二九年に出版された『東方詩集』の序文にはすでに、次のような宣言が見出される。「空間と時間とは詩人のものである。詩人が自らの好むことを為し、望むところへと進んでいくこと。それは法則なのだ。詩人が唯一の神を信じようが、多神教の神を信じようが、ハーデスを信じようがサタンを信じようが……あるいは何も信じなくても……詩人は自由なのだ」（Pl: 411）。

この詩集は作者によって「純然たる詩《ポエジー》に満ちた無用の本」（Pl: 412）と銘打たれたものであるが、ベニシューはこの表現を取り上げ「無用とはここで、それ自体においてしか価値を持たず、他の何者との関係においても無価値であるが故に一層値打ちを帯びた、という意味である。最高の価値の無償性を宣言するこの種の挑発は、すべての宗教に共通する特性である」（ベニシュー、二〇一五、四三六）

と指摘している。すなわち、ユゴーは〈芸術〉を他のあらゆる価値への隷属から解放された至上の原理としてうち立てることにより、詩的聖職を真に成立させようと試みているのである。「芸術における自由とは、天才とその霊感の至高性を意味する」(ベニシュー、二〇一五、四四三)。〈芸術〉は人々を導きその精神的な支柱となりうる一つの宗教となり、これにより詩人は、既存の宗教に属する聖性に依拠することなく、その使命を遂行する自由を獲得することになるのである。

二　壇上の詩人

「ヨーロッパ合衆国」構想

自由主義的思想を展開するようになったユゴーは、制度的、政治的宗教としてのカトリックからは距離を取るようになる。一方で彼は、キリスト教圏という共通性を基盤として、精神的かつ制度的にヨーロッパ全体を統合することを模索してもいた。一八四九年、パリで開催された国際平和会議の議長に選出されたユゴーは、開会式の演説の中で、彼の考える理想の国際社会のあり方として「ヨーロッパ合衆国」の構想を語っている。

「皆さん、世界平和というこの宗教的な思想、聖書を至高の法とし、瞑想が戦争に取って代わり、すべての国民国家が共通の紐帯によって結ばれるという、この宗教的な思想は、実践的な思想でしょうか？」（POL：299）ユゴーはこのように演説を始め、多くの人々はこれに否と答えるだろうが、自分は然りと答える。これからその方法を説明しましょうと述べ、未来のヨーロッパ像を描いてみせるのである。

ノルマンディー、ブルターニュ、ブルゴーニュ、ロレーヌ、アルザス、我が国のすべての地方がフランスの中で融合しているのと全く同じように、いつかフランス、ロシア、イタリア、イギリス、ドイツ、この大陸の国々、あなた方の国すべてが、それぞれに異なる美点と輝かしい個性を失うことなく、より高位の統合の中で固く融合し、ヨーロッパの友愛を構築する日がくるでしょう。……いつか互いに向かい合う巨大な二つの集団、アメリカ合衆国とヨーロッパ合衆国（拍手が起こる）が、海を越えてお互いの手を差し伸べあい、生産物、商業、工業、芸術、精神を取換しあい、地球を開拓し、砂漠に植民し、創造主の眼差しのもとで被造物を改良し、すべての人の幸福を導き出すために、二つの無限の力、人間の友愛と神の力を結合させるのを目にする日がくるでしょう（長い拍手が起こる）（POL: 301）。

ユゴーは、こうした理想の達成される日が来るまでに、現代の一年は一世紀に値する仕事を成し遂げることもあるのだから、四百年はかからないであろうと断言しているが、仮にEUの成立によってこのヴィジョンの一部が実現されたとするならば、それはこの演説から百五十年足らずのことである。

このテキストの節々に括弧書きで挿入された会場の様子からは、ユゴーの演説がこの会議の場を激しく熱狂させていたことが伝わってくる。だが、この数百年先の未来を描いてみせる詩人の演説が、当時のフランス国内で滑稽視されていたことも確かである。たとえば「平和会議の喜ばしい影響」と題された風刺画は、(2)詩人による世界平和の訴えが現実においては全く効力をもたないものであることを揶揄している。

ところで、ユゴーのカリカチュアでは頭部が極端に大きく描かれているものが多く見られるが、張り出した額は天才の証拠であるという。ここではその頭に何本もの国旗が付けられ、中心には「世界平和会議」と書かれた旗が立てられており、組み伏せられた男にとどめを刺さんばかりの二人の兵士に向かって、手を組み合わせたユゴーが殺戮を止めるよう懇願している。風刺画の下に記されたテキストは（ユゴー）「私は平和会議だ！！！」（オーストリアとロシア）「それがどうしたっていうんだ、ほっといてくれ……今忙しいのがわからんのか……ハンガリーを平定しなきゃならんのだ」というものだ。(3)

「平和会議の喜ばしい影響」

この演説で表明された「ヨーロッパ合衆国」の構想は、この後のユゴーの思想の中で重要な社会統合のモデルであり続ける。ここで指摘しておきたいのは、政治家あるいはアカデミー会員としてのユゴーと、詩人ユゴーとの間にはほとんど断絶が見られないという点である。壇上から発せられる詩人の言葉は預言的なものであり、会議で明言される彼の思想は詩の主題そのものでもあるのだ。進歩へと向かう人類の叙事詩として編まれた『諸世紀の伝説──第一巻』(一八五九年)は、イヴの物語から始まり、「二十世紀」と題された章とそれに続く「最後の審判」によって締めくくられる詩集であるが、「二十世紀」を締めくくる詩「大空」の中では、「ヨーロッパ合衆国」に比べられるような諸国の融合が歌われる。演説の中では、ヨーロッパの統合を加速する一助として、鉄道や蒸気船の普及が挙げられているが、この詩の中では、重力を逃れ人類を天上へと運ぶ飛行船が登場する。

魔法の力をもった至上の船! それは、ただ先へと進むだけで
地上の叫びを澄み切った喜びの歌へと変え
生気を失った民族を若返らせ
真の秩序を打ちたて、確かな道を、
正しき神を指し示した! そして、祖国というものを取り去り、
人間をこれほどまでの青空の中に導き入れた。
……
この船は聖なる純真な役目をもっている。
遥か高みに、最初にして最後の
たった一つの国家を作るのだ。

この飛躍を光の中へと案内し
蒼穹に酔いしれ、光の中で
自由を飛翔させるのだ（PII: 822）。

科学技術の発展と人類の進歩が足並みを揃えることによってはじめてより良い世界に到達することができる。神への信仰と進歩に対する信仰は矛盾するものではなく、進歩は神の摂理の一部をなしている。閉会演説においても、詩人は「神の摂理と進歩とは同一のものであり、進歩とは永遠なる神の人間的な一つの名にすぎない」（POL: 306-307）と明言するのである。

ところで、閉会式が行われた八月二十四日は、奇しくも十六世紀にサン・バルテルミの虐殺が起こった日でもあった。これを受けユゴーは、神がまさに同じ日、同じ町に、すべての憎しみを呼び集め、それらに愛へと変わるよう命じているのだと説き、次のように宣言する。「まさにこの宿命の日に……イギリス人、フランス人、イタリア人、ドイツ人、ヨーロッパ人、アメリカ人だけでなく、教皇第一主義者と呼ばれる人々、ユグノーと呼ばれる人々が、お互いを兄弟として認め合うのです。そして、もはや引き離すことのできない固い抱擁の中で一つになるのです」（POL: 306）。

この言葉に続いて、会場ではカトリックの神父とプロテスタントの牧師が、議長席の前で抱擁し合い、傍聴席まで含めた会場は一層激しい歓声に包まれることになる。国境と宗派を超えてヨーロッパ諸国民が兄弟となる。その「兄弟」へ呼びかけるという形をとることにより、ユゴーは聖職者の語り口によって演説を締めくくる。「兄弟たちよ、私はこの歓声を受け入れ、それを未来の世代への贈り物としましょう。(拍手が繰り返される)……《一五七二年八月二十四日は、一八四九年八月二十四日のもとに消え去り、消滅するのだ!》と言おうではありませんか」(POL: 307)。

宗教は引き続き社会的紐帯の要として捉えられているが、ユゴーがここで思い描いている「宗教」とは、あらゆる宗派のキリスト教を再び一つに融合させて生み出されるような宗教であり、その意味で、すでに既存の宗教を超えたものですらある。カトリックとプロテスタント、双方の聖職者を自らの目の前で抱擁させる詩人は、極めて象徴的な方法で、両宗派に共通する神の地位に、あるいは両者を再統合する新しい時代の「神」の存在に、ほとんど自らの立ち位置を重ねあわせて提示することに成功しているといえるだろう。

宗教と公教育

しかし、ユゴーが宗教的な国家を目指したのかと言えば、それは全く逆である。彼は、十九世紀の半ばからすでに国家のライシテを強く主張していたのである。ここでは、公教育における教会権力の大幅な拡大を企図する法案に対し、一八五〇年にユゴーが立法議会で行った反対演説に目を向けてみたい。まず簡単に、この演説がなされた政治的背景を振り返っておく。

二月革命後に成立した臨時政府において、宗教・公教育担当大臣に任命された共和派のイポリット・カルノーは、共和政の基盤となる市民の育成を急務とし、初等教育の無償・義務化を盛り込んだ法案を提出している。しかし、六月暴動を機に保守化した政府は、一転し、社会秩序の維持の手段として、国民に対する宗教教育の必要性を認め、教育に関する新たな法律の制定に向けて舵を切る。そこで新たに準備されたのが、「教育の自由」を掲げた「ファルー法」である。

歴史的に見れば「教育の自由」とは、主としてコングレガシオン（修道会）が自由に宗教教育を行う権利を指しており、「端的に言えば、カトリックの私立学校が、教育と組織の両面において、国家の教育行政機関である《ユニヴェルシテ》から干渉を受けずに、自律した組織運営を進めること」[4]を意味している。具体的な事例を一つあげるならば、一八三一年にパリで、自由派カトリックのラコルデール、モンタランベールらが、この「教育の自由」を表明するため、国の認可を受けずに学校を開校している。しかしその翌日には、教師と生徒は警察によって立ち退かされ、このフランスで最初の私立学校は閉鎖されたのだった。当時モンタランベールと親しい交流のあったユゴーは、その裁判を傍聴し、友人の演説に賛辞を送ることを惜しまなかった（Le Drezen）。彼ら自身、後にお互いが「ファルー法」をめぐる最大の論敵になろうとは、この時には想像もしなかったことだろう。

ファルー法反対演説の冒頭で、ユゴーは初等教育の無償化と義務化、すべての段階の教育の無償化を主張し、国家による公教育の理想が達成された日の姿を、詩的イメージを織り交ぜながら描き出してみせる。

それによれば、「小学校のない村は一つもなく、中学校のない町は一つもなく、大学のない行政中心地は一つもない」。フランス中に置かれた教育機関は、いわば「知的作業場の広大な網の目」を形成し、「リセ、ギムナジウム、コレージュ、教壇、図書館が、この国の地上でその放射光を混ぜ合わせ、いたるところで才能を目覚めさせる」。一言で言うならば、それは「国家の手によって堅固に建設された人間の知の梯子」であり、この梯子は「最も深く、最も暗い、大衆の闇の中に置かれ、光へと到達する」のである（POL: 218）。

こうしたヴィジョンを提示した上で、ユゴーは、この理想が達成された暁には、国家による無償教育とは別のところに「私立学校教師のための教育の自由を、宗教団体のための教育の自由を、その他のすべての自由と同様にすべてを統括する法の下に置かれた、完全な、全幅の、絶対的な教育の自由を位置づけるだろう」と宣言する（POL: 218）。

人口八百人以上の町村に女子小学校を設立することを義務付け、小学校教師の最低賃金を引き上げる「ファルー法」は、教育の普及と教師の待遇の改善という点において、その後のフランスにおける教育制度の基盤ともなる重要な内容を含んでいる。一方でこの法律は、聖職者が教育職に就くことを容易にし、中等教育において修道会、とりわけイエズス会が学校を開設することを可能にするなど、カトリック教育に対して非常に有利なものであった。とりわけユゴーが問題視しているのは、それまでユニヴェルシテの監督下に置かれていた公立学校一元体制が廃止されるに伴い、新たに設置される教育の監督機関である公教育高等評議会への聖職者の参入が容易になり、その結果として、「国家の名のもとに、聖職者によって聖職者による教育を監視させる」（POL: 220）ことになる点である。それゆえユゴーは、「現在の状況に対する、この限定された、しかし実践的である視点から見れば、私は教育の自由を望んでいることを明言します。しかし、私は国家による監視を望みます。そして、この監視が効果的なものであることを望むがゆえに、私はライックな国家、純粋にライックであり、徹底してライックである国家を望みます」と主張する（POL: 218）。ユゴーは、あらゆる自由を擁護するという見地から、「教育の自由」という名で呼ばれる、自由に私立学校を設立する権利も容認するのだが、彼が「教育の自由」を望むと宣言するのは、あくまで国家による公教育の制度が十分に整えられること、そして公教育とは別のところにそれを位置付けることを条件としているのである。

ユゴーのファルー法反対演説は、将来実現されるべき理想に立脚した視点から、「教会は教会に、国家は国家に」(POL: 220) という主張を掲げ、国家と教会の分離を説くことに重点が置かれたものである。しばしばユゴーの議会演説が「詩人の発言」として揶揄されたのは、こうしたユゴー独特の演説スタイルによるものだろう。確かに、教育に関する法案の可決を阻止する狙いからは、ユゴーの主張は同時代的な実効性が薄いのであるが、歴史的なパースペクティブで見るならば、その発言は軽視されるべきものであるどころか、時代の流れを誘導する先見性をもっていたと言うことができる。

さらに付け加えるならば、ユゴーがこうした演説スタイルを選択した背景には、当時の議会の状況も関係している。ユゴーの味方の議員たちは、彼の演説にそもそも即効的な効果を期待してはいなかった。六月暴動以降、政府・世論の保守化が続き、二年間の間はほとんどいかなる反対演説も法案や決定を覆すことができない、最初から結果のわかっている投票が続いていたのである。したがって、反対演説は、法案を批判しそこに隠された企みを暴いて見せることだけが目的であり、ユゴーはそれに才能を発揮したのである (Stein, 2007: 687)。演説は翌日の新聞に全文が掲載されたが、演説の途中で激しいやじが飛ばされるという状況すら、紙面の宣伝となるものだった。

注目しておきたいのは、この演説の中で、ユゴーが宗教教育の必要性を強く訴えているという事実である。宗教教育を社会秩序の維持の道具として利用するという考えからは一線を画し、ユゴーは、人々の目を神へと向けさせ、「無限の希望」を与えることで、物質的生に縛られた現実世界の悲惨を軽減することができると主張するのである。この演説の中盤では、彼自身の宗教観、死生観が延々と語られ、教育法案の是非からは大きく話題が逸れながらも、立法議会の場の熱狂はますます高まっていく。

私たち皆の責務とは、あらゆる形で、悲惨と戦いそれを撲滅するための社会的エネルギーを、惜しむことなく与えることなのです（左派の席でブラヴォーの声）、そして同時に、すべての者の頭を天に向かって上げさせること（右派の席でブラヴォーの声）、すべての魂を導き、すべての期待をその後におとずれる生に向けさせることなのです。そこでは正義がなされ、正義が取り戻されるでしょう。……すべての終わりには神が見出されます。……労苦を軽くし、労働を神聖なものとし、人間を強く、善良で、賢く、忍耐強く、思いやりがあり、公平で、慎み深いと同時に偉大であり、知性に値し、自由に値するものにするもの、それは自らの前に、この生の暗闇を通して、光り輝くよりよい世界の永遠なるヴィジョンをもつことなのです（全会一致の激しい賛同）（POL: 220）。

壇上から発せられるユゴーの言葉は、それ自体がある種の宗教的な様相を帯びている。右派、左派の両陣営からの喝采を受けながら、ユゴーはこれに続く部分で、自分が「神を信じる者」であることを宣言するに至るのだ。

演説の後半では、打って変わって、ユゴーは激しい口調で「教権擁護派」とイエズス会を攻撃し、次のように言い放つ。「あなた方は教会の寄生虫だ（笑いが起こる）。イグナチオはキリストの敵だ（左派の席で激しい賛同)。あなた方は、信者ではなく、自分たちが理解していない宗教の不寛容な狂信者だ」(POL: 221)。ユゴーはさらに、「教権擁護派」による宗教教育が進歩に逆行するものであることを指摘し、そうした教育がもたらした結果として、イタリアとスペインの例を挙げながらカトリック国の衰退を論じ、また、歴史を遡ってはカトリックによる異端審問を激しく批判することになる。演説の前半部分で、ユゴーは宗教教育の擁護を行っていたが、後半部では、こうして彼が価値を称揚する「宗教教育」とは、かつて存在したことのない、理想の宗教教育であったことが明らかにされるのである。この演説の記録からは、ほとんどユゴーの一言一言に対して、次々と「笑い」、「センセーション」、「ブラボーの声」、「動揺」、「叫び」、「否定」、「ささやき」、「喧噪」が起こっていた様子が伝わってくる。また何度も演説が中断させられる状況に陥っていることからも、ユゴーが冒頭で自らの理想を宣言するという戦略をとった理由が十分に納得されるのである。

「戦線／額の変化」

聖職者に対して広く教育職の門戸を開くファルー法に反対しながらも、宗教が政治的な道具として利用されることを断罪し、信仰を社会改革の軸と見なすユゴーの言説は、宗教を拠り所とする人々の賛同をも集める内容を含んでいる。しかしこの時すでに、彼はあらゆる既存の宗教を離れた地点から彼独自の「宗教」のあり方を表明しているように思われる。ユゴーは、国民の精神的支柱として「宗教的なもの」の必要性を強く認識していたが、国家による公教育の中に宗教教育が場所を得ることに対しては断固として反対する。彼が提唱するのは、「徹底してライックな国家」と、そうした国家の中でなお国民が「神」への信仰を持ち続けることを可能にする、政治とは完全に切り離された、新しい宗教のあり方であったと言えるだろう。

演説の翌日の新聞に掲載された風刺画の中では、ユゴーが腕を組み、うつむきながら険しい斜面を登ろうとしている。「戦線／額の変化」というタイトルは、フランス語の front という単語の両義性を利用した洒落になっているのだが、その大きな額には、カトリックと対立関係にあると見なされていたフリーメイソンのシンボルが描かれている。添えられたキャプションは「国家の偉大なる詩人、イエズス会と異端審問の恐怖に追われ、〈山〉に登って逃げる」というものだ。これは四九年には、「秩序党」と呼ばれた保守連合的な性質をもつ派閥の票によって立法議会議員に当選していたユゴーが、この演説を機に、革命期の呼称と同様に当時再び「山岳派」という名で呼ばれていた極左派へと転向したことを示唆しているのである。(5)

三　文学と「宗教的なもの」

宗教的書物としての文学

ファルー法反対演説以降、ユゴーと右派との断絶は決定的なものとなる。またルイ・ナポレオンの大統領当選に際してはユゴーの協力が重要な貢献を果たしたのだったが、一八五一年十二月二日、ルイ・ナポレオンがクーデタを起こし独裁体制を打ち立てると、彼を「小ナポレオン」と呼び、かねてより大統領再選禁止条項の改定を激しく批判していたユゴーは弾圧の対象となり、ベルギーへ亡命。その後、英仏海峡にあるイギリス領の島、ジャージー島、ガーンジー島へ移り、十九年間の亡命生活を送ることになるのである。

亡命中のユゴーは、まず、ナポレオン三世を糾弾する小冊子『小ナポレオン』(一八五二年)を、続いて『懲罰詩集』(一八五三年)をベルギーで出版している。この詩集へのオマージュとして描かれたドーミエの作品の中では、帝国を象徴する鷲は雷に撃たれて地上に落ち、上向きに倒された体の上にはそれを押しつぶすかのように分厚い『懲罰詩集』がのしかかっている。またこの間に、ユゴーとカトリック教会との関係も大きく転換する。一八五〇年の演説の時点では、ユゴーは直接的には国内のカトリック教会に対する批判を行っておらず、教会による宗教教育と「教権擁護派」による教育を混同すべきではないと主張していた。

しかし、五二年の元日にパリ大司教がノートル＝ダム寺院において第二帝政の栄光を祝し、聖職者たちがクーデタを公式に支持すると、ユゴーは正面から教会批判を始めることになる(Hovasse, 2008: 62)。一例を挙げるならば、『レ・ミゼラブル』(一八六二年)の執筆時期は、主に四六年から四八年二月までの間と、六〇年から六一年にかけての二つの時期に分けられるのだが、この小説の中で、既存

ドーミエ画

の宗教としてのカトリックの価値に揺さぶりがかけられる、あるいは真っ向からその弊害が指摘される場面は、すべて後者の期間に加筆されたものである。死に際にある元国民公会議員のもとを訪れたミリエル司教が、長い対話の末に跪きこの人物に祝福を乞う場面や、「フランスの修道院というものは、十九世紀のただなかにあっては、陽の光に直面した梟のコレージュである」(RII: 406)と断じ、修道院の生活を牢獄と比較しながら批判する章などがそれにあたる。

また亡命期には、ユゴーの宗教と神をめぐる思想が急速に深化し、それが壮大な文学的プロジェクトへと直結されることになる。すでにユゴーは、四五年頃から五〇年にかけて、聖書の読解を集中的に行い多くのメモを残していたが、それに加え、詩人がカトリック教会から徐々に距離を取り、ついには完全に対立するという政治的、思想的変化が起こった。

この二つの流れが交差した時に、ユゴーの文学的創造の中に宗教をめぐる問いが、新しい様相をもって出現することになったと言えるだろう。『懲罰詩集』出版の直後、五四年からユゴーは詩集『サタンの終わり』に着手し、翌年にはさらに哲学詩『神』の執筆を開始している。この二つの詩集は、先に挙げた『諸世紀の伝説――第一巻』を加えた三部作を構成することが予定されていたが、未完成のまま残され、詩人の死後はじめて出版されることになる。

だが『神』の一部は、ユゴーの帰国後の八〇年に、あらゆる既存の宗教が人間の真の信仰を妨げる障害であることを描き出した詩集『諸宗教と真の宗教』に取り入れられてもいる。これはまさにユゴーが上院議員として国家と教会の分離を見据えた、教育の脱宗教化に力を注いでいた時期にあたる。この出版の前後、七九年にはジュール・フェリーによって非認可修道院による教育と学校経営を禁じる法案が提出されており、この法案は否決されたものの、八一年には公立初等教育が無償化されることになるのである。

こうして見ると、ユゴーにおける宗教思想は、国内のカトリック教会に対する反発を原動力とし、既存の宗教に対する懐疑、「真の宗教」の不在を軸として、発展していったことがわかる。しかし、その作品は単なる宗教批判にとどまることはなく、ユゴー自身による、新しい宗教の探求手段ともなっている。

『サタンの終わり』の中では、宇宙の闇を何世紀にもわたり墜落しつづけるサタンの物語と、聖書の大洪水によっても消滅することのなかった悪が再び地上で繰り返される物語とが平行して進行していくのだが、最終的には、神によって遣わされたサタン自身の娘でもある「自由の天使」によってバスティーユが陥落し、サタンの贖罪と神との和解がなされる。この作品は、宗教的神話と近代の歴史的出来事の融合を試みた、ユゴー独自の宗教的な叙事詩であると言える。

また『神』においては、神を求めて飛翔する詩人の精神は、この探求を思いとどまらせようとする十一の「声」を聞きながら宇宙のような空間を進んでいく。その先で、詩人は、コウモリ、梟、烏、プロメテウスのハゲタカ、鷲、グリフォン、天使、「翼の生えた光」につぎつぎと出会うのだが、これら翼の生えた八つの存在は、それぞれが象徴する時代や地域の異なる諸宗教の視点から、宇宙の真理の一部を詩人に語り聞かせていく。詩人が絶対的な「神」に出会うことのないまま、この哲学詩は執筆を断念されているのだが、その創造過程の根底には、「愛という偉大な言葉に集約される彼独自の宗教」(PIV: 1146, notice) の構想があったことが指摘されている。

『サタンの終わり』と『神』が、ユゴーによる宗教をめぐる探求が凝縮されたテキストであることは明確である。しかしこれら二つの未完の作品に限らず、文学作品によって真の宗教を創造するという意図、あるいは、少なくとも「宗教の書」としての文学作品を創造するという意志が、この時期に書かれたユゴーのあらゆる作品に通底して見られるように思われる。

例えば、小説『レ・ミゼラブル』の序文として書きはじめられたテキストは、その冒頭で「これから読まれようとする書物は、宗教的な書物である」(CR: 467) と宣言しているのである。「哲学」と題されたこの長大な「序文」を、ユゴーは『レ・ミゼラブル』の序文とするべきか、「彼の作品群全体に対する序文」とするべきかを決定することができず、このテキストもまた未完のまま残されたのであった (CR: 750, note1)。そこではさらに、諸宗教に対するユゴーの立場も明確に示されている。

この書物の著者は、良心の自由の権利からここに述べておくが、今日において勢力をふるういかなる宗教とも無縁の者である。しかし同時に、宗教の濫用に反対し、それらの聖なる側面の裏側としてある人間的な側面を恐れながらも、著者はすべての宗教を認め、また尊重しているのである。

もし、その聖なる側面が、人間的な側面を吸収し、それを破壊するに至るようなことがあれば、著者は、そうした宗教を尊重するだけでなく、それを敬うであろう。

これらの留保のもと、この悲痛な書物の始まりに声を高くして断言しておきたい。この書物の著者は、信じ、祈る者の一人であると。

そこから、この書物の中には、信仰に結ばれた人々すべてに対する寛容がある。この書物の中で生きる宗教的な人物たちは真面目で重々しい。そこには司教が現れ尊敬すべき影を投げかけ、修道院が垣間見られる。そこから漏れる薄明かりは甘美なものである（CR: 467）。

しかし、ユゴーがこうして自らの作品を「宗教的な書物」として定義する時、それは彼自身がここで説明するように、著書の内容が宗教的な側面を含み、かつあらゆる宗教的なものに対して開かれた書物であるという意味だけにはとどまらないように思われる。『ウィリアム・シェイクスピア』（一八六四年）の中で、ユゴーはキリストがパンを増やして分け与えた聖書のエピソードに言及し、キリストがこの象徴を作り出した時、彼は印刷術の発明を予見していたのだとする。

そして、読者の増加こそが、まさにこのパンの増加が示すものであると考えるユゴーは、「ここに一冊の本がある。私はこれで、五千の魂を、十万の魂を、百万の魂を、人類すべてを養うだろう」と明言するのである（CR: 291）。さらにまた、著者は、義務教育によって皆が書物を手にする日を預言し、次のようにも言う。「人類はついに、とてつもなく大きな書物を開くことになるだろう。途方もない人類の聖書、それはすべての預言者、すべての詩人、すべての哲学者によって構成された書物であり、それは義務教育という、光を集める巨大なレンズの焦点のもとで、輝きを発し、燦然と燃え上がることだろう」(CR: 292)。

ライックな「神」の誕生

亡命期間中、ユゴーは皇帝から二度の恩赦を受けているが、「[フランスに]自由が再び戻る日に、私は帰国する」として祖国に戻ることを拒否していた。彼は一八七〇年、普仏戦争によるナポレオン三世の失脚を機に、国民に熱狂的に迎えられフランスに帰国することになる。ユゴーが九月に帰国するや、十月には国内で『懲罰詩集』が出版される。その後も、詩人によるナポレオン三世の断罪は続き、一八七八年には「詐欺師」ルイ・ナポレオンが権力を掌握するに至った過程を描く『犯罪の歴史』が出版される。

この本の出版に際して書かれた「裁き手」と題された風刺画(6)の中では、鎖に繫がれた鷲の姿をした元皇帝の額に、ユゴーが「一八五一年十二月二日」というクーデタの日付の焼き印を押し終えている。第一帝政期においては、皇帝ナポレオンに匹敵する存在として文学者のシャトーブリアンが対等な影響力をもっていた(工藤、二〇一三、一四〇～一五七)。十九世紀後半の時代に、ナポレオン三世に勝利し、その「専制」の歴史に裁きを与えたのは、ドイツ軍でも第三共和政でもなく、ヴィクトル・ユゴーだったと言えるだろう。

ユゴーの神格化は、彼の生前からすでに始まっていた。一八八一年には、共和主義者たちにより、一年先駆けて詩人の八十歳の誕生日が大々的に祝され、「国民詩人」の肖像画が販売される。彼が居住するエイロー大通りはヴィクトル・ユゴー大通りと改名され、同年の風刺画には、頭に光輪をつけた「聖ヴィクトル」が描かれる（VHRC: 69）。さらにその四年後、「崇高なる八十三歳の誕生日」と題された風刺画(7)においては、詩人はついに神の椅子に座ることになるのだ。そこに付された説明は以下のようなものだ。

ヴィクトル・ユゴー　これがあれを滅ぼした……ユゴー教が時代遅れになったキリスト教にとって代わった。神についていた毛虫は駆除されたのです……そこを退いてください、私が座りますから！

「裁き手」

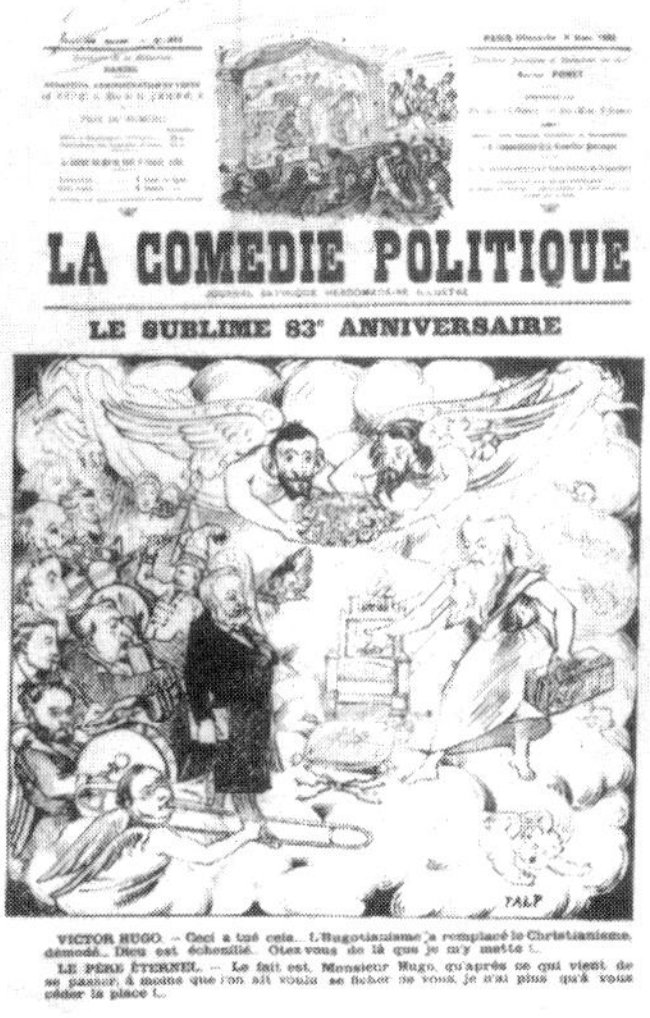

「崇高なる 83 歳の誕生日」

父なる神

ユゴーさん、人々はあなたを馬鹿にしようとはしたものの、こうしたことが起こった今となっては、私はあなたに席を譲るしかありませんな……！

ここでユゴーは、天使のような翼をつけ華々しく楽器を演奏する同時代人たちに取り囲まれており、「父なる神」はすっかり荷まとめを済ませたようで、手には旅行鞄を提げている。キャプションの冒頭の言葉「これがあれを滅ぼした」とは、小説『ノートル゠ダム・ド・パリ』（一八三一年）の有名な台詞「これがあれを滅ぼすだろう」を受けたものなのだが、一般読者にもそれが広く共有された知識であったことがうかがわれる。

小説の中でこの台詞を発するのは聖職者クロード・フロロであるが、この予言めいた発言は、グーテンベルクによる印刷術の発明がもたらす書物の普及による建築術の衰退、さらには、それらの書物が人間の思想を偏在化させることにより、教会建築に象徴されるカトリック教会が敗北することを暗示するものであった。風刺画のキャプションは、その予言が的中し、実際にユゴーによって送り出された数々の書物がついには教会に勝利したことを示唆してもいるのだろう。

作家の聖別の時代はすでに過ぎ去っている。しかしユゴーはついに「神」になった。では、なぜ数多の作家たちの中からとりわけ彼が選ばれたのだろうか。まずは、ロマン主義時代の大作家たちの存在が、芸術の分野を問わず、十九世紀後半にいたっても抜き去り難い聖性を纏い続けていたことを念頭に置いておく必要があるだろう。エミール・ゾラの小説『制作』には、時代の潮流がレアリズムへと移行しても、芸術家たちがいまだロマン主義時代の作家たちを超克することができずに苦悶する姿が描かれているが、この小説に登場する若き画家たちは、かつてユゴーの詩の熱烈な読者でもあったのだ。文学におけるロマン主義運動の中心人物とみなされていたユゴーの文学的名声は、賛否両論を得ながらも傑出したものであり、亡命以前の時代から、フランスを代表する「国民詩人」としての彼の地位は揺るぎないものとなっていた。そして第三共和政の時代、ユゴーはロマン主義の大司祭《マージュ》たちの最後の生き残りであった。この詩人を「神」としてむかえることで、新しいフランスは、敗戦によって終止符を打たれた第二帝政期以前へと遡り、偉大な芸術家たちを輩出したロマン主義の時代のフランスに、自らを接ぎ木することができたはずである。

それでは、ユゴーが「神」とされるに至ったのは、彼のいかなる属性によるものなのだろうか。彼がフランス国民の心を強く惹きつけたのは、社会的弱者としての女性や子供を悲惨から救済することを訴え、皇帝に抑圧された存在としての民衆に決起をよびかけ、諸革命や戦争に際しては国民を鼓舞し祖国への愛を吹き込む、彼の作品の内容にも大きく関わるところがある。だがここでは、本章で扱うことのできた観点に限定し、ユゴーの特異性を考えてみたい。

一言で言うならば、ユゴーは深遠な理想主義者であった。だが、彼のかかげた理想が複雑で難解なものであったわけではなく、むしろそれらは極めて明確で、単純にすら見えるものであった。理解され難かったのは、しばしば知識人たちの失笑をかい、時には嘲笑をあびせられながらも、徹底した理想主義を貫き通したユゴーの存在それ自体である。確かに、彼の演説は雄弁かつ扇動的なものであったが、当時においては、ほとんど実効性をもたなかった。しかしそこには、滑稽に見えるほどの正しさがあった。

ユゴーが「理想を指し示すことが必要である」と考えたのは、人々が「どこを目指して進むのかを言わなくてはならない」からだ（POL: 218）。そして、その理想とは、彼の神に対する信仰によって照らしだされたものであった。ユゴーは次のように言う。「広大無辺なるものについてのあらゆる真摯な研究からは、進歩という結論が導き出される。ものごとの完成された姿が熟視されたならば、それは改良化の可能性を証明することになる」（CHA: 748）。詩人が自らに課した聖職は、人類の到達点を指し示し続けることであったのだ。

楽観主義ともとられかねないユゴーの理想主義は、苦渋に満ちた進歩への信仰によって支えられていたともいうことができる。『レ・ミゼラブル』の序文の構想として書かれた断片からは、「この本の著者のように、過ぎ去った六千年が無駄な苦労であったわけではないこと、これほどまでの努力と労働の後に、ついには人類がわずかに前進できることを願う人々」（CHA: 747）を、ユゴーが読者として思い描いていたことがうかがえる。神の名のもとに進歩を信仰する詩人は、気の遠くなるほどの時間をかけた人類の歩みが暗澹たる受難の歴史に他ならなかったことを知っていた。そして、その歩みを進歩と呼び表すことの困難さを引き受けた上で、彼は遥か未来に実現されるべき理想を示し続けたのである。

一八八五年、ユゴーは自宅で息を引き取るのだが、その死の二週間前から新聞の一面は日々国民詩人の容態を伝え、毎日のように著名人がユゴー邸を訪問することになる。その中にはジュール・フェリーも含まれていた。そして、その死の扱いに関しては、共和派とカトリックとの勢力争いも大いに関係していた。ユゴーの死に際しては国葬が行われ、その遺体はパンテオンに埋葬される。これを機に、カトリックの教会であったパンテオンが、フランス革命期以来、再び世俗の偉人廟となるのだが、カトリック系の新聞はこれを「サタンの勝利」と非難し、極右の新聞『ユニヴェール』は、「ユゴー氏に場所を譲るために、人々は神を追い出すだろう」と評したという (Ben-Amos, 1997: 441)。

しかし、国葬という決定に関しては、右派やカトリックからも異議を挟まれることはなかった。モーリス・バレスの小説『根こぎにされた人々』には、詩人がパンテオンに安置される前夜、群衆が「一人の神を生み出した感嘆のあまり、気も狂わんばかりに熱狂して」(Barrès, 1897=1967: 463)、その棺台を一目見ようと波のように押し寄せるという場面がある。反共和派のバレスは、詩人の葬儀を見物する主人公があたかもフランス国民全体を一つに結ぶ深い精神的な紐帯を目の当たりにしたかのような感覚にとらわれるのを、距離をとった視線で描いているのだが、ユゴーのパンテオンへの埋葬は、まさしく「共和国の父」を「ライックな神」として新たに降誕させるための国民的式典に他ならなかったのである。

同日発行された風刺画(8)の中では、高位聖職者の衣服に身を包んだ人物が、「ヴィクトル・ユゴー邸」と書かれた建物の屋根の上で、煙突の穴に向かって捕虫網を構えている。キャプションは、「偉大なる詩人の魂を捕まえようとするギベール司教」。ユゴーは死を前にしてあらゆる教会の祈禱を拒否していた。死の前日、パリ大司教は、ユゴーに終油の秘蹟を行おうと試みるが、ユゴーはそれも拒絶したのだった (VHRC: 90)。

ところで、当時のフランスでは宗教的儀式を伴わない葬儀が共和派と右派の間の大きな争点となっており、ユゴーは生前よりそうした非宗教葬(9)の推進者だった。帰国後のユゴーは、この方法で行われた彼の二人の息子と、エドガー・キネ、ルイ・ブラン夫妻の葬儀の際に弔辞を述べている。しかし、八〇年代に入り、思想的マニフェストの意味合いを強めていった非宗教葬の場におけるユゴーの神への言及は共和派の人々を戸惑わせてもいたのだった。

「ヴィクトル・ユゴーの死」

ユゴー自身の体調不良のため、代理人によって読み上げられたルイ・ブランの弔辞には、「共和国の根底には何があるか？　人間である。自然の根底には何があるか？　神である」という言葉があるが、当時の新聞はこれに対して「自由思想家の墓の上に投げかけられた神の名によって、葬儀の場における混乱と道徳的無秩序は極地に達した」と批判した（Ben-Amos, 2003: 44）。

さらに、演説の原稿の続きの部分では、「私たちは歴史上語られるいかなる神々をも信仰しない」、しかし、「真実、正義、良心、愛、光、これらすべては神であり、私たちは神を信じているのです」という言葉が続き、いかなる既存の宗教にも属さない神の存在が示されるのだが、当日、この神への言及の部分は削除されて読み上げられ、新聞にもその部分は掲載されなかったのである（POL: 1050, note 61）。

亡命期のユゴーの宗教的思想が集中的に表された作品はその死後まで発表されることがなかったの

だから、反教権主義的立場をとり続けた詩人が、実際には彼の思索の中心にあった神をめぐる問いが不問に付されたままの形で、共和国の「神」として崇拝されることになったとしても、それを共和派のイデオロギーにだけ帰することは正当性を欠くことになる。ただし、ユゴーによる反教権主義の主張自体が、詩人の宗教をめぐる壮大な思想の一部にすぎず、決して国内のカトリック派に対する戦いに彼の主眼が置かれていたわけではないことは忘れずにおくべきであろう。

初期のユゴーは、文学的かつ政治的な次元において、キリスト教と関係を取り結んだ。しかし詩人がキリスト教的な主題に傾倒したごく短い期間の間ですら、その詩業がカトリックの信仰と直接的に結びつくことはなかったのである。他方、十九世紀の半ば以降、ユゴーは反教権主義的立場を明確にすると同時に、国際会議や議会の演説の場において、また多様な文学テキストの中で、自らが「神を信じる者である」ことを宣言し、独自の神への信仰のあり方を繰り返し表明していくようになる。

当初から存在していた詩人と制度的宗教としてのカトリックとの距離が、決定的な乖離へと変化する中で、ユゴーによる「宗教的なもの」の探求は、途切れることなく、むしろ強度を増していったと言える。それというのも、ユゴーの一貫した信念でありつづけた「詩人の使命」を成立させるために、神の存在は不可欠なものであり、決して外から与えられることのなかった絶対的な「神」を、ユゴーは自ら練り上げる必要があったからである。

詩人が神の声の木魂となることと、自らの思想を神の声として語ること、この二つは表裏一体をなしており、そのために神の詩人との距離は限りなく近づくことになるのだが、ユゴーの意図は、あくまで自分を歴史的、神話的な預言者たちの列に並べることにあった。それゆえ、ユゴーにおいて、「神」の探求は、自らの詩人としてのアイデンティティ、その存在意義の画定と不可分なものとして進められたのである。

十九世紀全体を通してみても、ユゴーほどに、神の存在を自己の基盤として切実に必要とした作家はいなかったのではないだろうか。しかし皮肉にも、第三共和政の時代において、ユゴーが注目された側面とは、主にその反教権主義的な思想の部分であり、結果的にユゴーは、カトリックの「神」に代わる存在、誕生して間もない共和国の「ライックな神」として祀られることになるのである。

ユゴーの神格化は、その死をもって絶頂に達する。彼の理想主義に対する揶揄や批判、権力者による迫害の経緯すら、すべてが、いわばユゴーの聖性を証明するファクターに転化したのだと言えるだろう。だが、なによりユゴーは、ナポレオン三世と第二帝政のオルタナティヴでありながらも、決して政治的な権力を手にすることがない存在であった。本国を離れ亡命先の島から「独裁者」を断罪する神の声を伝え続けた預言者、カトリックが勢力を大幅に拡大する第二帝政期にあって徹底したアナクロニズムを貫いた思想家としてのユゴーの存在は、政治的に準備されたユゴー崇拝が完成する以前の時代においてすでに、「宗教的なもの」としてフランス国民の目に映っていたはずである。

参照文献

Barrès, Maurice, 1897=1967, *Les Déracinés*, Plon, « Livre de poche ».
Ben-Amos, Avener, 1997, « Les funérailles de Victor Hugo », *Les Lieux de mémoire I*, sous la direction de Pierre Nora, Gallimard, «

Quarto ».
——, 2003, « Victor Hugo et les enterrements civils », *Romantisme*, n°119, p. 35-45.
ベニシュー、ポール、二〇一五、片岡大右、原大地、辻川慶子、古城毅訳『作家の聖別——一七五〇—一八三〇　近代フランスにおける世俗の精神的権力到来をめぐる試論』、水声社。
ボベロ、ジャン、二〇〇九、三浦信孝・伊達聖伸訳『フランスにおける脱宗教性の歴史』、白水社、文庫クセジュ。
Le Drezen, Bernard, « "L'Exil et le Royaume" ? : Montalembert, Hugo (1830-1875) », Communication au Groupe Hugo du 16 avril 2005, consultable sur le site du Groupe Hugo : http://groupugo.div.jussieu.fr/groupugo/05-04-16Ledrezen.htm
Hovasse, Jean-Marc, 2001, *Victor Hugo : I. Avant l'exil (1802-1851)*, Fayard.
——, 2008, *Victor Hugo : II. Pendant l'exil I (1851-1864)*, Fayard.
Hugo, Adèle, 1985, *Victor Hugo raconté par Adèle Hugo*, sous la direction d'Annie Ubersfeld et Guy Rosa, Plon.(VHRA)
Hugo, Victor, 1885=2002, *Œuvres complètes*, Poésie I, Robert Laffont, « Bouquins ». (PI)
——, 1885=2002, *Œuvres complètes*, Poésie II, Robert Laffont, « Bouquins ».(PII)
——, 1885=2002, *Œuvres complètes*, Poésie IV, Robert Laffont, « Bouquins ».(PIV)
——, 1885=2002, *Œuvres complètes*, Roman II, Robert Laffont, « Bouquins ».(RII)
——, 1885=2002, *Œuvres complètes*, Politique, Robert Laffont, « Bouquins ».(POL)
——, 1885=2002, *Œuvres complètes*, Critique, Robert Laffont, « Bouquins ».(CR)
——, 1885=2002, *Œuvres complètes*, Chantiers, Robert Laffont, « Bouquins ».(CHA)
——, 1988, *Correspondance familiale et écrits intimes*, Robert Laffont, «Bouquins», t. I.(COR)
工藤庸子、二〇〇七、『宗教 vs. 国家——フランス〈政教分離〉と市民の誕生』、講談社現代新書。
——、二〇一二、『近代ヨーロッパ宗教文化論——姦通小説・ナポレオン法典・政教分離』、東京大学出版会。
Pouchain, Gérard, 2002, *Victor Hugo raconté par la caricature*, Maison de Balzac.(VHRC)
レモン、ルネ、二〇一〇、工藤庸子・伊達聖伸訳『政教分離を問いなおす——ＥＵとムスリムのはざまで』、青土社。
Robert, Guy, 1976, « *Chaos vaincu* » : *Quelques remarques sur l'œuvre de Victor Hugo*, Annales littéraire de l'Université de Besançon, Les

Belle lettres.
Rogers, Claire-Lise et White, Ruth L., 1989, *Relations Hugo-Lamennais 1821-1854*, Champion-Slatkine.
Stein, Marieke, 2007, *Victor Hugo orateur politique : 1846-1880 « Un homme parlait au monde »*, Champion-Slatkine.
谷川稔、一九九七、『十字架と三色旗——もう一つの近代フランス』、山川出版社。
宇野重規・伊達聖伸・高山裕二編著、二〇一一、『社会統合と宗教的なもの——十九世紀フランスの経験』、白水社。
Venzac, Gérard, 1955, *Les Origines religieuses de Victor Hugo*, Bloud & Gay.
山口俊夫編、二〇〇二、『フランス法辞典』、東京大学出版会。

註

（1）ラムネが実際にどのようにこの問題に対処したのかについては、研究者の間で意見が別れたまま結論は出ていない。それというのも、本文中に引用した「私の友人の高名なラムネ氏」で始まる文章が二つの意味に取れるからである（原文は以下のとおり。M. de Lamennais, mon illustre ami, m'a assuré qu'en attestant que j'ai été baptisé en pays étranger (en Italie), cette affirmation, accompagné de la tienne, suffirait.）。ジェロンディフ（前置詞 en ＋現在分詞）の主語は、原則として主動詞の主語と一致する。したがって、ラムネが「証明する」attester の主語であると解釈するのが一般的である。そのように読むならば、上記の文章は、「私の友人の高名なラムネ氏が、異国（イタリア）で私が洗礼を受けたことを証言してくれたのですが、この断言に加えて、お父様もそう断言してくだされば、それで事足りるだろうと請け合ってくれました」（強調は訳者）という意味にも取ることができるのである。この場合、ラムネがユゴーに洗礼を受けさせないまま、洗礼の事実を証言し、洗礼証明書を作成した可能性が出てくる。しかし、ユゴーに宛てた書簡に垣間見られるラムネの人柄からは、彼が証明書をいわば「偽造」したとは考えにくい。また、ユゴーの洗礼証明書は未だ見つかっていない。そこで本章では、この文章を「私の友人の高名なラムネ氏は、私が異国（イタリア）で洗礼を受けたと証言し、この断言に加えて、お父様もそう断言してくだされば、それで事足りるだろうと請け合ってくれました」（強調は訳者）と訳した。それは、古典時代にはかなり自由な文法構成が用いられており、今日でも文意が曖昧にならない限り、ジェロンディフの主語と主動詞の主語が一致しない構成も用いられるからである。つまり、この手紙においては文意が曖昧になってしまうことから本来ならば避けるべきなのだろうが、attester の主語を je、すなわちヴィクトル自身とすることも十分に可能なのである。この場合、ラムネはユゴーに、「異国で洗礼を受けた」と証言すればよいとの助言を与えただけであることになる。

(2) *Heureuse influence du Congrès de la Paix*, Bertall, *Le Journal pour rire*, deuxième année, 1er septembre 1849.

(3) フランス語の原文は pacifier。「平定する」と訳したこの語は、本来「平和にする」という意味をもっている。この両義性も当風刺画のアイロニーの一部となっている。

(4) 伊達聖伸「フランスのライシテの歴史を読み解くためのキーワード」、工藤庸子、伊達聖伸訳・解説『政教分離を問いなおす』、二〇四頁。ファルー法、教育の自由については、同書及び工藤庸子『宗教 vs. 国家――フランス〈政教分離〉と市民の誕生』、八一-八五頁、谷川稔『十字架と三色旗――もうひとつの近代フランス』、一六三-一七一頁を参照。

(5) *Un Changement de front*, Quillenbois, *Le Caricaturiste*, revue drolatique du dimanche, troisième année, n°35, 27 janvier 1850.

(6) *Le Justicier*, Le Petit, *Le Pétard*, deuxième année, n°40, 24 mars 1878. Lithographie, MVHP-E-3084.

(7) *Le Sublime 83ème anniversaire*, Talp, *La Comédie politique, journal satirique, hebdomadaire, illustré*, huitième année, n° 324, 8, mars 1885. Lithographie, MVHP-E-3063.

(8) *Mort de Victor Hugo*, Pépin, *Le Grelot*, quinzième année, n°738, 31 mai 1855.

(9) 原語は enterrement civil。宗教婚（mariage religieux）に対立するものとして、非宗教婚または民事婚（mariage civil）という訳がなされる（山口、二〇〇二、三五九）ことから、葬儀は法的手続きには属さないが、ここでは非宗教葬という訳語を選択した。

第六章　「国民」と社会的現実――マルセル・モース

赤羽　悠

一　国民論の射程

モースにとっての国民

一八七二年、フランス東部ヴォージュ県のエピナルに生まれたマルセル・モースは、その社会学的・人類学的考察によって広く知られている。とりわけ一九二五年に発表された「贈与論」は、レヴィ＝ストロースをはじめとする後の社会学・人類学に多大な影響を与えた。彼の研究は、叔父であったデュルケムの社会学から多くを引き継ぎつつ、そのデュルケムによって斥けられた心理学を改めて取り上げ直すなど、「社会的なもの」を探究する独自の人類学的方法を確立しようとするものであった。(1)

モースは同時に、社会主義運動や生活協同組合運動に参加した活動家としての顔をもち合わせている。近年の日本におけるモース研究の中でも焦点が当てられている「異貌のモース」(渡辺公三)である(モース研究会、二〇一一、七五)。研究対象としては社会主義に関心をもちながらも、実践においては距離をとっていた叔父デュルケムと異なり、モースは、ボルドーでの学生時代から政治的活動に積極的であった。

そのモースには、未完に終わった「国民（La nation）」[2]と呼ばれるテクストがある。これは、第一次世界大戦に従軍していたモースが、戦争のさなかに着想をえたとされるもので、病気などによる中断を経ながらも書きためられたものである。[3]「社会形態の記述と「国民」の定義」（第一・二篇）、「国際関係、あるいはインターナショナリズムについて」（第三篇）、「国民化、あるいは社会主義について」（第四篇）、「国家との闘争、あるいは個人主義と市民の保障について」（第五篇）の計五篇から構成される予定であったこのテクストは、まとまった書物を出版することのなかったモースにとっての大著になるはずのものであった。その執筆に彼が並々ならぬ精力を注いでいたことは、草稿の整理にあたったアンリ・レヴィ＝ブリュルの証言からも窺うことができる（Lévy-Bruhl, 1953=1969）。

第一次世界大戦とロシア革命という未曾有の出来事を経験した二十世紀にいかにすれば世界の秩序が可能になるのか問うことが、大戦後のモースの大きな課題であったことは間違いない。それはモース自身の生に直接迫ってくるものであり、[4]「贈与論」のような人類学的研究もまたこうした課題と無関係ではない。だが、「国民」というテクストは、より直接的にそのアクチュアルな問題に取り組むものであった。

それでは、このテクストは、国民というテーマをどのように扱っているのだろうか。第一次世界大戦後という状況の中でモースがそれについて語るとき、それは何を意図したものなのか。まず言えるのは、それが国民という集団の単位に何らかの理論的基礎を提供するものではない、ということである。それは、「国民とは日々の人民投票である」（Renan, 2011 : 75, 1997 : 62）と述べたエルネスト・ルナンのように、「国民とは何か」という問いに対してある答えを提示するものではない。彼が行っているのは、あくまで社会学的・人類学的観点から「国民」と呼ばれる近代的事象、すなわちある「現実」(N：386)を捉え直し、その国民を中心として築かれる世界的な秩序のあり方を捉え直すことである。それは、国民という事象に焦点を当てた現状分析として書かれているのである。

「現実」への視線

けれども、国民が「現実」としてあるとはどういうことなのだろうか。それはまったく疑わしいことではないだろうか。国民の存在とは想像上のものであり、むしろイデオロギーに属するものであって、それをあたかも実体のようにみなすことが破局的事態をもたらすことは、二十世紀の戦争の歴史がすでに証明しているのではないか。しかしここでは、モースの前提を批判し、その分析の限界について性急に判断を下すのではなく、現実という観点から国民を論じるモースの意図について立ち止まって考えてみたい。

この国民論には明確な意図がある。モースによれば、諸国民の戦争であった第一次世界大戦を経験した人々は、しかしながら国民について正しく知っているわけではない。国民は「自らを知らず、それが進んでいく道を見ず、現時点で無力」である。それゆえ、国民が、その道徳と経済の堅固な制度的土台を、そして「その行為と思考のリズム」を見出しうるようにすることが必要であった。国民は、「自分自身について正しく考え、その将来をはっきりと見据え、それに向かって精力的に進んで」いかなければならない(N：60-61)。その自己意識をもたらすのは政治の役割だが、国民論は、そのような政治を可能にするため、もしくは助けるためのものである。
このような文脈で語られる「現実」としての国民のイメージは、単に観察されうる事実というのとはほど遠い。それは眼前にあるというよりむしろ、隠されたもの、知られずにあるものである。そう考えるならばモースは、「国民」と一般に呼ばれているものがそのまま現実であると言っているのではない。むしろその背後に、はっきりと意識されていない何らかの「現実」が横たわっていることを示唆している。モースは、そのような独特な社会的現実を明るみに出そうとしていたのである。そして、そのような社会的現実への視線は、フランスの社会学的伝統の中で培われてきたものにほかならない。(5)

とはいえ、ここで国民に注目したということには、単に社会学的伝統には回収されないモースの独自性がある。つまりここで問題になっているのは、デュルケムの場合のような「国家（État）」ではなく「国民」であり、これから見るように、モースの議論は、国民と国家との関係を、そしてそれゆえ「国民国家（État-nation）」という枠組みを、国民の検討を通じて問い直すものとなっているのである。本章で扱うのは、モースが主に「国民」というテクストにおいて、この国民の概念へと向ける視線のあり方であり、そのような探究を通じて近代特有の社会的現実をとり出そうとする手つきである。このモースの視線の下に、国民の概念はある独特な相貌を帯びたものとしてあらわれてくるのである。

二　「国民」の謎

諸社会の分類

国民はまず、社会の進歩の観念を前提とした歴史の枠組みの中で語られる。デュルケムから引き継がれたこの見方では、社会は進歩する中で徐々に統合されていくとされる。社会の形態は、その進歩の段階にしたがって大きく四つに分けられる。

まず最初に、クランを中心とした社会、クランこそが社会生活の核をなす社会がある。続いて、部族的形態をとる社会があり、そこでは、クランの枠を超えた部族が、恒常的な組織と永続的なものとみなされた権力を備えているとされる。これらはいずれもデュルケムが言うところの「多環節型社会」に属しており、互いに独立した集団の集合体である。

それに対して、そのような多環節的要素が消滅し、社会内部の境界がもはやない社会が存在する。それは、家族的な集団が政治的機能を失い、それと連動して、中央権力が恒常性を備えた突出した存在として浮上してくる社会、すなわち組織され安定した「政治社会」(N:79) である。このような社会は、多環節型社会との対比で「統合された社会」と呼ばれる。この統合という基準に基づく社会の線引きはスペンサーにもデュルケムにも見られるもので、モースもそれを踏襲している。

ただし、モースによれば、統合された社会はさらに二つに分類できる。「国民」というカテゴリーを考えるうえで重要なのは、この区分である。それは、アリストテレスが「エトノス (ethné)」と「ポリス (poleis)」とのあいだに設けていた区別に対応するという。

では、まず「エトノス」とは何か。アリストテレスは、例としてバビロンを挙げる。この国家においては、陥落して三日経った後も、その一部の領土の人々はそれに気づかずにいたという（アリストテレス『政治学』第三巻、三、1276a）。統合の程度の低いこの「エトノス」においては、ある部分が別の部分とは無関係に存続しうる。各部分は、全体にとって不可欠なものとなっているわけではなく、個体という全体の輪郭に関する感覚も、その内部の組織に関する感覚もぼやけたままである。

このような社会では、構成員自身による意識的で政治的な権力の構築がないのだから、権力は外在的なものにとどまる。「〔これらの社会は〕その政治的特性を奪われても痛みを感じないし、自己統治の欲望をもつよりもむしろ、よき専制君主を受け入れるのだ」（N : 81）。そこに見出されるのは、権力に対する受動性、自己統治の政治的ダイナミズムの欠如である。そこに厳密な意味での政治的な法は見出されず、それはたいていの場合、宗教的性格を帯びる。インドや中国、東ヨーロッパの諸社会に見出されるとされるこうした類型の社会は、単に「国家」、あるいは「帝国」と呼ばれている。

それとの対比で提示され、アリストテレスにおける「ポリス」にあたるものこそが、「国民」である。それは、端的に次のように定義される。

> 完全な国民とは、一定程度に民主的な中央権力に十分に統合されており、つねに国民主権の概念を有し、一般的に、その境界が人種、文明、言語、道徳、一言で言えば国民的性格にあるような社会である（N : 114）。

イギリス、フランスをはじめとする、主に西ヨーロッパの諸社会にその先進的形態が見られるとされる国民は、その統合が最高の段階にまで達した社会である。国民の内部を複数の社会にわける境界はもはや存在していない。すなわち、国民という集合体と個々の市民のあいだに仲介物は存在しない。そこにおいて下位集団がまったくないというわけではないが、それは政治的独立性をもった環節ではなく、あくまで全体と有機的に結びついた「区分化（sectionnement）」の中でのみ現れてくる。国民は、「民主的な中央権力」の下で高度に統一されているのである。

そのような国民は、様々なレヴェルで統合されている。それは、しばしば単一の経済圏を有する。ドイツにおける「国民経済（Volkswirtschaft）」の出現がその一例であり、アダム・スミスの『国富論』も、そのような国民の出現の趨勢と関連づけられる。観念のレヴェルでも、国民は一体性を示す。

> その名に値する国民は、その美的、道徳的、物質的文明、そしてほとんど常にその言語を有している。それはその心性、その感受性、その道徳性、その意志、その進歩の形態を有しており、それを構成するあらゆる市民は、つまるところ、国民を導く観念（Idée）に与している（N: 94）。

すなわち、それぞれの国民の出現とともに、フランス語やドイツ精神、イギリス道徳といったものが生じてくるのである。国民は、それを特徴づけるような「国民的性格（caractère national）」をもち、特定の観念を共有している。

このようにモースにおいて、社会の進歩の先端に位置づけられた国民は、民主的な中央権力の下に統合され、その固有の性格をもったものとして描かれる。

国民統合のディレンマ

けれども、このような説明は、歴史的に出現している国民の諸相を描写するものであっても、国民の統合それ自体がそもそもいかにして可能となるのかを言い当てるものではない。それは、国民を外から客観的に見分ける基準を提供するものではあっても、人々が国民へと統合される基礎を示すものではない。一言で言えば、国民の定義にある「民主的な中央権力」の内実が不明瞭なのである。実際、モースの「国民」は、人為的な社会の構成のモデルでも、自然的な社会の構成のモデルでも説明されえない。

まず、国民を、人民の意志によって構築された政治的で人為的な社会として捉えることはできない。たしかに、国民は社会契約のイメージと深く結びついている。自由や平等といったフランス革命的理念を有する国民は「個人によって形成される政治的集団」(Dumont, 1966=1979 : 379, 2001 : 566) と呼びうるもののように思われる。だがそれは結局のところ、同意によって創設された社会という観念が共有されているということであって、実際に意志によって国民が創出されるわけではない。イギリスのマグナ・カルタ、一七七九年のアメリカのリッチモンドの議会、一七九〇年七月十四日のシャン＝ド＝マルスでの連盟祭といった、社会契約の契機を示す「儀式」は、「国民とは同意によってつき動かされる市民たちのことである、ということの観念の望まれた表現」(N : 96. 強調原文) でしかない。それゆえ、ルナンのように、国民を個々人の意志に基づいた共同体と定義するのでは不十分だということになる。[6]

他方で、国民という単位は、何らかの自然的な単一性に基づいて存在しているわけではない。その点に関して、モースは「国民性（nationalité）」[7]と「国民」それ自体を区別する。各々の国民は、たしかに「国民的性格」を有している。だがそれは、観察によって外から捉えられるような諸々の特徴の総体を指すのであって、そこに何か固有の実質があることを意味するものではない。[8] 国民には、固有の人種、固有の文明、固有の言語の存在への信仰、あるいは「フェティシズム」（N：107）があるけれども、それはいってみれば幻想に過ぎないのであって、これらの固有性は、むしろ国民それ自体によって作られるのである。「人種が国民を創出するのだと人々が信じたのは、国民が人種を創出しているからである」（N：102）と、モースは述べているが、これは言語や文明といったその他の要素についても同様である。フランス国民は、フランス語、フランス人、フランス文明があると信じる。けれどもそれは、固有性、同一性を担保するそのような性格には還元されない、、、、、フランス国民と呼びうる何かがまずあって、それが「固有性」を作り出そうとする傾向をもっているということなのである。ナショナリズムが猛威を振るっていた二十世紀前半にあって、モースはこの国民と国民性の区別を強調する。明らかにすべき「国民」とは、ナショナリズムを呼び起こす抽象的な国民性に還元されない、ある具体的なものなのである（N: 306）。

それゆえ、国民統合は政治的・法的な論理に基礎づけられたものではなく、かといって、自然なものとされるような何らかの同質性から生じたものでもない。だが、そうだとすれば、統合の基礎はどこにあると考えるべきなのだろうか。

国民を把握しようとする試みは、ここで近代社会を社会として捉えようとする時に現れてくるディレンマに直面している。現代の政治哲学者クロード・ルフォールを引用するならば、このディレンマは次のように説明されるだろう。

近代デモクラシーを分析することの困難は、それが、人民、国家、国民のイメージを現実化する運動を明るみに出す一方で、近代デモクラシーが空虚な場としての権力を参照するものであるがゆえに……必然的につまずかされるという点にある (Lefort, 1986 : 299-300)。

既存の超越的・宗教的権威を失った近代デモクラシー社会において、権力は「空虚な場」となるとルフォールは言う。近代デモクラシー社会は国民のようなアイデンティティの現実化へと向かう運動を孕んでいる。だがそれは、国家や国民のような一なるもののイメージに回収されえない。超越的権威なき社会の「アイデンティティは決定できないもの」(Ibid.: 300) だからである。とはいえそのことは、自由主義的な立場から言われるように、統合を可能とするような何らかの場の存在が、まったくの幻想であるということを意味しない。ゆえに、権力の場は逆説的に空虚なものとしてあると言いうる。近代社会の捉えがたさは、そこに存するのである。

モースが国民概念を通じて浮かび上がらせているのも、近代において社会を捉えることが孕む、このようなディレンマであると言える。けれどもモースは、このような政治哲学的な考察から浮かび上がる問題に対し、いわば社会学的転回を加えることで答えている。すなわち、ルフォールにとっての権力の空虚な場に、モースはある特殊な現実、社会的現実を見る。そして、その現実を指すものとして「国民」を用いているのである。モースにとって国民とは、超越的権威という統合の根拠が失われた社会に、捉えがたいけれども現実としてある、特殊な統合の場を指し示す概念である。外在的権力がなくなった時に、それでも存在している「社会」とは何なのか。そのような捉えがたさの中で、それでも社会的現実なるものがあるとするならば、その現実性はどのようなものなのか。そして、それはどのように語ることができるのか。モースの国民論が触れているのは、この問題なのである。以下では「国民」の議論の軸となっている社会主義とインターナショナリズムを検討しつつ、このような問題を考えたい。

三　「国民」という現実

社会主義と国民化

国民の現実が、社会主義の登場および発展の事実と結びつけられている、という点にまずは注目したい。社会主義とは、単に抽象的な理論の産物、個人の観念の反映ではなく、「目の前の現実」（N : 58）と結びつきながら練り上げられたもの、事実と観念が一体となった「近代社会の運動」（N : 251）だとされる。デュルケムによる定義を下敷きとしながら、モースは社会主義を、「国民に経済生活全体の統制を任せようとする、観念、力、集団の総体」と定義する[9]（N: 251-252）。そして、経済生活全般を国民に委ねるその運動の総体を「国民化（nationalisation）」と呼んでいるのである。

モースにとって、サン＝シモンとともに始まり、サン＝シモン主義からプルードン主義、マルクス主義へと受け継がれるような社会主義が「近代社会の運動」そのものと映るのは、それが実証的に「社会の全体的変革」（N: 250）を目指すという側面をもっているからである。それは労働者階級の教義や階級闘争の理論に還元されるものではなく、社会の全体に関わっている。そう捉えるならば、社会主義は必ずしも近代デモクラシーと矛盾するものではない。それどころか、社会主義的観点こそが社会の全体的利益という観念を浮かび上がらせるのであるから、それはむしろデモクラシーの徹底である[10]。

重要なのは、「国民化」と「国有化（étatisation）」が同じではないということである。モースは、社会主義それ自体を国民化の現象と結びつけつつ、それと国家社会主義を区別する。後者にあたるのはビスマルクによって進められたドイツ流の社会主義だが、それは行政の集権化に依拠し、経済を国家に従属させるもので、あくまでドイツ帝国という枠組みの中で形作られる（N : 273-275）。そのような社会主義の中に、国民は場所をもたない。それに対して国民化の傾向は、イギリスにおけるウェッブ夫妻の一連の社会改革の試みに端的に見出されるとされる。実際、ジャック・ドンズロによれば、ウェッブ夫妻の「産業デモクラシー」は、「権威主義デモクラシー」に抗して、「国家権力を社会の実質的な行為者に配分し直すこと」を目指すものであったとされる（Donzelot, 1994 : 164）。モースによれば、国民化は何よりこのような「下からの経済運動」なのである。それは生産や消費といった具体的な生活実践の場の自主管理へと向かうもので、労働組合、協同組合、相互扶助組織の発展、それらによる新たな「集合的所有」（N : 254-255）の形態の創設などによってなされる。こうして、政治的な市民となった後、人々はさらに経済的な市民となる。労働組合の発展について論じながら、モースは、フランス革命における純粋に政治的な権利の宣言の後で、労働者は、国民の一員として「新たな経済的革命の書」を書くことになるのだ、と述べている（N: 339）。

注目すべきは、ここで問題になっているのが単に物質的な生産・消費活動の国民による自主管理だけではない、ということである。それは、物質的・経済的であると同時に精神的・道徳的な国民的「生活」（N : 251）の登場である。社会主義とともに現れてくるのは、「経済的であると同時に道徳的な新たな体制」（N : 251）なのであって、それが向かうのは物にかかわる自主管理であると同時に、いわば「精神の自主管理」（真島一郎、モース研究会、二〇一一、一六九）でもある。経済の論理の組み換えを通じて、社会そのものの新たな形態が現れてくることをモースは予想し、また期待していたのであって、その社会の別名が「国民」であった。

したがって、少々逆説的だが、国民そのものが「国民化」と呼ばれる現象のなかであらわれてくることになる。国民は、帝国主義的で我欲にまみれた指導者階層から解放されたとき、「あらゆる分野で、とりわけ経済的なものにおいて、みずからを現実化する」（N : 242. 強調引用者）。国民とは、自主管理の実現という、この「国民化」に先んじて存在しているものではない。それはあくまで自主管理を獲得する過程を通じて、「ある共通の土地において共同体として生きる人々の大きな集団として現実に現れるにいたる」（N : 242. 強調引用者）。モースにおいては、国家に還元されないような諸々の社会的実践の場そのものが「国民」と呼ばれているのである。

デュルケムの国家、モースの国民

このように、国民という社会的現実を社会主義的な実践が展開される場に見出すモースの観点は、デュルケムの観点からの興味深いずれを示している。ここにあるのは、社会的なものそのものの概念をめぐるデュルケムとモースの違いである。『社会学講義』のデュルケムは、道徳との関係で社会を次のように論じていた。

じっさい、人間が道徳的存在であるのは、かれが組織された社会のなかにいるからこそである。およそ規律も権威ももたない道徳はありえない。ところで、唯一の合理的権威とは、社会に、その成員に対するものとして、付与されている権威である（LS : 107=110）。

道徳的存在としての人間は、組織され、それゆえ規律と権威をもった社会の中にのみ見出される。規律と権威が「合理的」なものとなるのは、それが社会そのものに由来する限りにおいてである。すなわち、行動の規範が社会そのものによって課される場合にのみそれは理にかなったものとなり、単なる強制とは異なる道徳的性格をもった「義務」として、われわれの前に現れてくる。そして、「現存するもののうちでもっとも上位にある組織された社会」（LS : 108=111）は国家であるから、この国家がそのような道徳的な「社会」の役割を果たすのだとデュルケムは考える。

権威をこのように捉えるならば、統合された社会としての近代社会が成り立つのは、この「社会」の中枢としての国家が存在するかぎりにおいてである。「社会」はここで、合理的な権威の存在を成り立たせる特別の集団の単位であって、数ある集団のうちの一つではない。この特権的な「社会」の審級にこそ、強制ではなく、したがってそれに従うことが自由を侵害しないような権威が存する。「ちょうどわれわれが肩にかかる大気の重みを感じないように、個人は社会の専制を感じない」(LS : 108=96)。それどころか、国家こそが個人を解放するものであって、このような道徳的権威のくびきは個人にとって「有益なもの (salutaire)」(LS : 108=110. 訳語を変更した) であり、一種の救いである。デュルケムの考える統合された社会においては、個人に規律を課す権威があり、唯一それが正当なものとなるのが、社会そのものの、したがって国家の権威である場合なのである。そして、そのような国家の存在によって道徳的生活が生まれることになる。

たしかに、「社会的思惟の機関」、すなわち社会の集合意識それ自体の明晰な表現としての国家というデュルケムの概念は特殊なものであって、それを国家社会主義的な「国家」と単純に同一視することはできないだろう。ただ、デュルケムにおいては、国家という社会にとっての一般的存在が、近代社会そのものの条件となっているのはたしかであり、この点でモースの観点はデュルケムと異なる。社会的なものの意味がはっきり示されている「贈与論」を参照するならば、モースにおいて社会の道徳は、なにより贈与＝交換という、法的、経済的、宗教的かつ審美的であるような「全体的社会事実」、義務でありかつ自由なものとしての贈与の行為自体に宿っている。規律は一般的存在の名の下に上から課されるというよりも、社会関係を取り結ぶ行為それ自体として、つまり自発的なものとして現れてくる。それゆえ、道徳的生活、つまりは社会を構成する特権的な場があるとしたら、それは国家よりも「集会や祭市や市場や、あるいは少なくとも、それらの代わりをなす何らかの祝祭の場」(SA : 275, 2014 : 440)、すなわち交流、交換の場であることになる。社会とは、いわばそのような場に集まる人々の集団である。モースは社会を、ある権威によって課される義務によって(たとえその権威が社会それ自体に発するものであろうとも)作られるものとは見ていない。社会的現実とはむしろ、義務でありかつ自由でもあるような社会関係が取り結ばれる自生的秩序を指す。モースが社会主義、そして国民化という言葉を用いて名指しているのはそのような場の生成なのである。

社会関係とインターナショナリズム

モースは、もう一つ別の文脈でも国民の現実について語っている。それは国際関係の文脈である。国民論の構成からわかるように、国際関係の問題はモースの議論の中で大きな割合を占めている。文明論にみられるように(Mauss, 1974)、モースは文明、制度、芸術といった様々なものが模倣され、社会を越えて伝播していく過程に注目している。社会は、本質的に「透過性」(Terrier, 2013 : 18)をもったものとして捉えられる。こうした模倣・伝播の力は強力であり、その先にモースは、言語までもが統一された「普遍的社会」の可能性すら見据えている(N : 148)。その中で、国民はあくまで過渡的な段階であり、国民の形成は、同時にさらに広い範囲の秩序の登場を予見するものである。実際に、国民の形成と並行して国際的な社会も形成されつつあるとモースは見る。「国際連盟が現実となり始め」(N : 398)、国際労働機関や常設国際司法裁判所が始動したことは、その徴候である。

しかし同時に、普遍的な社会が一挙に打ち立てられるということはない、という点も強調されている。というのも、ある社会の形成は常に下位集団の統合によってのみ、つまり具体的な交流と交換、社会的実践の場の範囲の漸次的拡大によってのみなされるからである。このような社会関係の展開による世界的秩序の構築に理想を見出す「インターナショナリズム」が、ロシア革命を支えている「世界市民主義」に対置される。モースは、後者について次のように批判している。

それらの観念は、現在のいかなる現実にも、人間の自然な集団にも、特定の集団の利益にも対応していない。それは純粋で、キリスト教的で、形而上学的な個人主義の最後の到達点である。「世界市民」としての人間という考え方に基づくこの政治は、どこでも同じモナドとしての人間についての、社会生活の現実を超越した道徳についての崇高な理論の結果でしかない（N : 395-396）。

たしかに、社会生活の個別の現実と普遍的な「世界市民」の政治が最終的に重なり合うことでそれが実現される、という可能性それ自体は否定できない。けれども、少なくとも現時点で、そのような個人主義的で普遍的な理念は「行為の動機」（N : 396）とはならない。つまり人間は、普遍的、人類的な理想や価値に基づいて行為をしているわけではなく、特殊な社会の文脈の中で、特定の価値や規範にしたがって生きている。それゆえ、世界的秩序の構築は、そのような現実的社会の段階的な融合によってのみ考えられる。その観点から国民は、世界的秩序の構築の一段階をなす現実的で不可欠な契機、そして現時点で最も広範な、具体的な社会生活の単位とみなされる。

別の側面から見れば、社会構築の漸次的な過程は、平和的な贈与＝交換がなされる場の拡大としても捉えられる。諸集団間のたえざる接触の中で、上位の集団の形成は「平和の必要性」から生じる。そのような「平和の必要性」は「好戦的傾向」と同じくらい古くからあるとされる（N：177）。この点は「贈与論」ではっきりと指摘されている。少々長いが、その結論部の一節を引用しよう。

社会が発展してきたのは、当のその社会が、そしてその社会に含まれる諸々の下位集団が、さらにその社会を構成している個々人が、さまざまな社会関係を安定化させることができたからである。すなわち、与え、受け取り、そしてお返しをすることができたからである。交わりをもつためには、まずはじめに槍を下に置くことができなくてはならなかった。そのときはじめて、財や人は交換されるようになった。それも、たんにクランとクランとのあいだだけではなく、部族と部族とのあいだで、さらには国民と国民とのあいだで、そして――とりわけ――個人と個人とのあいだで、交換されるようになった。そうやってようやく、人々は利益となることどもを互いにつくり合い、互いに満たし合うことができるようになったのだし、最後には武器に訴えることなしにそれらを守ることができるようになったのである（SA：278, 2014：450. 強調引用者。訳文を一部変更した）。

個人、クランから国民にいたるまで、そして国民間関係にいたるまで、贈与＝交換の成立が社会の基盤であるということは変わらない。国民を含む社会全般は、それを構成する個人あるいは集団のあいだの関係のこのような「安定化」によって現れてきた。ここで「安定化」とは、予め想定された何らかの社会による、個人あるいは下位集団の「組織化」とは異なることを意味する。つまり、デュルケムの場合にそうであるように、議論の地平をなすものとしての国家＝社会の輪郭が予め定められているわけではなく、むしろその輪郭の形成こそが問題となっている、ということである。モースにとって社会とは、個人同士、集団同士が槍、あるいは銃を置き、贈与＝交換がはじめられることで浮かび上がってくる自生的秩序、あるいは場である。

このような観点は、他なる社会の存在の切迫感を前提としているが、その前提は、おそらく第一次世界大戦を生きたモースにとっては経験的なものでもあっただろう。二人の個人、あるいは二つの人間集団が出くわしたとき、選択肢は二つに一つしかない。「離れるか――双方が不信感をあらわにし合うとか、挑発し合うといった場合には戦うか――、さもなければ、つきあうか」(SA : 277, 2014 : 447) である。この一見するときわめて単純な事実が、社会の形成にとっての決定的契機となっている。「社会」とは、このような状況にあって、贈与＝交換を行うという「英知」の産物であり、そこにこそ「連帯の秘訣」も見出される (SA : 279, 2014 : 450)。モースにとっては国民もまた、そのような一種のリアリズムの帰結であった。

こうして国際関係の観点からも、国民の現実性とは社会的な場の現実性、すなわち、平和的に贈与＝交換が、そして社会的実践がなされうるような場の現実性なのである。国民は、社会関係の中から生じる自生的な秩序の一環であった。

四　国民国家を超える国民

近代への視線と社会への視線

モースが「国民」という概念の背後に見ていたもの、あるいは見ようとしていたものは自生的な社会秩序、すなわちある社会的実践の場であった。だが、国民というその場は、独特な捉えがたさを孕んでいる。国民は、国家によって統合されるものではないし、また何らかのアイデンティティによって規定されるものでもないからである。「国民」というテクストが、国民それ自体について論じるものである以上に社会主義とインターナショナリズムについて（そして、草稿は残っていないが、個人主義について）扱うものである、という一見すると奇妙な事実は、国民概念のこの特殊な性格を物語っているように思われる。国民論は、たしかに国民について扱うものではあるが、それを国家へと係留された国民というイメージから、つまり国民国家のイメージからたえず遠ざけようとする運動、一般的な国民概念から、その意味をずらす運動を孕んだテクストであるともいえる。

ここで根本的に問い直されているのは、デュルケムのように、近代の社会的なものを国家という一なるものへの統合、ある一つの権威による統合という概念で捉える観点であるように思われる。デュルケムの「社会」概念が近代フランスのような国民国家のイメージと親和的なものであったとしたら、モースの国民概念は、そのような国民国家と結びついた「社会」概念そのものを、第一次世界大戦後の世界において問い直すものであった。別の言い方をすれば、モースの国民論は、ある一つの閉じた社会への統合ではない具体的な連帯の場の現実を捉えようとする試み、そしてそのような連帯の可能性を探る試みとみることができるだろう。

だがそうだとすれば、ここには一つの逆説が生じてくるように思われる。モースが実現しようと試みていたもの、そして国民にその実現可能性を見出していたものは、自由や平等、個人の権利や自律といったデモクラシーの価値、そして平和であった。モースは、国民という社会形態にこそその希望を見出していた。それゆえ、国民への諸社会の「進化」は望ましいものであったし、諸社会は実際にそのような望ましい社会形態へと変貌を遂げていくと考えられていた。けれどもモースは、逆説的に、国民のうちに社会一般の原理としての贈与＝交換を見出してもいた。モースの希望に満ちた視線は、この国民という到来してきた社会のうちに、アルカイックな社会にも見られる「正常な社会生活」(SA : 263, 2014 : 408) の再湧出を見ていたのである。

ここで、モースの近代社会への視線は、一見すると奇妙な形で「贈与論」におけるアルカイックな社会への視線と重なってくる。近代特有の社会としての国民の背後に透かし見られているのは、社会そのもののダイナミズムである。ここに垣間見られるのは、ポリネシアの諸社会や北米社会、あるいはゲルマンの諸社会と並んで、国民を一つの社会形態として見る人類学者モースの視線である。国民は、統合された社会というよりむしろ、経済的でも法的でも美的でも、そして宗教的（それはとりわけ呪術的、アニミズム的なものである）でもある社会的実践の見出される場として、捉えられている。固有に近代的な社会統合の問題は、そこでひそかに退いているのである。

自分自身を知ること

だがそうだとすれば、国民の近代社会としての特徴とは結局どこに見出されるのか。この問いは、つまるところ国民論とは何なのか、という問いに行き着く。最初に見たように、国民論の課題は国民が自らを正しく知ることであった。それはナショナリズムに行きつくような、国民のアイデンティティを把握することではなく、むしろそのようなアイデンティティの背後にある社会的現実を知ることであった。そして実は、自らを知る、というこの営みにこそ超越的権威をもたないデモクラシー的な国民の特徴がある。可視的な統合の象徴のない国民においては、不透明な社会的なものが、そのものとして現れてくる。そうだとすれば、自分自身を知るという社会の営みは、それ自体がすぐれて近代的なものということになろう。

では、この知るという営みは、結局どのようなものなのだろうか。モースは国民を同時に、「国際的に」、「国民的に」、そして「自由主義的に (libéralement)」考えなければならない、と述べている (N : 61)。国際的観点から物事を捉えられなければナショナリズムの政治が到来してしまうし、国民的観点から社会を捉えられなければ支配者層の暴走を止められず、一種の内戦が勃発してしまう。そして、自由主義的観点がなければ、つまり、フランス革命によってもたらされたような自由や平等の原理を尊重しなければ、デモクラシー的価値はやはり実現されえず、圧制が到来するだろう。それゆえ国民を知るとは、ただ国民の実体性を前提とし、それを知るということなのではなく、むしろ、個人から国際社会にまで連なる社会的現実の特殊な現れとして捉え、その意味を考えることである。こうした課題は、「贈与論」の最後の章で指摘される近代人の課題とも重なり合っている。モースはそこで次のように述べている。

> 必要なのは、市民が自分自身についての鋭敏な感覚をもつこと、そしてそれと同時に他者についての、社会的現実についての、鋭敏な感覚をもつことである（倫理にかかわるこうしたことがらにおいて、社会的現実以外の現実など、そもそもありえるだろうか）。必要なのは、市民が自分のことを考え、さまざまな下位レヴェルの集団のことを考え、そして全体社会のことを考え、そうしながら行動することなのだ。この倫理は永遠である（SA : 263, 2014 : 408. 強調引用者）。

ここで言われているのは、自らと他者との関係を測り、そのような他者との関係の中に置かれたものとして自分自身を捉え、その視点をふまえて行動するような実践的な態度である。そしてここでの「社会的現実」とは、まさに贈与＝交換関係にほかならない。自分自身を知ることは他者を知ること、そして社会関係そのものを知ることと切り離せない。贈与＝交換のエコノミーの中に置かれた個人は、つねに他者との関係において生きているのであって、自分自身についての現実は社会的現実と異なるものではない。このような形で自分自身を知ることは、ルイ・デュモンが呼ぶところの「社会学的統覚」（Dumont, 1966=1979 : 18, 2001 : 14. 訳語は変更した）、つまり自分が社会関係に置かれていることの自覚をもつことにほかならない。

国民論が国民を扱うときもまた、それを完結したものとして捉えず、関係の中でのみ浮かび上がってくるものとして捉えている。国民を知るということは、自らを具体的な現実としてそのコンテクストに置き直して捉えるということであり、それはいわば社会についての自覚であるというよりも諸社会の関係の中にあるものとしての自覚、自らがただ閉じた国民ではないということの自覚なのである。結局国民を、そして国民を生きる人々を特徴づけるのは、このような自覚へと向かうダイナミズムであり、国民国家のアイデンティティの明確化、すなわちナショナリズムへと行き着いてしまう危うさも孕んでいるような社会の自覚の営みなのである。

たしかに、現代の私たちはモースの進化主義的見方を必ずしも共有できない。諸社会は国民の形態へ、そして社会主義へと向かってゆき、国民間の関係としての平和が拡大していく、という見方は、第二次世界大戦、冷戦と続くその後の実際の歴史を見ても、きわめて楽観的なものと映る。けれどもこのような国民の考察は、第一次世界大戦という災厄を経験した後の状況で社会的現実の場を捉えようとする、きわめて現実的な動機に支えられていた。すなわち、国民国家という秩序の枠組みが問い直される状況にあって、デモクラシーや平和の土台となるべき具体的な社会的実践の場をどこに見出すのか、という問題が差し迫ったものとしてあった。そして、このすぐれて近代的な問題が、いまでも問うべきものとしてあるのはたしかである。それは、そのような社会的現実の場が現代の社会においてそもそも「国民」と呼びうるものなのかどうかという点も含めて、考えるに値するものであろう。

参照文献

アリストテレス、二〇〇九、田中美知太郎、北嶋美雪、尼ヶ崎徳一、松居正俊、津村寛二訳『政治学』、中央公論新社。

Callégaro, Francesco, 2014, « Le sens de la nation. M. Mauss et le projet inachevé des modernes », in *Revue du MAUSS permanente*, 19 février [en ligne]. http://www.journaldumauss.net/./?Le-sens-de-la-nation

Déloye, Yves, 1997=2007, *Sociologie historique du politique*, Paris, La Découverte.〔二〇一三、中野裕二監訳、稲永祐介、小山晶子訳『国民国家　構築と正当化』、吉田書店〕

Descombes, Vincent, 2013, *Les embarras d'identité*, Paris, Gallimard.

Donzelot, Jacques, 1994, *L'invention du social*, Paris, Seuil.

Dumont, Louis, 1966=1979, *Homo hierarchicus. Le système des castes et ses implications*, Paris, Gallimard.〔二〇〇一、田中雅一、渡辺公三訳『ホモ・ヒエラルキクス』、みすず書房〕

Durkheim, Émile, 1895=2005, *Les règles de la méthode sociologique*, Paris, PUF.〔一九七八、宮島喬訳『社会学的方法の規準』、岩波書店〕

——, 1928=1992, *Le socialisme*, Paris, PUF.〔一九七七、森博訳『社会主義およびサン‐シモン』、恒星社厚生閣〕

——, 1950, *Leçons de sociologie*, Paris, PUF.〔一九七四、宮島喬、川喜多喬訳『社会学講義』、みすず書房〕(LS)

Dzimira, Sylvain, 2007, *Marcel Mauss, savant et politique*, Paris, La Découverte.

Fournier, Marcel, *Marcel Mauss*, 1994, Paris, Fayard.

Halévy, Élie, 1938=1990, *L'ère des tyrannies*, Paris, Gallimard.

Karsenti, Bruno, 1994, *Marcel Mauss. Le fait social total*, Paris, PUF.

——, 1997, *L'homme total. Sociologie, anthropologie et philosophie chez Marcel Mauss*, Paris, PUF.

——, 2010, « Une autre approche de la nation ; Marcel Mauss », *Revue de Mauss*, vol. 36.

北川忠明、一九九四、『フランス政治社会学研究——デュルケムと現代』、青木書店。

——、二〇〇五、「エミール・デュルケムと共和主義的「国民統合」」、濱口晴彦、夏刈康男編『日仏社会学叢書　第五巻　デュルケーム社会学への挑戦』、恒星社厚生閣所収。

Lanza, Andrea, 2014, « Marcel Mauss, la nation et le devenir historique. Pour la première fois dans l'histoire, au Champ-de-Mars », in *Revue du MAUSS permanente*, 17 février [en ligne]. http://www.journaldumauss.net/./?Marcel-Mauss-la-nation-et-le

Lefort, Claude, 1986, *Essais sur le politique*, Paris, Seuil.

Lévy-Bruhl, Henri, 1953=1969, « Avertissement » in Marcel Mauss, *Œuvres*, 3, Paris, Minuit.

Mauss, Marcel, 1950, *Sociologie et anthropologie*, Paris, PUF.〔一九七三－一九七六、有地亨、伊藤昌司、山口俊夫訳『社会学と人類学』、弘文堂。二〇一四、森山工訳『贈与論』、岩波書店〕(SA)

——, 1968; *Œuvres*; 1, Paris, Minuit.

——, 1974, *Œuvres*, 2, Paris, Minuit.

——, 1969, *Œuvres*, 3, Paris, Minuit.

——, 1997, *Écrits politiques*, Paris, Fayard.

——, 1997=2004, « Fait social et formation du caractère », in *Sociologie et société*, volume 36, numéro 2, automne.

——, 2013, *La nation*, Édition et présentation de Marcel Fournier et Jean Terrier, Paris, PUF. (N)

モース研究会、二〇一一、『マルセル・モースの世界』、平凡社。

Noiriel, Gérard, 2015, *Qu'est-ce qu'une nation ?*, Montrouge, Bayard.

Ramel, Frédéric, 2006, *Les fondateurs oubliés : Durkheim, Simmel, Weber, Mauss et les relations internationales*, Paris, PUF.

Renan, Ernest, 2011, *Qu'est-ce qu'une nation ?*, Paris, Flammarion.〔一九九七、鵜飼哲、大西雅一郎、細見和之、上野成利訳『国民とは何か』、インスクリプト所収〕

Rosanvallon, Pierre, 1990, *L'État en France de 1789 à nos jours*, Paris, Seuil.

Schnapper, Dominique, 1994=2003, *La communauté des citoyens : sur l'idée moderne de nation*, Paris, Gallimard.〔二〇一五、中嶋洋平訳『市民の共同体——国民という近代的概念について』、法政大学出版局〕

Terrier, Jean, 2011, *Visions of the Social. Society as a Political Project in France, 1750-1950*, Leiden/Boston, Brill.

Terrier, Jean et Fournier, Marcel, 2013, « Présentation. La nation : une expédition dans le domaine du normatif », in Mauss, Marcel, 2013, *La nation*, Paris, PUF.

註

（1）この点については、特に（Mauss, 1924=1950）を参照。デュルケムからモースへの方法論的な展開については、（Karsenti, 1997）第一部を参照。

（2）このテクストを扱った近年の研究の中では、しばしば nation の語は、その多義性を保持するために「ナシオン」と訳される。本稿では、「ナシオン」が日本においてあまり馴染みのない語であること、加えて、それを「国民」とすることで「国民性（nationalité）」や「国民国家（État-nation）」、「国民的性格（caractère national）」等の概念との結びつきが見えやすくなることなどを考慮し、訳語を「国民」としている。ただし、この語が実際に多義的なものであること、さらにこれから論じる点であるが、nation が、「国民」という訳語が想起させるのとは反対に、「国家（État）」という概念と本来切り離された語であることは最初に強調しておきたい。

（3）この未完のテクストについては、アンリ・レヴィ＝ブリュルによってまとめられた、『著作集』第三巻収録のものが知られていたが、近年、マルセル・フルニエとジャン・テリエによって、これまで公表されていなかった部分も含む、草稿の詳細な研究に基づいた新たな版が出された。ここではこの新版を参照している。

（4）モース自身、この戦争で友人・知人、とりわけデュルケムの息子であり、モースにとってはいとこにあたるアンドレ・デュルケム、そして盟友であり民族学者であったロベール・エルツを失っている。息子の死の報に接したデュルケムもまた、その悲しみから精神的に立ち直れないまま、終戦を待たずに他界している。それゆえ、モースという一個人にとっても、この戦争が計り知れない重みをもっていたことは間違いない。

（5）ここで「現実」と訳した réalité は、デュルケムの場合、「実在」と訳されることが多い。「社会的実在（réalité sociale）」の概念は、まさに社会の実在性を指し示すデュルケム社会学の要である（Durkheim, 1895=2005 : 9, 1978: 59）。だがモースがある面で、このデュルケムの語を、その社会的なものへの関心とともに引き継いでいるのは間違いない。モースにおいてこの語は、社会の実在性を強調するというよりも、むしろある現実・現象が特殊な形をとって、「社会的」と名指しうるもの、、、、、、、、、、、、として現れてくる事態を指摘するという意味合いが強い。その点をふまえて、ここでは réalité の語に「現実」の訳語をあてている。デュルケムとモースそれぞれにおいて réalité sociale の語がもつこのニュアンスの違いは、以下でも触れる両者の社会的なものの把握の違いに関わる重要な点である。

(6) ただし、国民を「日々の人民投票」と言い表すルナンも、意志の側面のみを強調しているわけではない。しばしば指摘される通り、その定義においては過去の記憶もまた重要な要素となっている (Noiriel, 2015)。このことは、国民を定義することの難しさを物語っているようにも思われる。とはいえ、ルナンが人民の意志を国民の構成の決定的要素としていたことはたしかであろう。

(7) この nationalité の語の多義性に、モースは注意を喚起している (N: 385-386)。モースによれば、それは第一に、ある個人がある国民に属するということ、法的な語を用いれば「国籍」を指す。第二に、国民という集団そのものの本質、すなわち「国民性」を表す。第三に、当時のユダヤ人、ウクライナ人のような、いまだ国民とはなっていないが、それを望んでいる集団、すなわち潜在的な国民を指す。なお、第一篇第二章で国民の定義を試みている際には、モースは第二の意味に力点を置いているように思われる。

(8) モースにおいて「性格 (caractère)」の概念がもっている意味については、(Mauss, 1997=2004) を参照。

(9) 一八九五年から一八九六年にかけてなされたボルドーでの講義において、デュルケムは「現に拡散的である経済的諸機能の一切、またはそのうちの若干のものを、社会の指導的で意識的な中枢部に結びつけることを要求するすべての学説」(Durkheim, 1928=1992 : 49=1977 : 31) を「社会主義」と呼んでいた。

(10) モースの国民論を、このようなデモクラシーの突き詰めという観点から捉えるものとして (Karsenti, 2010) がある。

第七章　社会主義と宗教的なもの――ジャン・ジョレス

伊達聖伸

社会主義には、宗教を否定し、個人を集団に従属させ、自由主義と対立するイメージがついてまわることが多い。ジャン・ジョレス（一八五九〜一九一四）の社会主義は、このような通念を裏切るものだ。マルクスは宗教を「民衆の阿片」と見なし、ヘーゲル哲学にまとわりついていた宗教的なものを徹底的に批判した。たしかに、絶対主義化したマルクス主義自身が、一種の宗教と化した面はあるが、それでも宗教の全面的な否定が基本であることには変わりない。これに対し、社会主義を宗教革命ととらえるジョレスの背後には、宗教的なものに対するむしろ肯定的な理解がある。

労働者に団結を呼びかける社会主義は、個人主義を否定するもの、または相対化するものと思われるかもしれない。しかし、ジョレスの社会主義は徹頭徹尾、個人主義に基づいている。それは彼が社会主義を、フランス革命に基づく共和主義を否定的に乗り越えていくものではなく、共和主義を正統に継承するものと位置づけていることに関係している。

経済的な自由を拡大するのか補正するのかが、自由主義と社会主義の分岐点だとすれば、ジョレスは明らかに社会主義の側に立つ。しかし、個人の尊厳を確立し、集団の自由を発展させようとしていた点では、彼の社会主義は自由主義的な要素も併せ持つ。フランスの自由主義は十九世紀半ば以降、共和主義に吸収されていくとされるが、筆者は以前、自由主義的な共和主義の消息をたどろうとしてエドガー・キネ（一八〇三～一八七五）を論じ、その流れでジュール・フェリー（一八三二～一八九三）に言及したことがある（伊達、二〇一一）。ジョレスは一八八五年に下院議員になったとき、フェリーの立場に近く、キネの著作を読んでいる。その意味では、ジョレスの社会主義は自由主義的な共和主義とも一定の親和性があると思われる。

このようなジョレスの社会主義は、十九世紀フランスの文脈で形成されてきたもので、その点を踏まえないとおそらくは理解しにくい。では、それはもはや現在の関心事からは切り離された過去の遺物ということだろうか。いや、フランス革命以来の理念を社会主義において実現しようとしたジョレスの思想と行動は、たしかに日本では顧みられる機会があまりないが、少なくともフランスでは今日にいたるまで繰り返し参照されてきた。二〇一四年は、第一次世界大戦開戦前夜にジョレスが暗殺されてから百年に当たり、政治家でもジャーナリストでも思想家でもあるこの人物に改めて注目が集まった。(1)

ジョレスの事績は巨大で多岐にわたる。本章は、彼の社会主義にどのような形で宗教的なものが見られるのかを論じることで、世俗的なものと宗教的なものの関係を検討しようとするささやかなものである。まず、ジョレスの宗教批判の基本構造を把握し、それとフランス十九世紀の宗教的社会主義やマルクス主義との関係を押さえたい。次に、政治家ジョレスが、現実の政教構造の組換えにどうかかわったのかという観点から、一九〇五年の政教分離法制定の際に彼が果たした役回りを検討する。同法はフランス独特の政教分離と言われるライシテの基本法だが、ジョレスにとってライシテはたんなる法制度であることを超えて、宗教的とも評しうるような理念を持つものであったので、その点も確認したい。なお、このようなライシテの脱宗教的な宗教性には、近代西洋中心主義が色濃く反映されており、それは往々にして植民地主義とも親和的なものであったが、ジョレスは当時としては例外的に、次第に植民地主義批判の調子を強めていく。ジョレスの時代と現代を安易に接続することは慎まなければならないが、植民地主義の時代にあって反植民地主義を唱えたジョレスの規範的な理想主義とその行動は、表向きは宗教の共生を唱えながら現実にはしばしばそれを裏切る格好になっている、現代のライシテの理念の鍛え直しにとっても示唆に富むのではないかと思われる。

一　ジョレスの宗教的社会主義

ジャン・ジョレスはタルヌ県カストルに生まれた。母方の祖父はカストル市長、父方のジョレス家も名士を輩出したブルジョワだが、経済的に裕福ではなかった。母親はよきカトリックだったが、凝り固まった信念の持ち主ではなく、たとえば無原罪の宿りは信じていなかったという。幼年期には司祭から教育を受けたが、青年期になるといわゆるカトリックの実践からは離れる。

高等師範学校 1878 年入学組の集合写真。後列右から 3 番目がジョレス、前列右から 4 番目がベルクソン。フォーマルな写真ではないようで、後列右から 5 番目にはデュルケムが写っている。デュルケムが入学するのは 1879 年だが、ジョレスとはカーニュ（グランゼコール準備学級）で一緒だった。

一八七八年、パリ高等師範学校に首席で入学、同学年にベルクソン（一八五九～一九四一）、一学年下にデュルケム（一八五八～一九一七）がいた。一八八一年、哲学教授資格を取得し、アルビのリセ、次いでトゥールーズ大学で哲学の教鞭をとった。一八八五年、タルヌ県から出馬し当選、二十六歳で最年少の下院議員となる。

前述のように、このときジョレスはフェリーに近いところにいた。共和主義の民主化を目指してはいたが、社会主義には目覚めていなかった。当時の出来事のうち、この若き政治家に大きな刻印を残したものとして特筆すべきは、対独復讐を唱えて民衆の人気を博したブーランジェ将軍の台頭だろう。というのも、ジョレスはブーランジスムの反議会主義への反対を通して、議会制民主主義の立場を固めているからである。社会主義者となったあとも、彼は社会主義を共和主義に対置するのではなく、共和国の議会制民主主義の枠組みを堅持することになる。

一八八九年の国政選挙でジョレスは落選し、再びトゥールーズ大学で哲学を講じたのち、トゥールーズの市議会議員を経て、一八九三年の補欠選挙で国政に返り咲く。共和主義者ジョレスが社会主義者になるのはこの時期である。思想的には、当時高等師範学校の図書館で司書を務めていたリュシアン・エルの影響が大きいと言われている。また、実際の経験としては、一八九二年にタルヌ県カルモーで鉱夫たちのストライキが起こったときに、ジョレスはこれを支持している。

このように、ジョレスが社会主義の立場を明確にしていく時期に、宗教について本格的に論じたテキストがある。一八九一年夏に執筆されたこのテキストは、ジョレスの生前には発表されなかった。その一部が歴史家ミシェル・ロネーによって一九五八年に「発見」され、「宗教問題と社会主義」というタイトルで翌年出版されたが、一九八五年頃にもっと長い草稿が見つかり、先に公刊されたのは一連の文章の後半部で、前半では「社会問題」と「資本主義の不公平」が扱われていることが判明した。二〇一一年に刊行された『ジャン・ジョレス著作集』第二巻には、この「完全版」が「社会問題、資本主義の不公平、宗教革命」と題されて収められている。

極めて重要と目されるこのテキストを、なぜ生前のジョレスが自分自身の手で刊行しなかったのかについては、さまざまな推測があるが、結局のところ現状においては謎である。ともあれ、以下では彼の宗教観を解明するための「ロゼッタ・ストーン」（Vinson et Viguier-Vinson, 2014 : 147）とも評されるこのテキストを手がかりに、ジョレスにおける宗教と社会主義の関係を論じたい。

宗教革命としての社会主義

ジョレスは、「宗教問題」は「私たちの時代およびあらゆる時代の最も重大な問題」ととらえている。「私は宗教がない社会、すなわち共通の信念がない社会というものを思い描くことができない。共通の信念は、あらゆる魂を結びつけてそれを無限へとつなぐ。共通の信念はその無限に由来し、またその無限へと向かう」。しかるに「今日においては宗教がない。それは、深い意味において社会がないということだ」（*Œuvres de Jean Jaurès*, II : 693）。

ジョレスの見るところ、伝統的なキリスト教は、哲学的、科学的、政治的にもはや無効である。哲学に関して言えば、ある特定の時代と場所にいた具体的な人間を絶対的な存在と見なすのはおかしい。有限の存在である人間が無限や絶対に憧れることはわかるが、ある一個の存在が無限や絶対を独占することはできない。科学に関して言えば、キリスト教は自然の概念と衝突している。自然を発見した人間がなお神の存在を主張するのであれば、自然と神を和解させなければならないはずだ。しかるに、教条的なキリスト教は、超自然的なものをこの世の物事の深い意味と見なすのではなく、自然現象を中断して介入してくる絶対的な奇跡と見なしている。政治に関して言えば、特定の個人を絶対的な神と見なすことは「教権的な専制政治（despotisme théocratique）」を導き、自由の精神と相容れない。

ジョレスによれば、現状のキリスト教は「宗教」というよりも「非宗教」と化している。なぜなら、それは人類を教会に従属させてその内的生の発展を妨げているからだ。思想の自由、科学、政治的自由を敵に回し、保守反動化して支配の道具と化したキリスト教が行きついた先は「絶対的な非宗教(irréligion absolue)」である。

かといって、実証主義では宗教的欲求を満たせないとジョレスは言う。実証主義は、序列の観念というカトリックのなかで最低のものを受け継ぐ一方で、無限の感覚というキリスト教のなかで最高のものを退けてしまい、人間の精神に絶対の探求を断念させた。実証主義はまた、社会問題の理解に欠ける資本家や有産階級のイデオロギーと結びついている。キリスト教が非宗教と化し、実証主義が衒学的なブルジョワジーの無駄話にすぎないような現状では、もはや宗教は存在しない。

しかし、人間は本質的に宗教的であると考えるジョレスによれば、「宗教的覚醒のはじまりのようなもの」も見られつつあるという。ただし、それは「新たな啓示や前代未聞の神の示現」ではない。「私たちはもはや、新しい宗教を発見したと思い込んでいたサン゠シモン主義の幼稚さや無邪気さを持ち合わせていない」(II : 705)。実のところ、人類の歴史に新宗教というものがあったためしはなく、存在してきたのは同じ永遠の宗教のさまざまな形態だけである。ジョレスは続ける。現代は社会が非宗教的であるために宗教的観念が社会の奥底にまで浸透していかないが、それが人びとの精神と意識に入っていく余地はある。ないように見えるとすれば、それは「物質の進歩という関心が人間を神的な事柄にまつわる高い思想や瞑想から遠ざける〔から〕ではなく、非人間的な労働による疲労困憊によって、多くの人には、考える余力も生命すなわち神を感じる余力も残されていない〔から〕である」。

そのような人間に生の感覚と神を取り戻すことが社会主義の目指すところであり、それゆえに「社会主義は、物質革命であると同時に精神的＝道徳的革命であり、宗教革命でもある」(II：705)。

宗教の現状に否定的なジョレスが、社会主義は宗教革命でもあると主張するのは、いわゆる既存の宗教の擁護ではない。まずは現状の宗教を徹底的に批判することが必要である。「神と精神を否定し、社会問題に持てる力を傾注する社会主義的な労働者と、神と魂について語るがその目的は社会問題を回避するためだけだという人間のどちらかを選ばなければならないとしたら、私は社会主義的な唯物論のほうにつくだろう」(II：707)。しかし、それは宗教的なものを廃棄するためではなく、むしろそれを再び見出すためである。なぜなら、ジョレスの考えでは、正義の要求の根底には、たとえそれが唯物論的または無神論的なものであっても、神が見出されるはずだからである。

ジョレスはここで、社会主義を人間に外在的な絶対的な真理として宗教化しようとしているわけではない。ジョレスにとって、社会主義は「人間の相互関係における絶対的な正義の探求」(II：702)であって、そのような正義をこの世において組織することが、内的自由と神秘的生の条件となる。

またジョレスは、キリスト教をすべて破棄すべきだと説くのではない。徹底的なキリスト教批判を通じて、キリストの精神をなお生かし続けるにはどうすればよいかという問いを立てるのである。そのためには「人類の宗教的な偉大さ」を理解することが重要である。彼は言う。人類が自分には無限の感覚がないと思い込むと、その結果としてキリストに対する無関心か、欠落感を埋めるための盲目的な服従が生じる。しかし「人類が自分自身のうちに無限の感覚を抱き、そのことを切望するなら、隷属状態に陥ることなくキリストを理解し、キリストから霊感を受け取ることができる」(II：698)。ジョレスの考えでは、人間の魂は無明で欠点を抱えているが、それでも無限を志向する資質を自然に備えている。「私は、人類がキリストなしで済ますことができるようになれば、人類はなおさらキリストを理解し愛するようになるとさえ言いたい。人類は人類のなかにある神的なものを開発すればするほど、キリストのなかにあった神的なものを自分のものにできるだろう。半死の魂にとってはキリストも半死同然だ。キリストなしでも生を知ることのできる魂にとってのみ、キリストは再び生きてくる」。人類のなかには「社会主義というまだ曖昧な言葉の名のもとに、正義という巨大なうねり」が生じつつある。それが「人間の魂にとって無限の啓示になるだろう」。「この無限の啓示が正義の形式において人間の魂を揺り動かしたとき、人類の魂はキリスト教が内包していた無限の夢をよりよく理解することができるだろう。社会主義がキリストの精神を人類において刷新し延長するというのは、まさにこの意味においてである」(II : 699)。

宗教的社会主義の系譜とジョレスの社会主義の特徴

このようなジョレスの社会主義をどのように理解すればよいだろうか。十九世紀前半のフランスの社会主義は、サン゠シモン(一七六〇〜一八二五)の「新キリスト教」、ピエール・ルルー(一七九七〜一八七一)の「人類教」、フーリエ(一七七二〜一八三七)の「ファランジュ」などに見られるように、既存の宗教を批判しつつ、一般にユートピア的な宗教を志向していた(Bénichou, 1977)。このような宗教的社会主義の系譜を、ジョレスはある意味で受け継いでいると言える。

サン゠シモンやフーリエの時代には、生産力の向上が社会主義実現の条件であったとすれば、フランス資本主義の発展につれて、貧富の差の拡大や労資関係の対立を踏まえた分配の正義が社会主義の関心事となってくる。ブランキ（一八〇五〜一八八一）は、平等に基づく共和政を樹立するためには少数精鋭の革命家がブルジョワ国家を暴力によって打倒することは正当であると主張した。一方、フーリエの影響を受けたプルードン（一八〇九〜一八六五）は、平等に基づく正義の実現のために、小生産者による相互扶助的な社会主義を構想した。プルードンの影響を受けた労働者は、平和的方法による産業の自治を志向し、ブランキが想定するような、知識階級が指導する直接行動には否定的だった。ルイ・ブラン（一八一一〜一八八二）は、自由競争が中小ブルジョワジーの没落や労働者の貧困を招いているとして、組合原理に基づく平等な社会を目指したが、国立作業所の創設にはブルジョワ国家の力が必要だと考えた。マルクスの指導のもとに第一インターが結成されたのは一八六四年で、フランス支部は翌年に創設されたが、当時のフランスにおける労働運動の中心はブランキ主義者やプルードン主義者で、マルクス主義の影響はほとんど見られなかった（村田、一九九九：二七一〜二七二）。ブランキの闘争的な宗教批判はともかく、プルードンの宗教批判には宗教を廃棄するというよりはむしろ再構成するところがあり、ジョレスの宗教批判に通じるところがある。

宗教的社会主義を空想的社会主義として斥けたマルクス主義が、フランスに本格的に流入してくるのは一八八〇年以降である。この時期のフランス社会主義のあり方は非常に多様だが、大きな特徴は、政党と組合が競合し、統一的な強い労働運動になりえなかったことである。このような「政党と労働組合の対立」（関、一九八七：一六五）または「二つの社会主義」（Winock, 1992 : 74-81）を背景に、政党の側は分裂を繰り返し、組合の側も統一されていない状態が長く続いた。その経緯や曲折は非

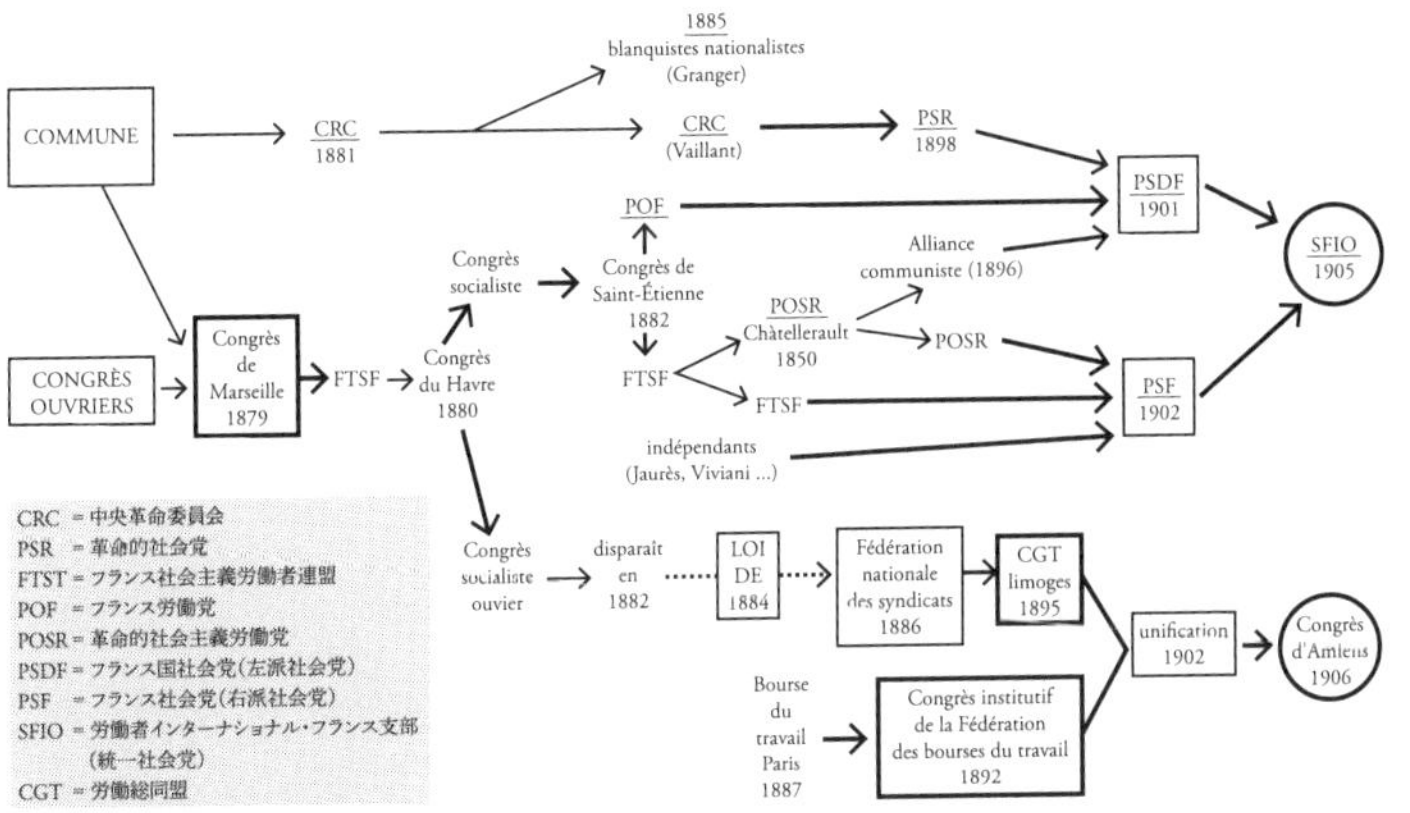

2 つの社会主義。19 世紀末から 20 世紀初頭のフランスの社会主義は分裂と合流を繰り返し、その歴史は複雑である。政党と労働組合は基本的に対立したままで、両者の糾合はなかった。Winock, 1992 : 77 をもとに作成。

常に複雑で、ここではジュール・ゲード（一八四五〜一九二二）やポール・ラファルグ（一八四二〜一九一一）らのマルクス派が基本的に政党を通じた労働運動を志向し、直接行動を唱えていたサンディカリズム（組合主義）と労働運動の主導権争いを繰り広げていたという基本的な構図を指摘するにとどめたい（サンディカリズムに哲学的理解を与えた思想家として知られるのがジョルジュ・ソレル[2]）。

ジョレスが社会主義者として再び下院議員に当選したのは一八九三年一月の補欠選挙だが、同年八月には総選挙が行なわれて、社会主義系の政党が議席を伸ばした。このことは、暴力的な手段に訴えて社会主義を実現しようとする傾向を後退させる効果をもたらした。政党政治を通じて社会主義の実現を目指す路線は、ジョレスもゲードも共有していた。

ジョレスはマルクスの思想から少なからぬ影響を受けたが、教条的なマルクス主義とは一線を画している。彼は、資本主義社会における疎外の問題についてはマルクス主義を受け入れたが、資本主義が社会主義に発展的解消を遂げることを歴史の必然と見なす歴史観や、暴力的手段を通じた社会主義革命の実現については見解を異にした。ジョレスのマルクス受容は、カント、フィヒテ、ヘーゲルのドイツ観念論、そしてサン゠シモン、フーリエ、プルードンのフランス社会主義を捨て去るものではなかった。

ドレフュス事件に対する反応にも、ジョレスとゲードの違いが見られる。当時の社会主義には、一般に資本家ユダヤ人を敵視する傾向が見られた。ジョレスも反ユダヤ的な偏見から完全にまぬがれていたわけではないようで、少なくとも一八九四年の段階ではドレフュスを軍規に背いた軍人と見ていた。だが、一八九八年一月にゾラの「私は糾弾する」が出てドレフュス再審の機運が高まると、ジョレスはこのユダヤ人将校の擁護に回る。ゲードをはじめとする社会主義者は、ドレフュスはブルジョワで、事件は支配階級の内部争いにすぎないと傍観の態度を取った。これに対してジョレスは、ドレフュスは不当な仕打ちの犠牲者で、社会的公正の実現手段は階級闘争だけではないと主張し、社会主義を人権の理念と大義に適うものにしようとした。

ドレフュス事件を背景として一八九九年六月に成立したワルデック゠ルソー内閣は、軍部や教会に対する「共和国防衛」を掲げ、共和派ブロックを結集した与党を結成し、社会主義者アレクサンドル・ミルランを通商産業大臣に迎えた。ミルランはブルジョワの出自だが、一八九一年頃より社会主義者を名乗っていた。階級闘争による社会主義の実現をはかるゲードらは、ミルランの入閣を強く批判したが、共和国の防衛が社会主義の実現の条件であると考えるジョレスは、これを擁護した。

ジョレスとゲードの確執は続くが、一九〇四年に開かれた第二インターナショナルのアムステルダム大会において、分裂状態にあったフランス社会主義の統一が呼びかけられ、翌一九〇五年にゲードらの左派社会党とジョレスらの右派社会党が合同し、「統一社会党」が「労働者インターナショナル・フランス支部」（ＳＦＩＯ）として結成された。実際には社会党内部の左右両派の対立はこのあとも続いたし、サンディカリズムに連なる労働者をこの政党が代表できたわけでもない。それでもジョレスは、フランス社会党の統一の維持に手腕を発揮し、政党政治と組合運動のあいだを取り持つことに力を傾けた。

このように、ジョレスが社会主義の統一において果たした役割は大きい。もともと中道左派の共和主義から社会主義に傾斜してきた彼は、社会主義を共和主義の深化としてとらえており、両者のあいだに乗り越えられない断絶はない。このことは、非社会主義者の共和派とも手を組むことを可能にする。ジョレスは階級闘争の現実があることは認めるが、暴力的手段によってプロレタリアがブルジョワを打倒することを目指すのではなく、むしろブルジョワとプロレタリアの連帯による漸進的な社会主義革命の達成を説いている（Loeffel, 2000 : 203）。

したがって、ジョレスにとって、一七八九年のブルジョワ革命と来るべき社会主義革命のあいだにおいてすべきことは、フランス革命の原理の否定ではなく、その貫徹である。ジョレスの理解では、フランス革命の理念のなかには、すでに社会主義の理念が含まれていたということになる。

このように考えるジョレスの社会主義においては、個人の権利と自由の擁護とが力強く結びついている。それは他律的な宗教に対する人間の自律性を主張することでもある。「社会主義と自由」（一八九八年）と題された論説において、彼は次のように述べている。「社会主義は個人の権利をこのうえなく肯定するものである。個人の上にあるものは何もない。個人を捻じ曲げたり、脅しつけたりすることができるような天の権威などは存在しない。人間は神にとっての道具ではない。神の目的、栄光、神秘的な計画に人間を従属させるキリスト教的な観念を、社会主義運動は排除するものである」(cité dans Grange, 2012 : 116)。

革命の理念に連なる社会主義、共和派との協同を可能にする社会主義、そして人間を神に従属させる宗教を批判する社会主義。その精神は、政教分離法の制定過程でも発揮されることになる。

二　ジョレスと政教分離法

一九〇五年の政教分離法は、共和派とカトリックの争いが最高潮に達した時期に制定されたが、法律の精神は宗教を抑圧するものではなく、宗教に自由を与える協調的なものであった。同法の制定過程には、ひとつの転換が見出される。政教分離の方向に舵を切ったエミール・コンブの法案には、宗教の自由を保障する条文すらなかったが、実際に採択された法律には、その規定がきちんと盛り込まれているからだ。この自由主義的な政教分離法制定の三人の立役者が、フランシス・ド・プレサンセ、アリスティッド・ブリアン、そしてジョレスである。プレサンセは良心の自由と礼拝の自由の規定を含んだ法案の起草者、(3) ブリアンはプレサンセ案をもとにした委員会案の作成者であると同時に議会で

「コンブの舞踏」。ジャン＝バティスト・カルポーの彫刻「舞踏」（パリ・オペラ座／オルセー美術館）に着想を得たカリカチュアで、修道士と修道女を獲物のように掲げたコンブを、ジョレス（左から２番目）ら支持者が囲んでいる。

の法案審議の中心人物、そしてジョレスは法案審議の山場で決定的な役回りを演じた。

宗教に自由を与えるか否かという点から見れば、ジョレスとコンブの立場は大きく異なる。だが、共和国防衛が社会主義実現の条件をなすと考えていたジョレスは、最初はコンブの反教権主義を積極的に支持し、しかるのちに自由主義的な法律の実現に尽力した。その経緯を確認したい。

一九〇二年五月の総選挙で急進派が躍進し、エミール・コンブがワルデック＝ルソーのあとを受けて首相の座に着くと、非常に厳しい反教権主義政策を推進した。修道会系学校が閉鎖され、修道会の認可申請が組織的に却下されると、カトリックからはもちろん、ワルデック＝ルソーやクレマンソーなど共和派の内部からもコンブを批判する声が挙がった。一方、一九〇三年に下院副議長に選出されたジョレスはこの時期、左翼代表会議《デレガシオン・デ・ゴーシュ》の一員として、コンブによるカトリック教会に対する闘争を積極的に支持した。ジョレスの反教権主義が最高潮に達した時期である（Candar, 2007 : 244）。

コンブは、一九〇四年七月七日の法律によって修道会による教育を全面禁止する。ジョレスもこれに賛成票を投じた。個人の権利を否定し宗教権力に服従する宗教者には自由がない、自由を持たない者には自由な市民を育成することはできない、よって国家はそのような宗教者から教育権を取りあげなければならない、というのが法律の論理であった。ジョレスは法律制定に先立つ三月三日の下院での演説において、服従の原則と個人の自由の原則は相容れないとコンブに同調し、「教育するライシテの国家の権利の観点から、私は法案を擁護したい」と述べている（Bruley, 2004 : 125）。

ただし、この演説においてジョレスは、「共和主義的な民主主義」において「いまだに強力なキリスト教」が「信仰としては、絶対的な自由への権利を有している」ことも認めている（Ibid.）。ジョレスとしては、この法律を道具として教会を完膚なきまでに叩き潰そうと考えていたわけではなく、共和国には自由が欠かせないという論理によって法案を擁護していたことが読み取れる。

もともとコンブは、政教分離を最も望ましい政教関係と考えていたわけではない。国家から切り離して教会に自由を与えるよりは、公金を拠出する代わりに国家が教会を管理するナポレオン以来のコンコルダート体制を維持するほうがよいと考えていた。ところが、一九〇四年四月にエミール・ルベ大統領がイタリア国王を訪問して教皇庁を刺激し（当時イタリアとヴァチカンは絶縁状態にあった）、七月七日には修道会による教育を禁じる法律が公布された。コンブと教皇ピウス十世のあいだにフランスの司教の任命をめぐる悶着も生じており、フランスとヴァチカンの国交は七月三十日に断絶する。コンコルダートは、両国のあいだに取り結ばれた国際条約でもあったため、新たな政教関係の法的枠組みを作り出す必要が生じた。そこで、コンブも政教分離法の制定を目指すことになったのである。

前述のように、コンブの法案は宗教の自由を謳う条文を持たず、教会を国家から分離したうえで厳しい管理下に置こうとするものであった。コンブ案は十一月に下院に提出されたが、軍人の私生活を監視するシステムが存在していたスキャンダルが暴かれ、一九〇五年一月に内閣は倒れる。これに代わるルーヴィエ内閣のもとで、ブリアンが下院に提出した委員会案は、第一条で良心の自由および礼拝の自由を保障し、第二条でいかなる宗派も公認せず、俸給も補助金も支払わないことを定めている。この最初の二つの条文が、いわゆる自由主義的な政教分離の骨格をなすものだ。

下院での審議

三月二十一日に下院ではじまった法案審議において、カトリック強硬派のゲロー神父は、政教分離の枠組み自体を拒否しようとした。一方、宗教を完膚なきまでに叩き潰すことを望んでいた社会主義者モーリス・アラーは、教会に自由を与えることに反対した。右からも左からも攻撃されるなかで、ブリアンは自由主義的な政教分離の路線の堅持に努めた。

政教分離法の最大の課題のひとつは、コンコルダート体制下における公認宗教の法的地位としての「宗教公施設法人」(établissement public du culte) を解体し、国家から切り離される代わりに自由を享受する「信徒団体」(association cultuelle) を新たに組織することであった。ところが、この組織の再編を規定した第四条のもとの条文には、カトリックの組織形態についての言及がなかった。このことが、カトリックの不安をかき立てた。言うまでもなく、カトリック教会は教皇を頂点に置き、聖職者による位階制を敷く組織である。しかるに、俗人が信徒団体を組織し、フランス政府が――ヴァチカンとの国交が途絶えている状況において――それを法的に正当な宗教団体であると認めるならば、カトリックには原理的にありえないはずの分裂を引き起こしかねない。法案が規定する自由が、カトリックの位階制の否定を意味するのであれば、カトリック側がこれを受け入れることはないだろう。

このときジョレスは、王党派議員のドニ・コシャンやフュゼ司教と水面下で接触し、どのような条件であればカトリックにとっても政教分離法が受け入れ可能であるかを探っている。その結果、カトリックの位階制と教会法を意識して「宗派の組織の一般的な原則に適合した〔団体〕」という一節が第四条に追加された。この文言はさまざまな折衝の果実であって、ある特定の一人の手になる性質のものではないはずだが、プロテスタントの高官で同時代人のルイ・メジャンは、これを書いたのはジョレスだと思うと述べている（Mayeur, 1991 : 51）。

四月二十一日、ジョレスは下院で演説に立った。第四条に加えられた修正はあまりにもカトリックの利益に適うものだという左派の自由思想家の批判を前に、ジョレスは、フランスは革命の国だが分裂の国ではないと述べる。すなわち、短期間のうちにカトリックを弱体化させようとして分裂を招くべきではなく、カトリック側が受け入れることのできる法律を制定し、長い時間をかけて革命の原理を教会に浸透させ、変化が起きることに期待をかけるべきだというのである。

下位聖職者の自由。ひいてはカトリック俗人や信仰者が信徒団体に加入し、その団体の周囲に集結する自由。この自由には発展の余地があり、それを妨げる権利は誰にもありません。その自由の発展を制御する権利を持つ者も、予見する手段を持つ者もいません。この自由は、とりわけカトリックの組織の境界領域において生まれてくるでしょう。……分離の体制においては、広大な信者の共同体が必ず教会に対して行使することになる圧力が不可避的に生じます。教会は聖職者に限定されていきますが、聖職者は信者と意思疎通をはからなければ生きてゆけないのです(Bruley, 2004 : 320)。

はっきりと、きっぱりと、教会組織の原則を、教会が機能している範囲そのものにおいて尊重するのです。教会は、いまや一般的な市民的自由を構成する要素のひとつにすぎなくなるわけです。これまでの教会に対置して、社会的公正と人類の刷新という新しい礼拝のためにはたらく人びとの団体を築いてゆくのです。わが国がその精髄にふさわしい進歩を遂げるのは、こうすることによってであって、不確かな分裂をもたらすことによってではありません(Ibid. : 322)。

このように共和国の体制のなかに教会組織を位置づけることによって、カトリックのなかにもフランス革命に由来する自由が育っていくとジョレスは考えた。政教分離法を「フランス革命以来わが国において試みられる最も重大な改革」と評したゆえんである(『ラ・デペーシュ』一九〇五年四月三十日付)。七月三日に下院を通過した同法案は、一九〇五年十二月九日法として発布された。しかし、教皇は回勅を発して信徒団体の結成を禁じた。法律では、信徒団体は法律制定から一年以内に結成されるものと定められていたから、そのまま期日を過ぎるとカトリック教会は違法状態のままフランスに存在することになりかねない。解決策としては、教会を既存の法的枠組み（一八八一年の集会法および一九〇一年のアソシエーション法）に適合するものと見なすよりほかない。

一九〇六年十一月十三日、ジョレスは下院において、たとえカトリックが信徒団体を結成しなくても教会をフランスの法のもとに置き、政教分離法に謳われた自由の精神を適用しなければならないと主張している。一八八一年の公共の集会に関する法律を礼拝にまで広げることは、一八八一年の法律の制定者たちが想定していたことではなかった。しかし、それは自由の体制に反対していた者たちにまで自由の適用範囲を広げることであり、自由の体制にとって望ましい（Jaurès [1906] 2005 : 94）。さらにジョレスは言う。カトリックが一九〇五年法の枠組みに沿って宗教施設の所有を申告しないのなら、国家および県や市町村がそれを所有し、通常のアソシエーションと同じように、カトリックのアソシエーションと契約を結んで場所を賃貸すべきである。「一九〇一年法の枠組みにおいてカトリックが組織されることを認める」必要がある。どれだけカトリックが拒否しようと「私たちはカトリックに普通法を適用し、万人に平等な自由を保障するのです」（Ibid. : 100, 110）。

そしてジョレスは、「物事がこのように組織された暁には、政教分離法が適用されるだけではありません……。固有の領域に抑制されつつ尊重されるさまざまな宗教的信仰と、十全なライシテおよび絶対的な寛容の共和国のあいだで、私たちは最終的な和平の体制を望みうるのです」と述べ、議会の右翼からも喝采を博している。一方、カトリックに対しては、「なぜあなたたちは政教分離法が提供した千載一遇の機会、すなわちあなたたちを過去の政治的・社会的権力から解放し、科学と民主主義という近代世界の二大勢力と関係を持つ機会を活用しなかったし、今なお活用しないのでしょうか」と問いかけ、左翼からの賞賛を受けている（Ibid.: 114-115）。

一九〇七年一月三十日付の『ユマニテ』に、ジョレスは「伝統的な信仰と自由思想の根深い争いはたしかに解決されていないが、争いが解決されうる自由の環境は創られた」と記し、ライシテの勝利を確認している。(4) ジョレスのライシテは、宗教を排斥しようとする反宗教的なライシテでも、宗教を国家に従属させようとする権威主義的なライシテでもない。宗教の自由を重んじ、宗教の共存の枠組みを作るライシテである。さらに言えば、それは個人の信仰を軸に宗教の自由を考えるプロテスタント系のライシテとも趣を異にする。社会主義者ジョレスは、個人の権利と集団の権利を関係づけようとしており、集団的行動もまた個人の自己実現に欠かせないと考えている。そこには、組合に認められる集団の自由を教会にも認めようとする発想が認められる（*cf.* Baubérot, 2015）。

三　ジョレスのライシテの理念

政教分離法は、共和派とカトリックの対立を乗り越える枠組みを作り出すものではあったが、両陣営の争いは続いた。カトリック教会は、ライシテの原則に基づく共和国の学校およびその教育プログラムや教科書を批判した。フェリー法が制定された一八八〇年代に起こったような対立が、政教分離法施行後に再燃したのである。

このような状況においてジョレスは、共和国の学校を繰り返し擁護している。なかでも白眉との呼び声が高いのが、一九一〇年一月二十一日と二十四日に下院で行なわれた演説である。実際、「ライシテの学校のために」と題されたこの演説には、ジョレスの考えるライシテの理念が、現実に適用されうるものとして力強くかつ柔軟さを備えて打ち出されている。要点を三点ほどにまとめてみよう。

第一に、ジョレスは、近代社会における生活の原理は「理性の道徳的・社会的な有効性を信じ、人間の人格の価値を、理性を備え教育が可能なものとして信じること」にあると述べている。そして、この原理がライシテそのものであるという。ライシテとは、宗教的に自律した自由な個々人が市民として主権を行使することにかかっている。

近代国家における主権の行使、政治権力の行使は、宗教的あるいは形而上学的な秩序に属するいかなる教説の形式にも従属しません。近代国家が「主権の唯一にして深い源泉はこれである」と言うことができるためには、市民がいれば十分なのです。みずからの自由と人格を保有する成人たちが、この権利〔権力を行使し、法を磨きあげ、社会を導くことに参加する権利〕を形にすることを望めば十分なのです（Jaurès, [1910] 2011, 2014 : 204）。

ジョレスは言う。右派は私たちの道徳に形而上学的な基盤が欠けていると批判する。だが、彼らはすべての人間が真に自由であるような社会、正義の実践によって互いに調和した社会の形式を人類が創造しようとしていることを理解していない。しかるに、私たちは世界の理想主義的な解釈の基盤を、現実の世界に投影しようとしているのだ（Ibid.：208）。このように、ジョレスによれば、ライシテおよびライシテの道徳は、既存の宗教や形而上学に依存する必要はないし、依存すべきでもない。

第二に、ジョレスは、このようなライシテはたんなる価値中立性を意味せず、むしろ深い精神性を備えていると主張する。

すべての個々人が確かな権利というものを持ち、確実な社会保障によって互いに調和するような社会を作り、生み出し、創造することとは、深いスピリチュアリティの行為をなすことです。それは、抽象的で作為的で断片的なスピリチュアリティではなく、自然界のすべての要素に挑みかかってそれらに変貌をもたらすような、現実的で具体的なスピリチュアリティなのです（Ibid.：209）。

私は、フランス革命に由来する近代社会においては、驚異的な生命の沸騰があり、驚異的な思想の輝きがあり、そしてときには非常に激しい興奮の炎が燃え盛るものだと思っていますので、そこには消滅した信仰が幽霊のように生き残っているだけだと言うことはできません。あるのは、新しい信仰を見事に証明するものなのです（Ibid.：230）。

「スピリチュアリティ」(spiritualité) や「新しい信仰」(une croyance nouvelle) という言葉に注目したい。ジョレスが、宗教的なものの否定ではなく刷新を求めていることは明らかだろう。

第三に、ジョレスは、カトリックの教権主義を断固として批判するが、それはカトリックを排斥するためではなく、ライシテの枠組みにおいてカトリックが変貌を遂げることを期待してのことである。この意味において、ジョレスのライシテを貫いているのは、排除の論理ではなく、包摂の論理である。ジョレスは二つのシナリオを提示する。ひとつは、共和国の教育とカトリックの教育は相容れないとし、双方が共有できる教育を断念することである。すると、一方には、中立性の名のもとに宗教に対して攻撃的で不寛容な公立校が、他方には、近代社会の原理そのものに反する教義を教えるカトリックの学校ができてしまう。そのようなことをしたら、ネーションが完全に二つに引き裂かれてしまう。

しかしジョレスは、現実はそこまで追い込まれていないと見ている。いくら相反する原理が正面衝突しているように見えようと、抽象的な思索をめぐらすだけではありえないと思われる解決策が、現実には準備されているものなのだ。そこでもうひとつのシナリオは、教会が時間をかけて少しずつ現実に適合していくことである。ジョレスは言う。過去を振り返ると、キリスト教の絶対性は少しずつ知的・社会的な現実と歩み寄ってきたことがわかる。最初のキリスト教徒たちは、最後の審判が来る日も近いと考えていたが、やがて教会は来るべき王国を告げ知らせるだけの存在ではなく、この地上における権力にもなっていった。宗教改革が起こったとき、カトリック教会はこれを激しく批判したが、今日では保守系の新聞を開くとカトリックがプロテスタント教会に対して、共通の信仰であるキリスト教の擁護を呼びかけている様子が見られる。カトリック教会は、しばしばみずからの意に反し

ジョレスが暗殺されたカフェ・ド・クロワッサンの現在の様子（著者撮影, 2015年8月）。外には人権連盟によるパネルがかかっており、ジョレスが倒れた場所には1914年7月31日の日付が刻まれている。その3日後、ドイツの宣戦布告を受けてフランスは第一次世界大戦に突入していく。

て、進歩・科学・民主主義に順応する（s'accommoder）ことを余儀なくされてきた。ここに新たな妥協の余地がある。

私がカトリックの人びとに対して示したいのは、感じてもらいたいのは、彼らがいわば近代世界の力によって、完成することを余儀なくされ、巻き込まれている運動の射程は長いということです。そして教会は、もし消滅したくないのなら、科学の真理と民主主義の法に適応すること（accommodation）が不可避です。ここにこそ、教育問題の最終的な解決があるのです（Ibid.：222）。

教会が存続するためには、時代の精神を受け入れて、しかるべく変化しなければならない。そして社会の側も、時代の精神がそれを拒もうとしている教会に浸透するまで待たなければならない。ジョレスが提唱するライシテの理念と現実が出会うのは、このように時間のなかでの変化に期待をかけるところにおいてである。

四　ジョレスの反植民地主義

共和主義と人権の理念に忠実なジョレスの社会主義は、カトリックとの共生の見通しを示すだけでなく、植民地主義に対する批判としても現われる。人権の国フランスが「文明化の使命」の名のもとに植民地帝国となっていったのはこの国の「躓きの石」で、今日でも過去の植民地主義を反省的に回顧することが自明ではない。ましてや、同時代人が批判的なまなざしを向けることは、いっそう困難だったはずである。ジル・マンスロンは、植民地問題についてのジョレスの思想はこれまであまり知られてこなかったとし、その変遷を跡づけている（Manceron, 2015）。以下ではその議論に沿いながら、植民地主義を擁護していたジョレスが、反植民地主義を唱えるようになった経緯とその内容を示そう。

列強によるアフリカ分割の原則を確認したベルリン会議が開かれた一八八四年、二十五歳のジョレスはジュール・フェリーの植民地政策を支持する講演を行なっている。当時彼は、翌年の選挙を控えて共和主義者としての公認を得ようとしていた。植民地主義者のレオン・ガンベッタにも敬意を抱いていたジョレスは、この段階では植民地帝国の拡張によりフランスの理念を世界に広めることを疑問視しておらず、議員になったばかりの一八八五年十二月にはトンキン征服のための予算に賛成票を投じている。

一八九三年に社会主義者として再び国会議員になると、ジョレスは植民地の獲得競争がヨーロッパの戦争の危険性を高めることに警鐘を鳴らすようにはなるが、植民地主義を原理的に否定するところへと一気にたどり着くわけではない。植民地政策は「資本主義的搾取の最悪の形態のひとつ」と喝破したゲードの影響を受け、ジョレスも植民地政策は「資本主義体制の最も嘆かわしい帰結」と一八九六年の時点で述べているが、マンスロンによれば、これは資本主義が続くかぎり植民地化は避けられないことを指摘したものであって、植民地化された現地人の人権の立場に立ったものではないという（Ibid.：51）。

マンスロンは、ドレフュス事件の再審に向けての動きがはじまった一八九八年に、ジョレスの植民地問題についての思想にひとつの転換が起こったと見ている。当時の社会主義者にはユダヤ人に対する偏見が根強かったが、ジョレスは人権の観点からユダヤ人であるドレフュスを擁護しただけでなく、アラブ人にも政治的権利を与えるべきだと説いている。クレミューの政令（一八七〇年）以来、アルジェリアのユダヤ人にはフランスの市民権が与えられていたが、アラブ人には与えられていなかった。一八九八年二月十九日の下院において、アルジェの代議士ポール・サマリはアルジェリアのユダヤ人から市民権を剝奪するよう述べたのに対し、ジョレスは次のように述べている。

> 私は他の問題同様、この問題に関して祖国フランスに仕える最良の手段は、不注意によって犯した不公正を、フランスの名において修正する用意がいつでもできていると宣言することにあると考えます……。こちらでも向こうでも〔フランス本国でもアルジェリアでも〕、反ユダヤ主義が問題を解決するのではありません……。私が提案するのは、ユダヤ人の政治的権利を廃止することではなく、少なくとも段階的なやり方で、アラブの人びとに政治的権利を呼びかけていくことです。……アルジェリア問題を解決するのは、市民となった人びとの一部を、体系的に暴力的に野蛮に排斥することによってではありません。フランス市民となるための扉を、できるかぎり大勢の子どもたちを受け入れることができるよう、寛大に拡げていくことによってなのです（Ibid.：63-65）。

植民地主義に対するジョレスの立場は、それでもしばらくのあいだは両義的であった。暴力に訴える植民地化には反対の声を挙げたが、進歩をもたらす植民地化にはなお賛成の立場だったと見られる。マンスロンは、一九〇七年にフランスがカサブランカを爆撃したのを期に、植民地問題に関するジョレスの思想にもうひとつの転換が起こったと論じている。これ以来ジョレスは、進歩をもたらすことを口実に植民地主義を正当化するフェリーの論理と手を切って、植民地支配を受ける人びとの視点から反植民地主義の原理を固めていくという。一九一二年二月一日の下院の演説では、モロッコの保護領化に反対する立場から、フランス人はイスラーム世界を知るべきだと主張している。

フランスに……アラブ文明とは何かを教えることが重要です。人間が悪であるのは、無知によるものであることが非常に多いのです。別の人間の思想、権利、生命、存在条件を、十分な力でもって思い描くことができないからなのです。……そこには、古くて素晴らしい文明があります。その源泉は、古代世界のあらゆる多様性とつながっています。ユダヤの伝統、キリスト教の伝統、シリアの伝統が溶け込んでいます。イランの長所、そしてアッバース朝とともに、セムの精髄の長所にアーリアの精髄の長所が加わりました。……彼らをその十全たる偉大さにおいて理解し、彼らを理解し尊重するフランスの新しい世代を育てなければ、これらの人びとを立派に統治することはできないでしょう（Ibid. : 162-163）。

普遍主義的な人権を謳う革命後のフランスが、実のところは反ユダヤ主義や植民地主義とも無縁ではなかったことは歴史が示す通りである。そのなかにあってジョレスの軌跡が描いているのは、人権の観点からドレフュスを擁護し、反植民地主義を唱えるに至る道である。

ジョレスは基本的に思想家である以上に政治家であって、その言動は現実のさまざまな力学のなかでなされている。それを正当に評価するにはより精緻な文脈化が必要で、純粋な思想を取り出せると考えるのは幻想にすぎまい。それでも本章では、理念的なジョレス像の稜線をたどるような論じ方をしてきた。それは、ジョレスの宗教的社会主義が一見時代がかっているようでいて、そこに息づいているライシテと人権の理念が今なおアクチュアルな光を放っていると思われるためでもある。

参考文献

Baubérot, Jean, *Les sept laïcités françaises : Le modèle français de laïcité n'existe pas*, Paris, Maison des sciences de l'homme, 2015.

Bénichou, Paul, *Le temps des prophètes : Doctorines de l'âge romantique*, Paris, Gallimard, 1977.

Bruley, Yves (textes choisis et présentés par), *1905 La séparation des Eglises et de l'Etat : Les textes fondateurs*, Paris, Perrin, 2004.

Candar, Gilles, « Jaurès et le christianisme », in Daniel Tollet dir., *La religion que j'ai quittée*, Paris, PUPS, 2007, pp.241-252.

Candar, Gilles et Duclert, Vincent, *Jean Jaurès*, Paris, Fayard, 2014.

伊達聖伸「宗教革命としての民衆教育――キネの宗教的自由主義と共和主義」宇野重規・伊達聖伸・髙山裕二編『社会統合と宗教的なもの――十九世紀フランスの経験』白水社、二〇一一年、一六五〜二〇〇頁。

Duclert, Vincent, *Jaurès 1859-1914 : La politique et la légende*, Paris, Autrement, 2013. ＝デュクレール、ヴァンサン『ジャン・ジョレス 1859-1914――正義と平和を求めたフランスの社会主義者』大嶋厚訳、吉田書店、二〇一五年。

Grange, Juliette, « L'esprit du socialisme, de Saint-Simon à Jaurès », Juliette Grange et Pierre Musso (sous la direction de), *Les socialismes*,

Lormont, Le bord de l'eau, 2012, pp.107-117.

Jaurès, Jean, « Pour la laïque » (Discours des 21 et 24 janvier 1910 devant la Chambre des députés), *Discours et conférences*, choix de testes et introduction par Thmas Hirsch, Paris, Flammarion, 2011, 2014, pp.199-255.

——, « La question sociale, l'injustice du capitalisme et la révolution religieuse » (1891), *Œuvres de Jean Jaurès*, tome II, Paris, Fayard, 2011, pp.630-714.

——, *Laïcité et République sociale. 1905-2005 : Centenaire de la loi sur la séparation des Eglises et de l'Etat*, textes choisis et présentés par Gilles Candar, avec l'introduction d'Antoine Casanova, Paris, le cherche midi, 2005.

Loeffel, Laurence, *La question du fondement de la morale laïque sous la IIIe République*, Paris, PUF, 2000.

Manceron, Gilles (textes réunis et présenté par), *Jean Jaurès. Vers l'anticolonialisme : du colonialisme à l'universalisme*, Paris, Les petits matins, 2015.

Mayeur, Jean-Marie, *La séparation des Eglises et de l'Etat*, Paris, Ouvrières, 1991.

村田光義『ジャン・ジョレス研究序説』尚学社、一九九九年。

関嘉彦『社会主義の歴史2——十九世紀末から現代へ』力富書房、一九八七年。

Vinson, Éric et Viguier-Vinson, Sophie, *Jaurès le prophète : Mystique et politique d'un combattant républicain*, Paris, Albin Michel, 2014.

Winock, Michel, *Le socialisme en France et en Europe XIXe - XXe siècle*, Paris, Seuil, 1992.

Winock, Michel, *La gauche en France*, Paris, Perrin, 2006.

註

（1）国立古文書館とパンテオンでは回顧展が開かれ（前者はカタログ *Jaurès : Une vie pour l'humanité* にまとめられた）、浩瀚なジョレス伝が出る一方（Candar et Duclert, 2014）、一般読者向けの雑誌もジョレス特集号を組んだ（« Jaurès : Le socialisme du possible », *L'Histoire*, n° 397, mars 2014 ; « Jean Jaurès : Un prophète socialiste », *Le Monde*, hors-série, une vie, une œuvre, mars 2014）。また、二〇〇〇年よりはじまった『ジャン・ジョレス著作集』全十七巻の刊行が現在も続いて

る。日本でも、現代フランスにおけるジョレス研究の様子を窺い知ることのできる訳書が刊行された（Duclert, 2013＝二〇一五）。

（2）一八八〇年代から九〇年代にかけて組織された社会主義のおもな潮流に次のものがある。ゲードが指導した「フランス労働党」（ＰＯＦ）。ポール・ブルースが結成した「革命的社会主義労働党」（ＰＯＳＲ）――「フランス社会主義労働者連合」（ＦＴＳＦ）とも称される。ジャン・アルマーヌの指導のもとＰＯＳＲを脱退し組合活動を重視したアルマン主義者たち。ブランキストのエドゥアール・ヴァイヤンが組織した「革命的社会党」（ＰＳＲ）。共和主義から社会主義に傾斜してきたジョレスは「独立派」に位置していた。その後、一九〇一年にＰＯＦとＰＯＳＲが合流して左派社会党ＰＳＤＦとなり、一九〇二年にはジョレスやアルマン主義者たちが右派社会党ＰＳＦを結成。これらが一九〇五年に統一社会党ＳＦＩＯとなる。

（3）一九〇三年四月にフランシス・ド・プレサンセが起草した法案は、宗教団体を国家から分離したあとも国家の厳しい監視のもとに置こうとする権威主義的な面を持ち合わせていたが、それでも良心の自由と礼拝の自由の規定を含んでいた。署名した五十六名のなかに、ブリアンおよびジョレスの名が見える。

（4）国内のカトリック教会は、一九〇七年一月二日法と三月二十八日法によって「合法化」された。また、一九〇八年四月十三日法により、信徒団体による財産の引き渡し請求が行なわれなかった宗教施設は市町村の所有となった。

付記

本稿は、科学研究費（研究課題番号：25770022）による研究成果の一部である。

鼎談　シャルリ以後の新たなフランス学に向けて　後篇

宇野重規・伊達聖伸・髙山裕二

反動の時代？

宇野　自分たちが拠って立つ精神的価値の再検討と、それを通じて日本社会の統合を考えようという問題意識が前作『社会統合と宗教的なもの』にはありました。そのとき、十九世紀フランスという材料があるというのがこの本のミソだった。

一見すると、十九世紀フランスと現在の日本は違っているにもかかわらず、前作で私たちは「似ている」と強調しています。フランスも日本も正面から宗教を論じにくい社会だからです。大革命後のフランス社会は「もし神が存在しないなら、それを発明する必要がある」というヴォルテールの言葉に典型的に示されるように、カトリックを正面から否定しようとしたにもかかわらず、精神的な基盤を渇望していた。宗教を正面から論じないけれども、ある種の社会の統合を生み出す精神的価値をどこかから探して来ないといけなかったわけです。

この宗教の語りにくさ。その裏面として、〈宗教的なもの〉が必要だという感覚が十九世紀フランスと現代日本を結びつける。だから学ぶことがあるはずだと、そういう問題意識でした。

伊達　十九世紀フランスにおける〈宗教的なもの〉を考えるときに、ぜひとも押さえておきたいのはマルセル・ゴーシェの議論です。彼によると、西洋近代では「宗教からの脱出」という事態が起こります。十九世紀は、宗教批判はするけれど、〈宗教的なもの〉が再構成されてしまう時代です。宗教から脱出しよう、あるいは追い払おうと思っても、亡霊のように宗教を呼び寄せてしまうわけです。

ゴーシェは、そうした事態が一九七〇年ぐらいまで続いてきたと見る。そこから決定的に抜け出してきたのが現代というわけです。だから現代から十九世紀フランスを対象化して距離感覚をはかりながら再検討することには大いに意義があります。

十九世紀フランスは、大革命という未曾有の出来事を受けて、自分たちがどういう時代を生きているか考えざるをえなかった時代です。その後、様々な混乱を経て共和国が安定したから、あとから振り返って「あの思想家は反動的で読み直す意義はない」とバッサリ斬って捨てられたりもします。しかし当時、特に十九世紀前半のリアリティからすると、既存秩序を破壊した革命の諸価値の方がむしろおぞましいという感覚もあったわけです。秩序や統合をもう一度考えるなら、自分たちが大切にしてきたものに立ち返らなければならない。例えば今回川上さんが論じたメーストルの「摂理」に基づく議論はそれなりにリアリティがありました。

歴史意識も重要です。これは小倉孝誠さんが『革命と反動の図像学』(白水社、二〇一四年)のなかでミシュレについて論じていますが、歴史がそれまでの知的趣味の一環としての歴史ではなく、自分たちの時代を理解し、どこに向かっているのかを知るという問題意識とともに語られるようになります。そうした土壌から、近未来的なユートピアとしての社会主義もマルクス主義も出てきたわけです。

ゴーシェによれば、一九七〇年代はそれまで続いていた〈宗教的なもの〉の再構成や歴史意識が翳りを見せた時代です。そして冷戦終結前後にフランシス・フクヤマは「歴史の終わり」と言いましたが、現代の私たちはどういう時代を生きているのか、その意味や方向が見出しにくい。そういう状況から十九世紀フランスを振り返ってみたときに、リアリティをもって追体験することができるのではないか。それが十九世紀フランスと現代日本をつなぐポイントにもなります。

髙山　前作『社会統合と宗教的なもの』の独自性がどこにあるかというと、宗教や〈宗教的なもの〉に焦点を当てて、社会統合を論じた点です。

十九世紀前半、大革命によってカトリックが担ってきた精神的権威は衰退します。それに伴って生まれた精神的空白を埋めるように「新しい信仰」の形が様々な思想家から提出され、併せて社会統合が議論される。そうした営為について、前作では様々な角度からアプローチしました。

それでは今回の『共和国か宗教か、それとも』はどういう問題意識でやるのか。私は、一八四八年の

伊達氏

二月革命後の挫折と幻滅が一つの大きなテーマになると考えました。これはベニシューの問題関心とも重なります。世紀前半の明るいユートピア的な、どちらかと言うと横の連帯が強調された社会統合の思想が、ある種四八年の革命に大きな挫折を味わうなかで、十九世紀半ばから後半にかけてどう論じられたのか、二月革命をどう受け止めたのかというのが、私にとっての大きな関心です。

今回取り上げたシュヴァリエが面白いのは、彼はサン＝シモン主義に「回心」後、転向したように思えるけれど一貫しているところです。彼が第二帝政下で活躍するのはサン＝シモン主義者としてでした。その意味では、世紀前半のモノに魅了されたユートピア的構想は革命前にすでに挫折していたところがあるのではないでしょうか。

宇野　そもそも一七八九年の大革命自体が大きな挫折だったわけです。それをどう回収するのかという問題意識はメーストルには明確にありますね。各章を読んでみるといろんな転換点があって、それこそ七月革命以降の社会では、それ以前にキリスト教的王党派だったユゴーが、だんだんリベラルの方に接近していって、むしろ共和国の聖人に変わってゆく。

だからどこに転換があるのか、それこそ第三共和政以降なのか、またはドレフュス事件以降なのか、何度か大きな挫折とそのあとのある種の立ち直りがある。だから四八年だけが決定的というわけではなく、いくつかあるような気がしますね。

伊達　第三共和政も最初から光り輝いていたわけではないですね。相当不安定で議会制民主主義もなかなか定着しなかった。ブーランジェ事件やアクション・フランセーズはじめ議会の外から体制転覆を謀る動きもあった。

ユゴーがカトリック系の保守派から共和派になるという指摘もありましたが、ユゴーを取り上げた数森さんの論考で面白かったのは、単にカトリックから共和派になったというのではなくて、王党派でカトリックの教育は受けたけれども、最初から信仰者としてのカトリックではなかったという指摘です。

転向や変化もあるけど、時代自体が大きく変わっていた。そういうなかで割と大きく変わったように見える人も、実は本人の内ではそんなに変わっておらず、むしろ一貫していた。この辺りが十九世紀の論者を扱う醍醐味のひとつだと思います。髙山さんが扱ったシュヴァリエも、「回心」や「転向」という言葉が一応はキーワードにはなっているけれども、ある種一貫していたわけですよね。

分水嶺をめぐって

伊達　十九世紀フランスの前半と後半をどう見通すか。前半においてひとつ大きかったのは、大革命とりわけジャコバン独裁を経験して、国家権力といえども立ち入ることのできない自由の領域をどう確保するかというコンスタンの問題意識でしょう。この論点は、戦後日本の管理社会に抗したリベラルという先ほどの話題に通じます。

十九世紀フランスのリベラリズムは、コンスタン、ギゾー、トクヴィルと展開し、その系譜については日本でも研究が進んできました。トクヴィリアンの宇野さん、髙山さんには、釈迦に説法ですね。その意味で十九世紀前半のリベラルの位置取りは見やすいが、後半は共和主義に吸収されて見えなくなってくる。前作ではキネをそういう観点から扱ってみました（『社会統合と宗教的なもの』第五章）。

キネにも典型的に現われていますが、新しい社会秩序をつくるという課題は十九世紀前半であっても後半であっても変わりません。ただ一般には、社会秩序を論じる際に宗教がどうしてもつきまとってくる傾向は前半の方が強い。

世紀の半ばには二月革命があり、クーデタがあって第二帝政となり、教権主義が盛り返す。カトリックが宗教的な言説をほぼ独占するようになるなかで、第一ヴァチカン公会議があり、教皇無謬説が唱えられる。すると、二月革命の宗教的熱狂に幻滅した人たちは、例えば道徳は宗教に依拠しないとか、宗教の語彙を用いない語り方になってくる。そこが前半と後半の大きな違いなんだと思います。

髙山　四八年の革命自体は臨時政府ができて、いろんな改革をして、短期的には成功体験ですが、そのあと五月事件、六月暴動、そしてクーデタに至ります。私が「幻滅」というのはこの一連の過程です。このとき十九世紀前半に語られた理念が敗北して、クーデタで象徴的に示されたのは物理的な強制力によって秩序が回復してゆく光景でした。ただ、第三共和政になると、世紀前半の連帯思想が後半にもかなり受け継がれている面があると、伊達さんの論文を読んでいて思いました。この点は、重田園江さんの『連帯の哲学I』（勁草書房、二〇一〇年）を併せて読むと、興味深い発見がありそうですね。

宇野　前半と後半という問題で、髙山さんは四八年を重視するわけですね。前作の帯で使った「神々のラッシュアワー」なんて意味でいえば、四八年以前、十九世紀前半の方が面白いのかもしれません。なんといっても大混乱の時代ですからね。カトリックを否定したけど、どうしようかというわけです。さらに貧困問題や社会問題が〈宗教的なもの〉とも連動して新しい社会の構想が語られる。ただ、四八年以降の変化をどうとらえるかという問題がなくなったわけではありません。

第三共和政は伊達さんの指摘する通り、最初から落ち着いていたわけではありません。この政体は本当によく分からなくて、内閣がしょっちゅう変わっているから政治的に不安定かというと、内閣を構成しているメンバーはあまり変わっていない。ある意味では、安定性の極めて高かった体制ということもできるわけです。ドレフュス事件やブーランジェ事件とかいろいろあるけれど、結果的には長く続いたという事実が示すように、独特に安定化していったとも言える。

高山氏

それ以前の第二帝政をどうとらえるかも難しいところです。フランスの産業革命は一八三〇年代以降だと言われていますね。鉄道が普及して、重工業ではなく軽工業中心と言われているものの、ともかく産業革命が一八三〇年代からだんだんと加速していく。それを取り込む形で第二帝政があり、表面的にみると非常に政治的に混乱しているが、ある種、産業化をバックに、秩序がだんだん再形成されていくとも理解できる。そして最終的には世俗的な共和国ですね。その共和国に多様な理念や情念が流れ込むわけですが、基本的にはライックな共和国を精神的・文明論的に正統化して、そこに収斂していく。

だから前半に見られるようにしっちゃかめっちゃかな、という感じではない。ただそうは言っても、前半は混乱期で後半は安定期と見ていいかというと、そうでもない。連続性もかなりある。四八年を境に前半と後半で大きく風景は違うけれども、そのなかの連続性とか一人ひとりのケースでみても綾があって面白い。前作のようなとっちらかったおもちゃ箱という印象はないかもしれないが、一人ひとりの思想家をみると、いろいろ考えていて、意外につながっているのが分かります。

「凡庸な第二帝政」異聞

髙山　私は今回シュヴァリエを取り上げましたが、とりわけモノにこだわりました。十九世紀前半は、貧困問題がサン゠シモン主義や社会主義にとって大きなテーマでした。前作でも「統合」ではなくて「社会統合」とした意味はそこにあります。socialはフランス、特に十九世紀において独特のニュアンスをもっている。フランス革命後に個人と国家、公と私を繋ぐものが「社会的」と呼ばれて問題化され、特に三〇年代以後は貧困問題との関わりで「社会的」統合の理念が様々な論者によって紡ぎ出されました。

それに対して、第二帝政になると、たとえ強大な権力の導入の結果であれ、モノの増大の見通しが示されると、それに大多数の人々が支持を表明していく。それが第二帝政と今をアナロジーで結びつける一つの接点ではないでしょうか。

伊達　モノには人と人をつなぐ側面がありますが、〈豊かさ〉の問題も出てきます。サン゠シモン主義については、鹿島茂さんも書かれていますね（『サン・シモンの鉄の夢　絶景、パリ万博博覧会』河出書房新社、一九九二年、のち小学館文庫）。それから第二帝政については一九八〇年代だと蓮實重彦さんのフロベール研究があるわけで（『凡庸な芸術家の肖像――マクシム・デュ・カン論』青土社、一九八八年）、当時の日本の豊かさを背景に、フランス第二帝政を見ていたところがありました。消費社会、そして凡庸さの第二帝政という切り口です。そこからすると髙山さんは違うものを見ている印象がありますが、その点はどうですか。

髙山　シュヴァリエはモノが増えることが豊かさなんだと言っています。ルイ・ブランを念頭に「飢えていて自由はあるのか」と言うわけです。この指すが、蓮實さんも指摘されているように、当時フランスの知識層も実は批判しながら、柔らかな権力に取り込まれていくんですね。しかし、八〇年代の日本ではこうした行政権力という問題が十分焦点化されない状況だったのではないでしょうか。

当時は「五五年体制」で突出した権力がなく、なんとなくモノは増えていくし、コンセンサスも得られているように見えた。実際は、自民党政権と官僚がイニシアティブをとっていたわけですが、この体制下では、権力の集中とその歯止めが「豊かさ」を超えた争点とはついにならなかった。この点が、八〇年代の問題関心と自分の問題関心の違いです。

宇野 そこに髙山さんの批評意識があって、今の時代は権力を高みからバカにするだけでは駄目だということですね。小バカにするのも面白がるのもどっちも駄目で、もうちょっと戦略がないのかという趣旨だと思います。

髙山 〈豊かさ〉への渇望を揶揄するのは簡単ですが、それがあると思いますが、それがある摘自体は重い意味があると思いますが、それがある種の信仰になってしまうと問題が生じます。そうした物言いは日本の高度経済成長の時代にもオーバーラップするところがあって、なによりモノを増やすことが優先された時代だったんだと思います。

けれども、モノが増えればいいんだということは、逆に言うと、従来の権力集中に批判的な政治的リベラリズムが後退していく面があります。要するにモノを増やすために権力を集中して、上から秩序を回復し、一元的に計画管理していく。そして海外にも進出していく。その辺りが、これまで主要な問題関心になっていなかったのではないでしょうか。確かに、西川長夫さんの一連のボナパルティズム論のような貴重な研究成果はあるのですが。

宇野 一九八〇年代論がポイントになっていて面白いですね。蓮實さんが八〇年代に第二帝政に注目した背景には、明らかに当時のバブルに向かっていく日本の消費社会への微妙な違和感があったと思います。キッチュでいかがわしい第二帝政と日本のバブルの豊かさがだぶってみえてくる。

「贈与」という果実

伊達　今回ジョレスに取り組んでみて、偉大だと思ったことが三つあります。第一に人文的な素養です。高等師範学校に首席で入るわけだし、書く記事や演説内容を読むと、論争的ではあっても教養の裏打ちがあるわけです。教養という言葉が似合う政治家が今の日本にどのくらいいるかと嘆いてもはじまりませんが、驚くほどの落差があります。

二点目は左派を糾合したことです。今の日本を意識して言えば、どんどん右傾化する政権に対して有効な対抗軸として重しになるような左派がない。たしかに左派というのは、分裂を繰り返してまとまらないのが習性のようなものです。フランスの社会主義も分裂を繰り返し、政党と組合もまとまらなかった。そこで「ふたつの社会主義」とも言われます。

しかし、一九〇四年のアムステルダム大会の決議という「外圧」があったにせよ、ジョレスはフランスの社会党を取りまとめてひとつにした。一九〇五年に統一社会党ができるわけです。政党と組合は分裂したままだったけれど、彼は両者を取り持つよう努めた。

三点目は平和です。植民地主義者から反植民地主義者になったということは今回論じた通りですが、戦争の色が濃くなっていくなかで、ジョレスは三年兵役法に反対します。フランスのモロッコ進出にも反対したわけで、最後は暗殺されてしまいますが、戦時にあって平和を貫きました。

去年がジョレス没後百年、今年が戦後七十年ですが、それにちなんで言うと『きけ　わだつみのこえ』（岩波文庫）の旧版の序は渡辺一夫が書いていて、ジョレスの名前を出しているんですね。メモしてきたので読み上げます。「僕は、人間が追いつめられると獣や機械になるということを考える」。「もはや、人間を追いつめるようなことは一切、人間社会から除き去らねばならぬ」。「「私は……暴力は人間としての弱さであると思う」というジャン・ジョレースの言葉を思い出すが、この弱さ、この恥ずべき弱さを、人間に強いるのが戦争であり、一切の暴力運動である」。

　ジョレスは戦争に反対だけれども、暴力革命にも反対なんですね。社会主義革命を起こすというが、暴力革命ではないんです。こういう側面も示唆に富んでいます。


宇野　フランス社会は混迷してくると、ジョレスをもう一度読み返そうという動きが出てくる。フランスでは偉大な人物だけど、日本ではあんまりピンと来ないのがジョレスです。これまで日本にはジョレスの位置や意味はうまく伝わってこなかったと思っていたけれど、今の話を聞くと、渡辺一夫はちゃんと評価している。とくに戦争中のような厳しい時期にジョレスが輝いたというのは、日本の思想史にジョレスがしっかり入っていたと理解できて非常に興味深いですね。

　ジョレスのよさは最初から社会主義ではなく共和主義者からスタートしたということです。共和主義から社会主義へ行き、社会主義のなかでは右派だったけれど左派ともつながっていた。さらに宗教問題に関して言うと、宗教勢力を排除するわけでもなく、あるいは取り込むけれども抑圧して支配するわけでもない。むしろ、尊重するわけです。徐々に共存していければいいというスタンスですね。時間をかけてカトリックも自己変容してくれればいいと。

　ハーバーマスの場合には対話のなかに入れる宗教だけ入って来いというスタンスでした。ほかと対

宇野氏

話できない宗教は駄目という選択の論理が目立つ。ジョレスの場合には、今すぐ対話はできないかもしれないけれども、他の人たちと自由社会のなかで共存しなさいというわけです。そのうちに彼ら自身が自己変容していって、一緒に共存できるようになるかもしれない。今どうするという二者択一の論理ではなく、今は違うということを認めながら、向こうが徐々に変化していくのを待つわけです。

だから彼は常に包摂の論理の人であって、排除の人ではない。包摂といっても、今すぐ直ちにというわけではなく、時間をかけてそれぞれの人が自己変容していくというところに懸けている。こういう発想は非常に大事だと思います。

シャルリ事件後のフランスの動きでよくない面があるとすれば、表現の自由が踏み絵を踏ませるようなところがあったということです。だから「私はシャルリではない」という人が出てきてしまう。本来、自由の秩序というのは踏み絵を踏ませるものではない。むしろ、徐々に人々が共存していけるように自己変容し、同時に社会を変容させるという時間をかけたプロセスを指すのではないでしょうか。

今回の論考を読んで、あらためて、モースの重要性を感じました。もちろん、モースは日本でも人気があります。贈与論は魅力のあるテーゼだと思うけど、赤羽さんの論考の興味深い点は、第一次世界大戦後という時間に焦点を当てたことでしょう。デュルケムとは秩序の感覚が違っていて、世代が下の分、第一次大戦の傷が大きい。そういうなかで彼は贈与論に着目したわけです。

ここで問うべきなのは、そもそも贈与って何なのかということです。柄谷行人さんも、贈与の原理をより高次の段階で、すなわち、もともとの部族社会における贈与ではなくて、まさに市場化を遂げた近代社会においてより高次の原理として贈与を取り戻すということを言うけど、それに近い発想はモースにもあったんですね。伝統的な共同体における貸し借り関係ではなくて、伝統的な部分社会が壊れて、みんなぐちゃぐちゃに混じってきた社会でこそ、より高次な次元で贈与を取り戻そうというメッセージが意味をもつ。

今の日本は白黒をはっきりさせ、分断してバッサリ相手を斬って、見事に斬れば斬るほどいいみたいなところがある。だけれども、そうではなくて、平和のうちの贈与を通じて秩序をつくってゆくという方向もあっていい。そういう意味で、表現の自由も人と人をつなぐものだし、贈与も人と人をつなぐものであって、フランスにおける〈宗教的なもの〉は十九世紀にさんざん苦労したけれども二十世紀初頭にこういう形で結実したわけです。その遺産は継承すべきでしょう。

高山　今回は文学という視点が入ったのも非常に重要でした。しかも先頃、ベニシューのロマン主義三部作、ないしは四部作と言われるものの記念すべき第一弾が『作家の聖別』（片岡大右監訳、水声社）として邦訳されたことも意義深いと思います。そこでベニシューは、十八世紀の文人 gens de lettres に代わって詩人が聖別されたのがロマン主義だったと言っています。そしてベニシューは、「文人に代わって詩人の特権的地位を強化したのは、実は十九世紀初頭の反革命思想だった」とも指摘しています。その詩人の代表がシャトーブリアンで、彼を信奉したのが青年ユゴーでした。

ここは非常に重要で、伝統的・中世的な価値、王権とかカトリックとかを資源として詩的・霊的なものが紡ぎ出され、〈宗教的なもの〉が語られ始めたということは、もう一度問い返す意味があると思うんですね。社会的機能を果たせば、すべて「宗教的」というわけではなかった。右派であれ左派であれ、詩的・霊的なものから社会統合の資源を得てきていたわけです。

ただ、ベニシューが同時に強調しているのは、十九世紀前半に出てきた詩人は、預言者という面をもっていたけれども、その預言者は異議申し立てを行なう立法者だったという点です。具体的にはこう言っています。「人類の普遍性との交感に基づき、地上の権力と現世の諸特権から距離を置く者として自己規定しようという揺るぎない性向」をもっていた詩人。そういう意味では、詩人＝預言者はただ単に伝統的な既成秩序に依拠した存在ではなかったわけです。ベニシューは全体主義の経験を踏まえてこう書いていることからしても、この点は注意しないといけない。

宇野　今回はかなりベニシューが効いてますね。

伊達　王は他律的な宗教の権威に依拠して自らを正統化するが、異議申し立てを行なう立法者としての詩人＝預言者は自律的な人間の宗教的空間を切り拓く、というのが王と詩人の違いですかね。

髙山　このニュアンスが抜けると、宗教は既成秩序に根ざした全体主義のイデオロギーに転化しかねない。やはり十九世紀フランスでは宗教と言っても、既成宗教に乗っかってというより価値創造的な理念という側面が強いことも今日の日本が学ぶべきところでしょうか。

宇野　やはり結論は社会統合があればそれでいいというわけではないということですかね……。（了）

二〇一五年九月十一日
於：白水社
写真：編集部

追記――パリ同時テロ事件に寄せて

十一月十三日、ふたたびフランスを恐怖が襲った。パリ中心部のコンサートホールや北部のサッカー場など、複数の箇所において同時テロ事件が発生した。死者は百二十名を超え、その規模の大きさが衝撃を与えている。

フランスのオランド大統領は犯行を「イスラム国」によるものと断定した。各国首脳もまた事件を「文明への攻撃」「全人類への攻撃」として非難している。シャルリ・エブド事件の衝撃ではじまった二〇一五年は、再び前例のない大規模テロ事件で終わろうとしている。テロの対象がどのようにして選ばれたのかについて現状では十分な情報がないが、無差別テロが、いわばフランスという国の立脚する原理に対する挑戦であることは間違いない。

「共和国か宗教か、それとも」を考えてきた本書にとって、この事件はあらためて、問題の抜き差しならぬ性格を示すものである。衝撃は大きい。ただ、本書の趣旨は、この事件によって何ら変わることはない。挑戦を受けたフランス社会は、自らの拠って立つ原理と精神を再び確認するであろう。それを私たちは研究者として、そして現代社会を生きる一人の人間として、見守っていきたい。

問われているのは、はたして日本社会がこの問題を「他者の問題」としてではなく、「全人類の直面する課題」として受け止められるか、である。問題の根底を十九世紀のフランス社会とその精神に探る本書が、その一助となることを願ってやまない。

二〇一五年十一月十四日

宇野重規

は行

ま行

や行

ら行

索 引

あ行

か行

さ行

た行

な行

京大学東洋文化研究所)、ボルタンスキー『批判について』(法政大学出版局、近刊)、ベニシュー『フランス・ロマン主義』(共著、水声社)。

杉本隆司(すぎもと・たかし)
1972年生。一橋大学大学院社会学研究科博士課程修了。博士(社会学)。ナンシー第二大学DEA課程修了。現在、一橋大学社会学研究科特別研究員。主な著訳書に『危機に対峙する思考』(共著、梓出版)、コント『コント・コレクション』全二冊(白水社)。

数森寛子(かずもり・ひろこ)
1979年生。東京大学大学院総合文化研究科地域文化研究専攻博士課程単位取得退学。パリ第七大学博士課程修了。博士(テキストとイメージの歴史学および記号学)。現在、愛知県立芸術大学美術学部准教授。« Ruines et ruine dans l'œuvre de Victor Hugo »(「ヴィクトル・ユゴーの作品における廃墟と破壊」、フランス、ユゴー研究会Groupe Hugoホームページに掲載)他。

赤羽悠(あかば・ゆう)
1984年生。フランス社会科学高等研究院修士課程(政治研究)修了。現在、東京大学大学院総合文化研究科博士課程およびフランス社会科学高等研究院博士課程在学中。主な論文に「平等の時代のヒエラルキー」『年報地域文化研究』第16号。

執筆者略歴

宇野重規（うの・しげき）
1967年生。東京大学大学院法学政治学研究科博士課程修了。博士（法学）。現在、東京大学社会科学研究所教授。同研究所で〈希望学〉プロジェクトをリードするほか、『政治哲学へ』（東京大学出版会）で渋沢・クローデル賞、『トクヴィル　平等と不平等の理論家』（講談社選書メチエ）でサントリー学芸賞。『〈私〉時代のデモクラシー』（岩波新書）、『民主主義のつくり方』（筑摩選書）、『西洋政治思想史』（有斐閣）、『社会統合と宗教的なもの』（編著、白水社）他。

伊達聖伸（だて・きよのぶ）
1975年生。東京大学大学院人文社会系研究科博士課程単位取得退学。2002年から07年までフランスに留学。リール第三大学博士課程修了。Ph.D.（パリ高等研究院との共同指導）。現在、上智大学外国語学部准教授。『ライシテ、道徳、宗教学』（勁草書房）でサントリー学芸賞、渋沢・クローデル賞。ゴーシェ『民主主義と宗教』（共訳、トランスビュー）、ボベロ『フランスにおける脱宗教性の歴史』（共訳、白水社クセジュ）、『社会統合と宗教的なもの』（編著、白水社）、『シャルリ・エブド事件を考える』（共著、白水社）他。

髙山裕二（たかやま・ゆうじ）
1979年生。早稲田大学大学院政治学研究科博士課程修了。博士（政治学）。現在、明治大学政治経済学部専任講師。『トクヴィルの憂鬱』（白水社）でサントリー学芸賞、渋沢・クローデル賞。『社会統合と宗教的なもの』（編著、白水社）、『岩波講座政治哲学3　近代の変容』（共著、岩波書店）、『シャルリ・エブド事件を考える』（共著、白水社）他。

川上洋平（かわかみ・ようへい）
1979年生。慶應義塾大学大学院法学研究科博士課程修了。博士（法学）。現在、慶應義塾大学、専修大学、島根大学非常勤講師。主な著訳書に『ジョゼフ・ド・メーストルの思想世界』（創文社）、「現代政治哲学における〈分析〉と〈解釈〉」『政治思想研究』第14号、ウォルツァー『政治的に考える』（共訳、風行社）、レオポルド、スティアーズ『政治理論入門』（共訳、慶應義塾大学出版会）。

片岡大右（かたおか・だいすけ）
1974年生。パリ第八大学DEA課程を経て、東京大学大学院人文社会系研究科博士課程修了。博士（文学）。現在、東京大学大学院人文社会系研究科研究員。主な著訳書に『隠遁者、野生人、蛮人』（知泉書館）、『「ヨーロッパ」とその他者』（共著、東

共和国か宗教か、それとも

十九世紀フランスの光と闇

二〇一五年一二月 一 日 印刷
二〇一五年一二月二〇日 発行

編著者 © 宇《う》野《の》重《しげ》規《き》
伊《だ》達《て》聖《きよ》伸《のぶ》
髙《たか》山《やま》裕《ゆう》二《じ》

発行者 及 川 直 志
印刷所 株式会社 三 秀 舎
発行所 株式会社 白 水 社

東京都千代田区神田小川町三の二四
電話 営業部 〇三(三二九一)七八一一
編集部 〇三(三二九一)七八二一
振替 〇〇一九〇-五-三三二二八
郵便番号 一〇一-〇〇五二
http://www.hakusuisha.co.jp

乱丁・落丁本は、送料小社負担にてお取り替えいたします。

誠製本株式会社

ISBN978-4-560-08480-9

Printed in Japan